# 美本申请主文书写作之鉴

张一冰 著

上海译文出版社

# 关于本书

这是一本介绍美国大学申请主文书写作的书。

本书虽然主要是讲Common主文书写作，但也涉及到美本申请中其他类型文书的写作，以及整个美本申请流程和规划方面的内容，以保证全书构成一个有机整体。

这本书囊括了我20年来在这个领域的一些经验和感悟，因是一家之言，难免失之偏颇，但我相信其中的一些经验，还是会给大家带来一些启发。

书中一些文字，取自我的公众号"张一冰说"里的部分原创内容，本次出版时做了调整。

本书的写作延续我一贯的叙述风格，以拉家常的方式娓娓道来，讲接地气的话，讲每个人都能听得懂的话，因此，即使你没有打算去美国求学，但希望在中英文写作方面有所长进，本书亦有可能对你有所帮助。

谨以此书，献给在美本路上奋力前行的你，献给每一个我终生感激不尽但无法在此一一尽录的人。

也以此书，献给我整整20年的美本生涯。这20年，虽有些许遗憾，但无怨无悔。

张一冰

# 目录

## 第四章|剖析 7 道Common主文书题目

## 第五章|美本文书面面谈

## 第六章｜12篇Common主文书的成形和点评

第一章

一言难尽的美国大学录取

· · ·

一封录取信背后的原因

可能很简单

也可能比我们想象的

要复杂很多

本章便对录取背后的各种因素

尝试做个系统分析

## ⑥ 1. 关于常春藤大学的录取公式

曾经，美本圈里流传着一个神秘的常春藤大学录取公式，即常春藤大学录取打分表，据说常春藤各大学的招生官手上都握着这样一份打分表，借以对申请者的总体表现进行量化打分，并作为最后录取的标准。

这份最早源自《普林斯顿评论》的打分表，按申请者的 SAT 成绩、GPA（平均学分绩点）、课外活动、国际奖项、运动和才艺、族裔，以及文书等十三个方面的表现进行打分。简单来说，如果你的 SAT 成绩越高，则你在 SAT 这项的分值就越高，如果你的课外活动非常出彩，在多个活动领域表现突出，并且是多次活动的领导者或执行者，则你可以拿到这一项的满分 30 分。总之，这份打分表按照一定的标准，把一个申请者的所有条件数字化，最后把所有的数字相加得出总分，总分越高，申请者被常春藤大学录取的可能性越大。

先不谈这样的打分表是否存在，即使存在，我也高度怀疑常春藤的招生官会严格按照这份打分表对申请者进行打分，然后按照得分高低来录取学生。在我看来，这样简单粗暴的录取方式，恐怕是不存在的。

因为，如果真的可以这样操作，那大学的招生办就没有什么存在的必要了，顶多找几个人看看申请文书，然后打分，把分数录入到计算机，再结合申请者其他可以量化的标准，最后由计算机按照申请者的得分高低来决定最终的录取结果。但在大学录取的实际操作中，这种做法完全不可能存在。每年的美本录取，很多按照这个打分表得分很高的申请者，最后的录取结果往往不如那些得分较低的，从这点就可以看出，美国大学录取并不是完全按照这个打分表来操作的。

另外，根据我多年的实践经验来看，这份打分表本身也存在一些问题。

比如，教练员推荐，这项满分是 10 分，但显然，在实际的录取中，体育特长生的招录，几乎是大学教练员一锤定音的，只要教练员认可你在某项运动上的成就和潜力，并且你的学校成绩和 SAT 的表现尚可，基本上教练员的推荐信就是你拿到一纸录取通知书的最核心因素。我们看到前两年发生的美国大学招生丑闻，连联邦调查局都介入调查了，其中的大多数案件都是和美国大学对体育特长生实行的倾斜政策有关。所以，教练员推荐这一项，应该不会像打分表中规定的只有 10 分那么低。

再比如，如果一个申请者的文书被招生委员会认定为是他们收到的最好的文书之一，按照这个打分表，他在这一项的得分最高也只有 5 分，这显然也是低估了申请文书对录取的重要性。

再比如，一个申请者所在的中学对录取的影响，最知名高中可以拿到这一项的满分 4 分，这其实也是低估了申请者所在中学对其录取的影响力。中学优先这个原则，对大部分申请者来说是适用的，特别是对中国学生来说。从这些年美国大学在中国的录取案例来看，北上广深的知名高中占据了录取池子里的大半江山。这也是可以理解的，毕竟，能进入这些知名高中的学生本来就凤毛麟角，是优中选优的，所以美国大学倾向从这些高中里寻找潜在的生源，也是非常正常的。相反，如果你所在的中学是边远地区的不知名高中，某常春藤大学对你的中学基本没有什么了解，你们学校又没有被这所常春藤大学录取的过往案例，那么你成为你们中学第一个被录取的难度是可想而知的。

南外之所以是南外，除了它生源优秀，另外一个原因是，已经有那么多的南外学子被知名大学录取，大学招生官已经非常熟悉这所中学了，对它的生源质量也基本形成共识了，如果你是南外的佼佼者，那他们对你的整体素质基本上心中有数了。

也就是说，知名高中的申请者更容易被录取，有很大的原因是美国大学信任这所高中的生源，这就形成了一个良性循环。而在一所不知名的高中，即使你的 GPA 全校第一，但由于美国大学不熟悉你们高中，也不知道你的 GPA 全校第一到底有多大的含金量，所以在录取的时候多少会有些犹豫，这样就形成了恶性循环。

当然，这也不是一成不变的，其实从最近这些年中国学生的录取分布来看，美国大学也在有意识地扩大招生范围，比如 2020 年哈佛大学早申阶段的中国唯一录取者就来自湖南长沙，2021 年斯坦福大学在早申阶段也从乌鲁木齐录取了一名优秀的申请者。但这些小众案例，还是改变不了一个铁定的事实，那就是，大部分常春藤等排名靠前的美国大学，还是习惯从他们熟悉的生源池子里录取新生。

我虽然对这份打分表的真实性以及它对各个录取因素所占比重的规定打个问号，但还是认为这份打分表有一定的参考价值，它毕竟概括了美本录取的众多因素。适当参照这份打分表，可以让我们在做美本规划时做到心中有数，有的放矢。但千万不要高估这份打分表中列出的各项因素对美国大学录取的影响，有些时候，大学录取新生往往是没有标准的。试想，如果哈佛大学真有一个确定无疑的录取标准，估计很多父母就会按照这个标准来培养子女，让子女每隔一段时间达到这个一揽子标准里的一个要求，那岂不是大部分人都能上哈佛大学了？

本书开篇介绍这个所谓的常春藤大学录取公式，旨在表明我的观点：美国大学的录取，绝对没有一个可靠的录取公式。一份录取信背后的原因，可能很简单，也可能很复杂。可以这么说，美国大学在录取你的时候可以有一百个原因，但拒绝你的时候，只需一个原因就足够了。

而我们可能永远不知道，甚至申请者自己也不知道，他到底是因何被一所大学录取，又是因何被另一所大学拒绝。

下面，我将逐步剖析美国大学录取的各种核心因素，以及一些大家可能并没有注意到的因素，希望对大家有所启发。

## 2. 美国大学录取的基本因素一直没有改变

无论是前文提及的常春藤大学录取打分表也好，还是我们看到的各种各样的录取案例也好，从中不难看出，虽然某个学生被某所特定的大学录取多少存在点偶然因素，但总体来说，这些年来美国大学录取中国学生的基本因素一直不曾改变。可以这么说，这些基本因素虽然不能对最后的录取结果一锤定音，但确是拿到美国知名大学录取通知书的必要条件。这些必要条件包括：申请者的 GPA、SAT 成绩，以及必要的课外活动。

**GPA：**

申请者高中四年的 GPA（美国高中一般是四年，相当于中国的初三年级到高三年级），是美国大学用来判断申请者学习能力和学习潜力的一个非常重要的指标。通过申请者的 GPA 和校内排名，大学可以知道申请者在其所在中学的学业表现处于一个什么样的位置，并且，通过高中四年的 GPA 走势，也可以看出申请者其他方面的一些问题。

比如，如果申请者四年的 GPA 忽上忽下，很可能给招生官留下不好的印象，认为该申请者的心理成熟度不够，学习上容易受到一些外在因素的干扰，导致 GPA 不稳定。同样，呈现下降趋势的 GPA，会让招生官觉得该申请者后劲不足，学习潜力有限，也会让招生官怀疑，按照申请者这样的 GPA 下降趋势，他是否有能力适应即将到来的更为紧张、更具挑战性的大学阶段的学习。

要是四年中 GPA 呈现出逐步走高的趋势，虽然没有那种四年 GPA 一直保持全 A 的出彩，但逐步走高的趋势也证明了申请者锲而不舍、持之以恒的努力获得了回报，同时，这样的低开高走，也会让招生官认为，按照这个趋势，申请者完全有能力胜任大学四年的学习。

有同学以为要是自己所在中学没有 GPA 排名，招生官就不会知道他的成绩在他们这一届的申请者中处于什么水平了。别忘了，在老师给你的推荐信的附件中，还是有一份打分表，其中有一项就是评估你的学术能力，如果你的 GPA 偏低，那么老师很可能给你在"平均"（average）甚至"低于平均"（below average）的选项上打个勾。也就是说，即使你们中学没有给出你的 GPA 校内排名，大学招生官还是会有别的渠道了解你的成绩在你们这一届毕业生中的大概排名。

相对于 SAT 成绩，GPA 反映的是一个申请者高中阶段的整体学习情况，要比一次性的 SAT 考试或者 ACT 考试更加有说服力（虽然 SAT 和 ACT 可以反复考，但也不建议大家考超过 3 次）。因此，美国大学，不管是排名靠前的还是靠后的，都把申请者的 GPA 看作是录取的最重要因素。

有些同学本可以去一些竞争性更强的中学就读，却为了获得一个好的 GPA 校内排名，选择去一些比较普通的高中就读，这种做法是不可取的。因为，虽然在普通高中，你的 GPA 校内排名会提高很多，但别忘记了前面提到过的，美国大学录取的中学优先原则。按照这个原则，虽然你在普通高中 GPA 排名校内第一，但由于这所高中不入美国大学招生官的法眼，或者说，以往这所高中被美国知名大学录取的学生相对少很多，大学缺少了解这所高中的生源的机会，这就会大大削弱你进入招生官备选名单的机会。

也有同学担心，高中四年成绩单上有个 B 或者 C，该怎么办？美国排名前 30 的大学会不会因为这个 B 或者 C 就不会考虑录取自己？首先，不要去纠结这个 B 或者 C，因为它已经是既定事实了，英文中有句谚语 "Don't cry over spilled milk"（别为打翻的牛奶哭泣）说的就是这个道理。其次，如果你其他方面足够优秀，美国大学不会因为这个 B 或者 C 就一定不录取你。在 Common 申请系统里有补充信息（Additional Information）那一栏，你可以适当做点解释，当然得有能够说服别人的原因，为什么其他课程都是 A，唯独这门课在某一个学期拿了个 B 或者 C。美国大学招生采用的是综合评判（holistic）方式，招生官要是真的看上了你，不会单单因为一个 B 或者 C 而把你拒之门外。但换个角度来看，这个 B 或 C 在放眼望去尽是 A 的成绩单上确实显得有点突兀，可能会对你的录取有点小影响，但不会产生致命影响，这就像是梵高的《向日葵》上有只鼻涕虫爬来爬去，看着确实让人有点不舒服，但不至于对《向日葵》的艺术价值造成致命影响。

**SAT 成绩：**

尽管有少数美国大学明确说明，申请者可以选择性地提交 SAT 分数，包括较早实施 SAT "Test Flexible" 政策的纽约大学和芝加哥大学等，同时，这两年由于疫情的影响，大部分美国大学都取消了强制提交 SAT 分数的政策，但是，SAT 成绩对申请的核心作用依然不可小觑，并且我相信，随着疫情的好转，即使未来有少数大学继续执行 "Test Optional" 政策，绝大部分美国大学还是会恢复实施强制提交 SAT 分数的政策。

这里要注意的是，大学采取 SAT "Test Optional" 政策，意味着申请者可以选择提交，也可以选择不提交 SAT 成绩，但如果是 "Test Flexible" 政策，意味着如果申请者不提交 SAT 成绩，就必须要提交其他成绩（比如指定的 AP 科目考试成绩等）以取代 SAT 成绩。

面对来自不同国家、不同背景、不同学校、不同教育体系的申请者，大学招生官依然会把 SAT 分数作为一个可以对这些申请者进行横向比较的重要指标。假设，同时面对两位申请者，一位来自普通中学，他的在校英文成绩是 90 分，而另一位来自省级重点中学，他的在校英文成绩是 80 分，这个时候，大学招生官如何评价这两个分数的含金量呢？我想，申请者最后的 SAT 分数会是个很好的参考指标。

当然，无论大学是否要求提交 SAT 成绩，作为中国学生，通过学习 SAT 提升自己的英文综合水平，这永远是个很不错的选择。

这里也顺带说明下，很多大学对申请者的托福成绩有最低要求，甚至对托福有小分要求（即托福的听说读写四个部分要求某一部分的最低分数不能低于多少），但基本上没有大学对申请者的 SAT 成绩有最低要求。即便如此，我们可以参考一些大学的 SAT 录取中间值（即 middle 50%），对我们的申请工作来说非常有价值。对一个中国申请者来说，如果你的 SAT 分数没有达到一所大学的录取中间值，你被这所大学录取的希望应该不会太大。由此可见，大学录取新生的 SAT 中间值，可以作为我们择校时的一个重要参考。

当然，达到一所大学 SAT 成绩的中间值并不是你被该大学录取的充分条件，哪怕你的 SAT 分数超过了一所大学的中间值很多分，也不能保证你一定会被这所大学录取。其实托福也是如此，不会有大学因为你托福成绩接近满分 120 分就直接把你录取了，但是一旦你的托福分数在众多申请者中处于中游或下游，它就会严重影响你的录取结果。不要被加州大学在其官网上明确提出申请者托福最低要求是 80 分这样的说法所迷惑，笔者在工作实践中，从来没有见过一个申请者以托福 80 分的成绩被加州伯克利录取。

可以这么说，托福也好，SAT 也好，它们都是成事不足，败事有余的因素。因此，还是强烈建议申请者提早准备托福和 SAT 考试，毕竟，在招生官看来，这两个分数最能直观评价一个申请者在申请池子里处于什么样的位置。

不要被那些哈佛大学拒绝了多少 SAT 满分申请者的说法所误导，哈佛大学确实每年都拒绝了一些 SAT 满分的申请者，但一个糟糕的 SAT 分数恐怕和哈佛大学更加无缘，同时你看看大部分 SAT 满分的学生最后去了哪些大学，你就知道，SAT 成绩依然是美国大学录取的一个重要指标。即使在疫情导致很多申请者无法参加 SAT 考试这个大背景下，一些被美国知名大学录取的学生，提交了 SAT 或 ACT 成绩的录取者比例远远大于没有提交 SAT 或 ACT 成绩的申请者，特别是对于中国申请者来说。

大家看看 US News 的大学录取学生的 SAT 中间值就会发现，排名越高的大学，它录取的学生的 SAT 中间值就越高，换句话说，你要被排名越高的大学录取，你的 SAT 分数自然就要越高。Niche 网站曾经根据大学录取率和 SAT 中间值整理出某年度美国最难申请的 20 所大学，其中大家都熟悉的也是最难申请的"哈耶普斯麻"（即哈佛大学、耶鲁大学、普林斯顿大学、斯坦福大学和麻省理工学院）五所大学，它们录取的学生的 SAT 中间值均超过 1500 分。

当然，SAT 成绩过了 1500，这也只是录取的必要条件（虽然也有个别 SAT 成绩略微低于 1500 的中国申请者被上述五所大学录取），也就是说，有了 1500 分以上的 SAT 成绩，申请上面的五所大学，你在 SAT 成绩这一块就不输给别人了，但是否录取，还是要看你其他的条件。

**课外活动：**

为方便叙述，笔者在这里把竞赛和才艺等笼统归到课外活动这一类，包括校外学术活动等。

如果把申请者的 GPA 和托福、SAT 成绩作为硬性条件，则课外活动可以划到软性条件这一类。这些年来，中国学生要进入常春藤大学以及其他美国排名靠前的大牛校，这些硬性条件已经仅仅是申请门槛了，因为在每年的中国申请者中，标化成绩和学校成绩达到这个门槛的人实在是多不胜数。

近些年来，中国学生不仅在美国大学所要求的学术部分上面越来越提早准备，在课外活动和文书的展示上也同样是各显神通，精彩纷呈，使得美国大学对课外活动和文书质量的要求也如对 SAT 分数一样每年水涨船高。因此，对于要冲击常春藤和其他一些大牛校的申请者来说，尽早在课外活动中做些与众不同的、能彰显个人特色的项目，无疑会给今后申请学校增加很重的一块砝码。

在 Common 申请系统里有个活动列表（activity list），让申请者列举从 9 年级开始的一些重要活动，这个表格不一定要填满，但也不能太空，如果活动太少只能填个两三项，大概会给招生官留下不好的印象，认为你的课外活动比较单薄。因此，大家真的有必要做些活动，即使这个活动你不擅长，也很难有所建树，但为了让这个表格看起来丰满，你都有必要坚持下来。

除此之外，你还得有一两项或者两三项持之以恒并且小有成就的活动，也就是说这个活动是拿得出手的，不是人人都有的。你可以根据你的兴趣爱好或者特长尽早规划，也可以根据你的未来专业选择提早进行相关方面活动的准备。

另外，一些含金量很高的国际比赛，建议普通的申请者谨慎参与，一来拿不了大奖反而自曝其短，而且，这些比赛实在耗时费力，会挤占自己本可以用来提升别的素质的时间。当然，一些大神级别的申请者另当别论。

但我在这里也有必要说明一点，对于一些赴美留学计划准备得比较晚或者目标是冲击美国排名 50、60 左右的大学的申请者，建议你们更有必要在托福、SAT 考试和 GPA 上多花点时间，多下点功夫。要是你在高二下学期，托福和 SAT 都还没考出来，这个时候盲目去参加一些耗时费力的课外活动，就有点本末倒置了。课外活动本就是个锦上添花的东西，要是你的"锦"都还没有，就更没有必要一门心思去"种草栽花"了。

课外活动的相关内容实在无法在这里说得很透彻，毕竟这是一本讲美国大学申请文书的书，所以还是希望大家尽早找到专业的升学规划机构，和顾问老师深入交流，针对你的情况进行策划，争取做出一些新颖别致，为最后的申请增加重要砝码的课外活动。

我把 GPA、SAT 成绩以及课外活动，称为美国大学录取的基本因素，有了这三项，你就有底气去申请美国的大学了。如果这三项表现还不错，很多美国大学就已经对你敞开了大门。但是，这三项，都是录取的必要条件而不是充分条件，毕竟，一些牛校申请者，他们这三项已经好到无以复加的地步。

这里没有提到 AP 课程，是因为并不是每一个学生都需要提交 AP 成绩，美国也很少有大学明确表示申请者必须要提交几门 AP 成绩。事实上，如果你是 IB 学生，那你一门 AP 课程都不要学。如果你的中学没有开设 AP 课程，并且你的目标是排名 50 左右的大学，你也没有必要去校外学 AP 课程。但如果你的目标是藤校级别的大学，即使你的中学没有开设 AP 课程，我还是建议你自学或是找专业机构培训，争取拿几门有分量的 AP 科目。不过，如果你的中学开设了很多 AP 课程但你一门不学，这至少说明你在学习上的挑战精神是不够的。毕竟，AP 课程叫大学先修课，是给那些在中学普通课程外学有盈余的学生准备的。如果你不敢挑战 AP 课程，这在大学招生官看来，就是个态度问题了，也从侧面说明你的学业表现还没有达到你们中学学习 AP 课程的前提条件。

需要注意的是，并不是所有人都适合学习 AP 课程。假如托福和 SAT 学习已经给了你很大压力，你应付学校普通的课程已经捉襟见肘，你就没有必要跟着别人起哄去学 AP 课程了。说白了，这样强行去学估计拿满分 5 分也有问题，同时，穷于应付 AP 课程还会挤压你用来提高 GPA 和托福、SAT 成绩的时间，这样强行去学习 AP 课程也存在个机会成本的问题。

事实上，我经手过的一些申请案例，有的非 IB 的学生一门 AP 课程都没有拿过，也照样录取了美国排名前 20 的综合性大学或者文理学院。当然，如果你自认为完成学校课程、托福、SAT 考试这些必要准备之外还有充分的时间和精力，也有一定的学习能力，你可以去学习几门 AP 课程，但最好是你感兴趣的或者和你今后的专业方向有关的，让招生官感觉你学习 AP 课程纯粹是因为自己的兴趣，而不是为了美国大学的申请。不要为了 AP 而 AP，不要一味求数量，与其学十门 AP 课程，可能大部分是三四分，还不如好好拿个三五门，争取门门满分。

同时，你也要考虑，即使学有盈余，你是不是真的动辄就要去学十几门 AP 课程，这样会不会给招生官留下个你就是个学霸而已的印象，他们会不会从另外一个角度来看你十几门 AP 满分的成绩。比如，他们会认为你是不是应该把一些时间拿来奉献社区，或者提升你个人的情趣爱好。

我相信，虽然每一个招生官的录取标准都是不一样的，但我们必须牢记，GPA、SAT 成绩，以及必要的课外活动，是申请美国大学的重中之重。离开这三项，不要说申请常春藤大学，可能申请排名前 50 的大学都困难。这些年的美国大学录取，虽然每年的录取条件有些小改变，但录取的基本因素一直都是以上三项，自始至终没有改变。

# 3.出彩的申请文书依然是录取的核心因素之一

申请文书对申请结果的重要性是毋庸置疑的，这一点我们中国的学生和家长应该都非常清楚。在申请季，一个申请者的托福、SAT 成绩以及 GPA 等硬性条件已经是铁板钉钉了的，没有什么太大的提升余地。如果申请者要为申请做最后的冲刺，为最后的录取增加点砝码，只能在申请文书上多下工夫了。

任何一所大学的招生官，都非常想了解申请者到底是个什么样的人，但是他们没有办法和申请者进行深度接触，只能以申请者那些表格化的硬性条件为基础，通过申请者的文书来了解他身上有哪些令人心动的特质，有哪些和别的申请者不一样的亮点。大学招生官非常清楚，申请者的数字化的硬件固然重要，但是他们更希望通过文书来了解申请者的个人品质，他的兴趣和热情，他的抱负和梦想，以及他的人生经历，而这些东西，很难从那些数字化的表格里看出来。

同时，大学也会通过申请文书，进一步了解一个申请者是否是他们所需要的那一类人，或者说申请者身上的某一个特质是不是他们恰恰需要的。这里要说明一下，对大学招生官来讲，一个个体是否全面并不是特别重要，他们更关心这一届招来的学生会不会构成一个"圆"，如果你恰好就是那个圆上所缺失的一段弧线，那么你被录取的可能性就会大大增加。所以，我一直强调，一份出色的大学申请材料，不是在向招生官展示你多么优秀，而是要展示你有多么独特，而文书，就是展示申请者独特性的一个非常重要的途径。

正因如此，几乎每一所常春藤大学，包括一些常春藤大学之外的美国名校，都把一个申请者的申请文书放到录取因素里最重要那一栏，甚至在 8 所常春藤盟校里，康奈尔大学和哥伦比亚大学曾把申请文书列为录取因素中的重中之重。即使像加州大学（UC 系统的 9 所分校）这样的大公校，也越来越看重申请者的文书，这个可以从前几年加州大学系统把申请文书从 2 篇调整到 4 篇就可以看出来。

哈佛大学也非常看重学生的申请文书。哈佛大学曾经宣称他们会仔细阅读每一位申请者的文书，以保证每一个申请者都会被同等对待，同时也是为了不放过任何一个潜在的哈佛学生。这里的潜台词就是，只要你申请了哈佛大学，不管你的硬性条件多么糟糕，他们都会仔细阅读你的申请文书，并会依此判断，你到底是不是他们需要的学生。

大家知道有个排名 20 多的维克森林大学（WFU），他们不太看重学生的 SAT 成绩，但非常看重申请文书的质量。申请者除了要提交 Common 主文书外，还需要提交好几篇补充文书，大学也是试图从这些补充文书中发现一个学生的独特性。大家应该听过身边一些 SAT 分数差强人意的学生，最后就是进了这个排名不错的维克森林大学，这大都是因为他们的文书打动了招生官。

当招生官在一个可录可不录的申请者的材料上纠结的时候，申请者的文书会起到至关重要的作用，这个时候，一篇出彩的文书可能就会让招生官下定决心录取了。同样，在两个硬件差不多的申请者中，到底哪个会脱颖而出，我想一定是那个写出一份让人怦然心动的文书的申请者。

当年罗永浩能以初中学历（高二辍学）应聘到新东方当 GRE 老师，不得不说，也是和他写给俞敏洪的自荐信有很大关系，在那封妙趣横生、个性鲜明的自荐信里，罗永浩初次展示了他的罗式语言风格，并最终打动了俞敏洪。

从这个故事也可以看出，申请美国大学，如果你的硬件不是很出色，也别轻易放弃你的梦校(dream school)，说不定，文书可以让你咸鱼翻身。在多年的实践中，我亲自见证了为数不少的硬件一般的学生最后进入远高于他们硬件水平的大学，并且其中没有其他世俗因素，我想在这里面文书是起到了决定性作用的。

但我们也不可以就此夸大文书对申请的作用，更不要神话文书。事实上，如果你的硬件过硬，比你申请的大学的要求高出很多，即使你的文书平平，你还是有很大机会被录取，毕竟，你的硬件摆在那儿。然而，值得注意的是，这些年，有一些硬件很好的申请者在保底学校上遭遇滑铁卢，这也给了我们一个提醒：即使面对保底学校，你的文书也不可以敷衍了事，不说出彩，起码也要让人感受到你的诚意。那种因为是保底学校就对文书敷衍了事的态度非常不可取，这样的敷衍了事反映到文书上，会让招生官认为你申请他们大学，就是来"打酱油的"。

也有少数同学，平时不注意硬件的达标，把录取希望都寄托在最后的文书上面，这就更不可取了。因为，如果硬件不达标，我非常怀疑你的文书最后能被大学招生官看到，特别是一些规模较大、每年招收学生较多的综合性大学。比如，UCLA（加利福尼亚大学洛杉矶分校）在某一年的新生申请加上转学申请数量居然达到了 13 万左右。面对如此庞大的申请者数量，招生官把来自四面八方的材料和每一个申请者对上号都是件很费时费力的工作，即使有辅助人员在旁协助，但要让招生办的人一份一份地审阅材料，一篇一篇地看文书（UCLA 要求提交 4 篇文书，那就意味着招生办的人要看大约 50 万份文书），我很难相信他们有这个精力。因此，一些综合性大学，往往会在筛选阶段通过硬件筛选来淘汰一些硬件不过硬的学生，而这些在第一轮硬件筛选中被淘汰的学生，不管他们的文书有多么地出彩，可能根本就没有机会到达招生官的手里。但无论怎样，文书都是申请过程中最重要的一个环节，绝不可以轻视。我建议大家尽早准备，特别是 Common 系统的主文书，提前一年准备都不过分。也许你早点把文书定下来了，当时可能特别满意，但放在那儿一个月后，你再看看，又会发现新的问题，或是有了更好的思路和想法。所以，出彩的文书，大多不是一蹴而就的，而是要花时间反复打磨的。

## ④ 4. 美国大学录取的功利性因素

美国大学的存在和延续，可以有成百上千个高尚的原因，比如为各个行业输送优秀的人才，为社会的发展培养具有高尚品质的合格公民等等。事实上，这也是美国名校招生的一个基本出发点。

但除此以外，美国大学的招生也会受到功利性因素的影响。

大家知道，美国排名前 50 的大学，除去 UC 系统，绝大部分是私立学校。一个私立学校的运作方式，和一家私营企业差不多，它无论具有多么高尚的情怀，都不得不面对一个实际问题：它需要足够的资金来保证自己的运作。

没有这一点，所有的情怀就只能是空中楼阁了。

因此，很多美国大学都有个筹资委员会或是发展委员会之类的机构，它的任务就是要保证大学有足够的资金来维持自身的运作。

大家知道，哈佛大学的助学金政策是无视需求的（need-blind），即录取的结果和你是否申请了哈佛大学的助学金没有关系。（当然也有一些实施 need-aware 政策的大学，所谓的 need-aware，就是如果你申请了该大学的助学金，他们会把你的材料单独放在一个池子里考虑。）千万不要认为哈佛会因为你需要它资助大学费用就不录取你了，毕竟，哈佛太有钱了，甚至，就连它现在几百亿规模的教育储备金每年挣来的钱都是惊人的。

哈佛大学这笔数量惊人的教育储备金，它的来源除去社会捐赠就是校友捐赠，并且，校友捐赠要占到一半以上。

现在的问题是，什么样的哈佛校友会给母校捐赠呢？

当然，先不提比尔·盖茨这样的富人，怎么说，也得是那些毕业以后在社会上混得风生水起的毕业生吧。要是你毕业后连个温饱问题都解决不了，人家是不会相信你还能从牙缝里抠点钱来回报母校的。

从这个角度来看，很多大学在录取新生的时候，会考虑这样一个问题：我要是录取了你，你最终会给我带来什么？

你要么给我带来利，要么给我带来名，或者退而求其次，给我们的校园文化带来一些活力和多元化的色彩。

如果大学认定你不能从以上三个方面对其有所贡献，大学对你的全 A 成绩和托福、SAT 高分应该没有什么太大的兴趣。会读书的申请者一大把，大学为什么偏要录取你？

所以我一直认为，要申请排名前 20 的学校，你的长板是否足够长是非常重要的。你的长板，让人家相信你今后会在这个领域出类拔萃，你会是这个领域的佼佼者，你会因此功成名就，这样你才有回馈母校的潜力。即使你不一定多么富有，你的名气也是母校的成功，毕竟，如果你跻身社会名流，各种关于你的报道里就免不了出现你的母校的大名，这就等于替母校免费打广告。事实上，我们在谈论某一个名人的时候，往往下意识会谈起他是哪个学校毕业的。

说白了，名和利的隐藏因素，就是很多大学招生时候的考量，虽然这个考量不适用于每一个申请者。

顺带说一下，对于申请 50 名以后的大学，你的短板不要太短，即你的 GPA 和托福、SAT 成绩等硬件不要太落后。对于这些大学，如果你的这些硬件过关，哪怕你没有能在某个领域出类拔萃的潜力，大学还是照录不误的。

一言以蔽之，大学招生的一个功利性原则是：你要么给我带来利，要么给我带来名。

哈佛大学曾在其官网上声明，大意是只要你优秀，你可以不用操心学费的问题。确实，人家好几百亿美金的教育储备金，资助你一年几万美金的学费简直就是九牛一毛。那它为什么要花钱请你去读书呢？说到底，这就是哈佛对未来的投资，投资那些有着光明前途的申请者，他们将会是社会的栋梁之才，并且在功成名就之后乐于奉献，回馈母校。

试想一下，一所大学投资了 100 个乃至 1000 个申请者，只要这里面出了一个"比尔·盖茨"，那它的投资就成功了。

从这个角度看，美国名校更像是一个天使投资人。

我曾有一个学生，家境非常一般，当年几乎全奖进了达特茅斯学院，一家人都很高兴。12 年级快结束时，达特茅斯突然给她来信，大意是，他们又重新评估了她家的经济条件，认为她一年往返达特茅斯的 4 张机票钱可能会对她的家庭构成不小的经济负担，所以他们决定替她支付这 4 张机票钱（请注意，学生是 ED 录取的，不存在大学拿钱引诱她去报到的问题）。

我那个学生非常感动，对我说，老师啊，我以后要有钱了，一定要给达特茅斯学院捐钱，因为他们是真心实意地好。

我相信她会这么做的，因为在我和她的接触中，我能感觉到她一直都是一个知恩图报的人。而我也相信，大学也敏锐地觉察到了她这点宝贵的品质。

虽然，大学也很清楚，他们招来的学生不可能都会是人生赢家，但只要你的一些宝贵品质或是特长足够吸引人，大学也是会动心的。比如，有些学生的运动特长，或是音乐才艺，或是组织能力，能让大学相信，这样的学生招过来，至少会给大学的校园文化增添色彩，让大学这个微型社区更加生机勃勃，充满活力。

大学作为一个社区，需要领导型人才，也需要一些乐于奉献的辅助型人才。他们可以充当大学这个机器运作时的润滑剂，这也是很多看上去很普通的申请者能够打败"大神"申请者的一个原因。就像一台晚会，不能人人都在台上表演，总得有人跑前跑后，拉个大幕，摆弄灯光音响，甚至帮大家订盒饭。

所以，很多大学的文书题目，都会问申请者：你到底能为我们带来什么？对这个问题的回答，你还真的不要太谦虚。你要绞尽脑汁好好想想，你真的能给人家带去什么积极效应，比如有钱出钱，没钱出力。

这里写美国大学录取的功利性因素，也是为了从另外一个角度给大家一个提醒，就是我们在组织申请材料时，除了要展示自己的独特性之外，更要考虑一个问题：我该如何让大学相信，我会是一个给大学带来一些有形的或无形的利益的申请者。

当然，这种功利性因素不可能适用于每一个申请者的录取，一些平凡的申请者也不要因为自己好像不能给大学带来名和利就不敢向青睐的大学提出申请。毕竟，每一所大学都需要平凡而乐于奉献的人，需要这样的人来构成他们学生团体的完整性。就像一部电脑，它不仅需要主机、显示屏等核心部件，也需要键盘和鼠标这样看上去不重要，但对电脑的运行不可或缺的部件。

前面讲过，私立大学的运作离不开资金，所以，面对大额捐赠，大学不可能无动于衷。我们这些年也从媒体上看到过一些相关报道，比如某某名人为了子女上常春藤大学豪掷千万美金。当然，这种通过捐赠方式进入名校的案例不是我们这里要分析的，但可以从侧面说明在某些情况下美国大学录取的功利性因素对申请者的决定性影响。

包括大学在招生时会对传承学生另眼相看，这也是大学录取的功利性因素之一。所谓的传承学生，基本上就是校友子弟。比方说，你的父母或祖父母是某个大学的校友，那这个大学也认同你会遗传他们的优秀基因，所以美国人也是有龙生龙、凤生凤这个概念的。但是，这也是出于对功利性因素的考虑，毕竟这些人也是大学校友捐赠的一份子，因此大学在招生时不得不对他们的后代另眼相看。有数据表明，哈佛大学传承学生的录取率是普通学生的五倍。在很多常春藤大学，传承学生的录取率达到了百分之二三十，而普通学生的录取率大部分都是不到百分之十。

当然也有例外，比如加州理工学院明确规定没有人可以因为父母捐赠或父母的校友身份而被优先考虑。甚至，这所大学录取传承学生的标准比录取普通学生的还要高，这就使得在加州理工学院的新生中，校友子弟的占比往往不到百分之十。但比较遗憾的是，像加州理工学院这样的大学，在美国少之又少。

对我们普通申请者，特别是中国申请者来说，不要因为你不是传承学生，或是父母没有能力进行大额捐赠就心灰意冷，毕竟能划到这一类的申请者凤毛麟角。但是，了解一所大学对录取传承学生的功利性倾向，特别是通过一些信息了解特定大学的传承学生录取率和数量，能给我们在择校时做一个很好的参考。

## 5. 美国大学录取的小众因素和偶然性因素

有一个很流行的说法，说美本录取是门玄学，这个说法不无道理。为什么说美本录取是门玄学呢？主要原因是，一份录取，除去一些大家看得见的原因，还会有一些小众因素和一些偶然性因素在左右着一个申请者最后的录取结果，而这些小众和偶然性因素，往往大家看不见的。

曾经有个学生被斯坦福大学录取，起初他确信自己被录取是因为某个他引以为豪的原因，但后来他有机会去斯坦福大学招生办工作，接触到了他当年的申请材料以及招生办的点评，才知道自己被斯坦福大学录取是因为一个他毫不在意、在他看来简直不值一提的原因：招生官在他的某一篇小文书里看到了一个令他们感动的独特品质。

从这个小故事可以看出，我们通过录取结果去追溯原因有时候是不得要领的，有如盲人摸象，事实上，当一个招生官把你的申请材料放到录取或是拒绝的篮子里时，真实的原因恐怕只有他自己知道，甚至我怀疑，同样的材料几年后再放到他的手里，他是不是还会做出和当初一模一样的决定。

我曾有个学生被普林斯顿大学录取，我们当初分析原因时认为一定是她的乒乓球特长起到了很重要的作用，毕竟她的其他硬件并不是很突出。等她去了普林斯顿才发现，她的乒乓球水平连进入校队的机会都没有，所以后来只做了啦啦队队长。至于她为什么会被普林斯顿大学录取，我讲不来原因，虽然我从头到尾参与了她的申请工作。当然，你非要让我去留学讲座上分析她录取的原因，我能讲出一堆言之凿凿的理由，但真实的原因我在这里告诉你：我不知道。我只知道，整个申请材料，包括文书，没有给她拖后腿，至于录取的核心原因是什么，只有招生官知道。

很久以前我有一个学生，从加拿大录取到加州理工学院，说实话，他要申请这所学校的时候我是坚决阻拦的，我觉得他简直是以卵击石，因为他的硬件实在是普通得不能再普通了，但他最后就是录取了。他收到录取通知的时候，他爸爸和我都是一头雾水，特别是他爸爸，简直不敢相信自己的眼睛，就问我这怎么回事啊，然后就要找找原因，找来找去也实在找不到什么原因能让这么牛的学校居然把他儿子录取了。最后他问我是不是因为他儿子会跳街舞，我说核心原因肯定不是这个，美国的黑人跳街舞，身体倒立着头都能在地上转，比你儿子跳得好多了。

当然，要是把这个录取作为一个案例去分享，我同样也能找出一堆原因，比如我们弄出来的文书是如何动人等等，但我现在告诉你，我不知道原因。

他录取的真正原因，我想大概只有亲手把他录取的招生官知道。

不过，后来这个学生在加州理工学院学习一年就转学走了，因为面对那么多理科大神，他实在太吃力了，最后转去了中部的一所排名 30 左右的理工大学继续学习，直到毕业。

曾经，某常春藤大学录取了一个中国申请者，是因为这个申请者多年从事篆刻，而这个大学篆刻社的几个核心成员刚好快大学毕业，需要补充一些新鲜的血液。所以，从这里我们也可以看出，大学招生官关心的是，他们招来的这一届学生是否能构成一个"圆"。

我不得不再次提醒一下大家，我们听过很多录取成功的案例分析，演讲者会告诉听众他自己的分析，但事实上，他讲的这些原因，并不一定就是招生官录取一个申请者的真正原因。因此，我建议大家可以去听这些案例分析，但你要全部相信了，那你很有可能会被带偏了方向。我的建议是，带着脑子去听，汲取一些有用的分享点，而不是全部生搬硬套别人所谓的成功经验。

同样的道理，一封拒绝信背后的原因，可能很简单，也可能很复杂。

当我们被一所大学拒绝了，我们总会认为是自身的硬件没有达标，或者认为文书不过关，没有成功吸引到招生官，当然在大多数情况下是这样的，但我们也不要忘记，还有一些我们无法左右的原因导致自己被拒绝。

比如，你的中学老师在你的推荐信里到底是怎么评价你的？就算他没有写对你的负面评价，但这封推荐信真的能反映你的全部特质吗？还有，即使他是在赞美你，但是否赞美到点子上，这也是要打个问号的。

或者，你和你的同班同学 ED 同一所大学，你们的硬件也差不多，但你的校内升学导师不知道出于什么原因对另外一个申请者印象更好（你不要否认这一点，所有的老师都是人，是人就有情感偏向，包括你我在内），这样的情感偏向会不会影响他写推荐信的用词和赞美力度呢？会不会影响他推荐信附表上的打分呢？请注意，打分里有一项是品格（character）评价，如果任何老师在这项上给你的评价是低于平均（below average），我认为你的申请就此结束了。这一块内容比较复杂，就不在此详述了。

更别说，要是你在学校里给你写推荐信的老师留下的印象不是很好，他出于责任如实谈谈对你的看法也没有什么不妥，特别是外教老师，在写推荐信这个问题上，他们就是有一说一，你请他们写，他们会帮你写，但具体写什么，你就无从知晓了。

我曾有个学生请外教老师写推荐信，对方欣然同意，但在推荐信里，这位老师写到这个学生是个典型的亚洲学生，只会读书，不关心社会活动等等。当我那个学生在偶然的机会下得知推荐信的内容时（当时网申还未普及），他的心里翻江倒海。他觉得老师要是不赞美他就不要答应给他写推荐信啊，但人家偏不，你请他写他就写，但他只会如实写。

另外，排名差不多的大学，经常这所拒绝了你另外一所录取了你，这就反映了一个大学招生的倾向性。比方说，如果你的申请材料里展示了你惊人的领导力，这对哈佛大学很有吸引力，但对加州理工学院来说就没有那么重要了，他们只在意你是否能踏踏实实搞研究，是不是一块做科学家的料。

一个可能让很多申请者无法接受的事实是，招生官的心情多多少少也会影响到我们的录取。说得极端点，他那天要是中了大乐透彩票，在一份可录取可不录取的材料上可能更倾向于做出录取的决定，但他要是头天晚上和老婆大吵了一架，或是今天上班路上撞车了和人家干了一仗，在审核材料的时候可能会趋向于更加严格。虽然这种情况很罕见，但也不是没有，毕竟，招生官也是人，也会受到情绪的影响。

所以我说在申请季，我们要多换位思考，善于理解招生官的苦处。比如在提交申请材料这个问题上，我一贯的原则就是大学让你提交什么你就提交什么，任何额外的材料都有可能导致招生官的反感，他们会认为，难道你没有看懂我们的申请要求吗？

比如，除非大学规定特定专业（如艺术、建筑、音乐、电影、舞蹈等）必须提交作品集以外，其他没有要求你提交的额外材料尽量不要提交。宾夕法尼亚大学在官网上明确表示：请慎重决定是否提交额外材料，过多的材料有可能会给你的申请减分，总之，越简单越好。麻省理工学院也曾经明确说过提交个人简历的问题，但说得很逗：欢迎你提交个人简历，但提交简历而不填写活动列表会减分，所以还是别提交吧。原话是：You are welcome to submit a supplemental resume, but submitting a resume instead of filling out our activity list can hurt you (so don't).

像提交推荐信也是一样的，过多的推荐信会让招生官认为申请者试图用推荐信的数量来弥补他提交的推荐信的质量。所以，提交额外推荐信应该慎之又慎，特别是找一些社会名流来给自己写推荐信，往往会适得其反。招生官也非常清楚，这些名流不大可能和申请者有什么深度接触，他们不太会相信这些名流笔下的你。

但有的大学明确提出不接受额外推荐信，在这种情况下你就是拿到美国总统的推荐信你也别提交。大学都是按规矩办事，你非要提交总统的推荐信，他们会认为你是在挑战规则。说不定有个别招生官会发扬二愣子精神，你越是这样，他就越是要拒绝你，毕竟，把美国总统推荐的人都拒了这个事迹，够他吹牛吹一辈子了。

因此，我不建议提交额外推荐信，除非大学有明确要求，比如罗切斯特大学明确建议申请者提交额外的家庭成员或者同学的推荐信。这种情况下，这个额外推荐信其实就是必要推荐信。

　　总之，在提交额外推荐信和额外材料这个问题上，很容易反映一个申请者是否善解人意。不要把你认为能给你脸上贴金的材料全都提交给招生办，这样做会影响招生官的感受，反而会对你的录取非常不利。

　　甚至，有些同学在延迟录取（defer）或进入候补名单（wait-list）之后，会对招生官"狂轰滥炸"，这往往也会起到适得其反的效果。

　　当你被列入候补名单后，部分学校会建议你提交额外文书、最新的成绩单、最新的活动或学术成就等，但也有部分学校会要求你什么材料都不要提交，只需等待结果。这个时候请一定遵守学校的规则。你非要不遵守规则，反其道而行之，结果被拒了，可能自己还会觉得拒得不明不白的。

　　比如，纽约大学明确规定不要提交任何材料，伊利诺伊香槟分校明确规定任何额外材料，比如推荐信，都不会再考虑，并且在整个申请中是不接受面试的。也有一些学校有不同的规定，比如加州伯克利规定可以接受额外的 500 字文书，因为能给大学提供申请者更多的个人信息，同时大学也接受提交最新的成绩单。

　　当然，即使要给大学提交额外材料，也一定要按照大学指定的方式，避免用私人邮件给招生办发送个人材料。你私人邮件对方，对方要把你的材料汇总到你的档案里面，有的还需要先下载附件，增加额外的工作量，这种不为对方考虑的行为都不是人性化的做法，会招致对方的反感。

　　艺术专业类申请者要在该大学指定的网上系统（通常是"slide room"）注册账号（portal）后，方可上传作品集到平台上。还有一种是先提交申请，申请提交后系统会通过邮件发送给申请者一个链接让其建立账号，该账号是用来追踪申请材料是否全部被招生办收到了，账号里面还可以上传简历、额外材料等。

　　不过，由于文理学院申请人数相对少很多，它们对提交额外材料的开放度会高很多。但即便如此，如果没有什么令人印象深刻的额外材料，还是建议谨慎提交。

总之，向大学提交过多的额外申请材料不一定导致被拒，但我相信每年因此被拒的人一定会有，这也是申请美本被拒的原因之一，只是很少有人想到而已。因为这个被拒，确实也是拒得挺冤枉，挺不明不白的。

最后，我再说一下有些美国大学的"普遍希望"的招生原则，即大学会有意识地从不同申请群里录取一些实力相对比较弱的申请者。大学之所以这么做，是为了告诉大家，我们大学的门是向所有人敞开的，即使你的硬件并不是很好，也不意味着你就无缘我们学校。这也会间接鼓励更多的申请者来年申请该大学，因为后来的申请者会认为虽然某所大学的录取条件很高，但去年自己周围的某个同学硬件很一般也被录取了，那自己今年为什么不试试呢。

但是，以"普遍希望"原则进入美国大学的硬件一般的申请者，毕竟是少之又少的。他们的录取，也是由于偶然性因素，没有太大的参考价值。

## ⑥ 6. 美本录取，运气的作用到底有多大

首先，我20年的实战经验告诉我，乍一看上去，在美本的录取中，运气确实会起到一个意想不到的作用，这也是很多人说美本录取是门玄学的原因之一。

每年，总有一些我们觉得运气特别好的幸运儿，拿了一份又一份的大学录取通知书，而且，录取的学校，确实是要超出申请者的硬件水平很多。当然，也有一些不幸的申请者，明明硬件水平可以申请到排名前20的学校，但最后录取的都是排名30或40开外的学校，甚至还有SAT 1500分以上的申请者，最后居然

连保底学校都没有录取。

但仔细看来，运气在申请中的作用，并不是均等的。

简单来说，对于录取到"哈耶普斯麻"等一些"大藤"学校，运气的成分确实不小，但对于录取到排40名左右及之后的学校，运气似乎没有那么大的作用。

一般来讲，申请"大藤"学校的牛娃们，他们的GPA就不必说了，托福、SAT成绩也高得离谱，可圈可点的活动也做了一大堆，有的甚至十几门AP课程满分，还有各种各样的竞赛成就。另外，这些牛娃能申请"大藤"学校，他们的家长在申请的具体事宜以及文书打造方面，也都做足了功课。说到底，大家谁也不比谁差多少。所以，他们最后录了还是没录，确实带有一点运气成分。

哈佛大学一年就在中国招那么七八个人，中国籍学生每年申请哈佛大学的人数怎么说也得有好几百，那大概就是在一百个人中挑选一个。问题是，这一百个人，他们既然敢申请哈佛，哪个不是人中龙凤？

当你的申请材料在招生官手中被反复掂量，招生官的内心在反复纠结，这个时候，能够帮到你的，也只有苍天大地了。

曾经有个名校的招生办主任给被拒绝的学生写过一封信，其中有一句话我至今印象深刻：你们被拒绝，不代表你们没有那些被录取的学生优秀，其实，如果你们的材料放在另外一个招生官手上，也许，你们就被录取了。

确实如此。甚至，同一个招生官，他礼拜一看你的材料是拒绝你的，但如果礼拜五看你的材料，因为周末即将来临心情大爽，也许你就被录取了（这虽然听上去有点极端，但也不是不可能）。所有这些，都是申请者无法控制的因素。

说到底，招生官也是人，他也会受人的情绪和莫名其妙的起心动念所影响。

一些"大藤"级别的学校在中国的招生名额是个位数，这么少的名额，面对那么多优秀的申请者，而招生官又很难有一个非常客观的标准来给申请者从高到低打分，这种情况下，录取还是不录取，运气确实很重要。

从 100 个美女中挑选出 1 个最美的，被选到的概率是 1%，无论你多么花容月貌，你能最后被挑选出来肯定不仅仅是因为你比别人美，这其中运气的作用非常大。从 10000 个美女中，挑选 100 个出来，概率也是 1%，但如果你足够美丽，你被挑中的概率要比前面这种情况大很多。虽然同样是 1%的概率，但由于绝对值不一样，你的机会就不一样。

这种情况，和哈佛大学在中国的招生有什么区别？一共就录取那么几个人，你能最后被选中，除了你自身优秀以外，运气的作用不可否认。在一个被哈佛大学录取的学生身上，你可以找到无数个原因证明他为什么被哈佛录取，但也别忘记，有很多申请者都拥有那无数个原因，但最后就是被哈佛拒绝了。

我曾看到一个知名中学的藤校榜单，20 多个被藤校录取的学生中，只有 2 个是被 2 所藤校同时录取的。我相信，这些学生在申请藤校的时候，基本上每一所都申请了一遍。这背后的潜台词是什么，大家可以用心琢磨下。

一个学生申请 8 所藤校，只有耶鲁大学录取了，剩下的 7 所都拒绝了，那你能说耶鲁大学的录取没有运气的成分吗？如果他足够优秀，称得上是优秀中的优秀，为什么其他 7 所都把他拒绝了？顺道说一下，这是曾经的一个真实案例。

在面对这个案例的时候，我们到底是应该欢呼他被耶鲁大学录取，还是更多地要研究他为什么被其他 7 所全部拒绝了呢？

但在人头攒动中，在花团锦簇中，在被耶鲁大学录取的狂欢中，那 7 所被拒的学校早已打入冷宫，无人想起，无人问津。

这也提醒我们的家长，看机构的录取榜单也好，看中学的录取榜单也好，都要带着问题和脑子用心去琢磨。

一般来说，对于排名 40、50 甚至更后的学校，因为申请者的硬件差别还是很大的，运气的作用相对就小了很多。

大家会发现，有些硬件和排 50 名左右的大学比较匹配的申请者，他们在申请这些学校时，录取率往往一下子高了很多。

一个基本原因是，你的条件达到了，而这类学校录取的人数又比较多，招生官觉得你硬件差不多，文书也没有什么问题，基本上就录取你了。不像"大藤"学校，总共就录取那么几个人，招生官面对你的材料会反复纠结，一旦反复纠结，你的命运往往就依赖运气了。

说到底，还是个录取人数的问题。录取人数越少，运气起到的作用就会越大。

但话说回来，申请者能被"大藤"录取，运气确实起到了一定的作用，但千万别忘了，运气的背后，是他们多少年如一日持之以恒的付出。如果申请者的托福、SAT 成绩和 GPA 等基本条件没有那么出色，我也不知道要多大的运气才能被"大藤"录取。就像苹果砸在牛顿的头上，砸出了万有引力，但如果牛顿只是个纨绔子弟，那就算一万只苹果在他头上砸一万次也是白搭。

当然，一些通过别的渠道进"大藤"的申请者，那就另当别论了。

说到底，你的硬实力永远是第一位的。每年申请者的材料一寄出去，就有家长问我某个牛校录取的概率有多大，我经常回的一句话就是：看你孩子的造化吧。

打个很难听的比喻吧，有的人得了癌症，做了手术以后基本上没有什么问题，能活个几十年，但有的人做手术后不久就不行了。个中原因，就是专业医生，估计也讲不出什么道道来。

还是那句话，尽人力，随天意。这句妇孺皆知的话，不知道有多少人能真正听到心里并知行合一。无论如何你要尽人力，虽然尽人力不一定就如人意，但这就是事实，你不接受，你就会很郁闷，很受折磨。

另外，每年都有少数的超级幸运儿，莫名其妙就被超出自身水平很多的学校录取了。我祝贺你们，希望你们勇敢接受上天给的馈赠，但更希望你们以此为起点，用加倍的努力来回报这份馈赠。要记住，天上掉下的馅饼不会总是砸在你身上。

茨威格的《断头皇后》，讲的是法国国王路易十六的妻子玛丽·安托瓦内特的故事。她原来是奥地利公主，不仅人长得美，还琴棋书画样样精通，在嫁给当时的法国国王路易十六后，她过着极尽奢华的生活，大兴土木，干预朝政，违乱纲常，把好端端的法国搞得乌烟瘴气，最后，把自己和路易十六都玩到了断头台上。

《断头皇后》里有一句评价安托瓦内特的话非常经典：那时候，她太年轻，不知道所有命运赠予的礼物，早已在暗中标好了价格。

确实这样，而且对每一个人都一样。请记住：

Life never gives anything for nothing.


## 7. 小结：认清了生活的真相，但依然热爱生活

每年美国大学放榜时，我们总是对周围或者从不同渠道获取到的一些录取案例感到困惑：为什么有的申请者硬件并不是很出色，但就是被排名前 10 或前 20 的大学录取了，而一些硬件亮眼的申请者，却连排名前 30 的大学都没有录取到？

为什么我 SAT 成绩和 GPA 比同校另一个申请者好太多，但同一所大学录取了他却拒绝了我？

明明我的文书比他的要出彩，我们的硬件也差不多，但为什么大学录取了他而拒绝了我？

对于这些问题，我相信你看了我前面几个小节的内容后，也许就不会那么纠结了。美本录取本就没有一个放之四海而皆准的标准，每一份录取或拒绝的背后，好像存在着一只神秘而又看不见的手。说到底，美本录取都是建立在客观事实基础上的主观行为，而一旦牵涉到主观行为，结果的不确定性就会大大增加。

事实上，我从事美本工作 20 年了，可我自己每年也会对个别的录取案例感到困惑不解，虽然大部分的录取原因有迹可循，但确实有少数录取案例背后的原因超乎我们的想象。我在前面几个小节的分析，都是这些年的录取样本给我的一些感受，但我也知道，寻找录取或是拒绝背后的原因，很多时候都是在按图索骥，或是盲人摸象，但我们总是要从这些样本中，寻找一些共性的东西，给后来者以启发。

同时，美国大学录取里的百转千回，是无论多么权威的专家都无法讲透彻和清楚的。对于一个学生的录取与否，一个学校的不同招生官会做出不同的决定，而同一个招生官也可能在不同的时间或不同的心情下做出相反的选择。这也是为什么这个事情我在一线做了 20 年，仍然常常在讲座时告诉家长和学生：

我对美国大学的录取一无所知！

上个世纪的一场关于量子力学的科学大辩论，是关于粒子的关联量之间是否存在确定性。以玻尔为首的哥本哈根学派认为确定性是不存在的，但爱因斯坦认为这种确定性是存在的。在一封写给玻尔的信中，他说了这句著名的话：

上帝是不会掷骰子的。

但科学的发展和发现，越来越对爱因斯坦不利，这也表明，上帝有时候是会掷骰子的。

在美本申请中，有时候我们觉得一个申请者非常完美，他的申请材料无懈可击，他的硬件软件都和他的心仪大学很匹配，但最后就是没有被那所大学录取。这个时候，我们能想到的唯一可能的原因就是：上帝有的时候是会掷骰子的。

但记住，在爱因斯坦和玻尔的那场科学对话中，因为无数人的怀疑、辩论和不断的验证，科学因此得以不断发展和进步。最终，科学不论输赢，它只记录下哪些人在这样的进步中，做出了不可磨灭的贡献。

同样，我们不能因为上帝有时会掷骰子就消极看待美本之路。在这条荆棘密布的路上，我们唯一可以做的还是努力努力再努力，把控那些我们可以把控的，放下那些我们无法控制的。从短期来看，上帝的骰子确实让我们的付出得不到应有的回报，但从长远来看，我们所有的付出都已经转化为我们的骨骼和血肉，成为我们人生的重要组成部分，也是助力我们今后人生走得更加长远的一份财富。

纵然美本的录取有那么多不确定性，但这些不确定性也是建立在确定性的基础上的，不能因为不确定性而放弃了对确定性的追求。

罗曼罗兰曾经说过一句激动人心的话：世界上只有一种英雄主义，就是在认清生活的真相后依然热爱生活。

这句话同样适用于在美本路上踽踽独行的你。

# 第二章

## 美本申请文书的分类

在申请季

我们要面对各种各样的文书

如果申请十所美国大学

可能要写几十篇申请文书

本章就对这些文书

做一个基本分类

申请美国大学，最核心的重头戏就是文书写作这一部分，这也是整个申请过程中最耗时费力、最有挑战性的环节。

假设在 Common 申请系统里申请十所大学，申请者平均要提交大约二三十篇申请文书，如果申请排名靠前的大学，甚至需要提交三十篇以上的文书，有的时候一所学校就要求申请者写上六七篇大大小小的文书。并且，这些文书题目，光是琢磨怎么写就已经很消耗脑细胞了。

在申请季，一个申请者需要写的文书，大致可以归为以下三类：Common 主文书、加州大学系统文书（即 UC 文书），以及各个大学的补充文书。

下面我们先分三个小节对这三类文书做个简单介绍。

## 1. Common 主文书

申请美国大学本科，现在基本上都是通过网络提交申请材料，包括申请者的标化考试成绩、课外活动和获奖情况，以及大大小小的申请文书等。我们所熟知的美国排名前 50 的大学，除去加州大学系统，基本上都是通过一个叫 Common Application 的申请系统来提交申请材料的。一些以前拒绝加入 Common 申请系统的大学，包括我们中国申请者比较熟知的宾州州立大学和伊利诺伊大学香槟分校（UIUC）等，这几年也纷纷加入了 Common 申请系统。

事实上，美国排名前 50 的大学，除了极个别的大学，如麻省理工学院和乔治城大学，目前依然使用自己的独立申请系统外，其他的基本上都已经加入 Common 申请系统。也就是说，你要申请这些大学，可以直接打开 Common 申请系统的网站，在上面按要求申请就可以了。

凡是申请过美国大学的学生，对这个 Common 系统应该非常熟悉，这是一个伴随我们整个申请季的美国大学申请系统。

Common 申请系统，除去各种各样的表格，非常重要的一部分就是文书系统。文书系统包括 7 个备选的文书题目（essay prompts），申请者可以从中任选一题作答，最后提交的定稿字数不能超过 650 字，这篇文书就是我们通常讲的 Common 主文书，也是本书要讨论的核心内容。

Common 主文书题目不是一成不变的，这些年来除了经历过一次较大改变外，几乎每年都会做点细微调整。笔者先把 2021 至 2022 年度 Common 主文书题目附在下方，并将在本书的第四章对这 7 个题目逐一进行分析。

2021–2022 Common App Essay Prompts:

1. Some students have a background, identity, interest, or talent that is so meaningful they believe their application would be incomplete without it. If this sounds like you, then please share your story.

2. The lessons we take from obstacles we encounter can be fundamental to later success. Recount a time when you faced a challenge, setback, or failure. How did it affect you, and what did you learn from the experience?

3. Reflect on a time when you questioned or challenged a belief or idea. What

prompted your thinking? What was the outcome?

4. Reflect on something that someone has done for you that has made you happy or thankful in a surprising way. How has this gratitude affected or motivated you?

5. Discuss an accomplishment, event, or realization that sparked a period of personal growth and a new understanding of yourself or others.

6. Describe a topic, idea, or concept you find so engaging that it makes you lose all track of time. Why does it captivate you? What or who do you turn to when you want to learn more?

7. Share an essay on any topic of your choice. It can be one you've already written, one that responds to a different prompt, or one of your own design.

另外，从 2016 年开始，美国大学首次引入 CAAS 申请系统（全称 Coalition for Access, Affordability, and Success），也被称为 Coalition 系统，这个系统和 Common 系统并无本质区别（除文书题目是 5 选 1 外），但目前加入这个申请系统的大学远远少于加入 Common 申请系统的大学。毕竟，Common 系统是从 1975 年就开始使用，虽然可能存在不太完善的地方，但还是比较深入人心的。而 CAAS 系统毕竟是个崭新的东西，大众接受起来没有那么快，因此大家基本上可以暂时忽略 CAAS 系统。

当然，这里可以顺便提一下，CAAS 申请系统的出现也是件好事，至少，在某种程度上它逼着 Common 申请系统不断地自我完善。我也相信，Common 申请系统受此影响，也会变得越来越人性化。大家知道，Common 申请系统无论是表格部分，还是文书部分，这几年来几乎每年都要做一次修订，这不仅体现出一种积极的态度，也是一种自我完善的表现。

## 2. 加州大学系统文书（UC文书）

加州大学的申请系统和 Common 申请系统一样，也是由表格系统和文书系统构成。

加州大学系统包括 10 所分校，其中加州大学旧金山分校不招收本科生，所以，我们从事美本行业的，一般提到加州大学时都习惯指加州大学的 9 所分校。这 9 所分校，有 6 所常年占据美国大学前 50 名的位置，包括大名鼎鼎的加州大学伯克利分校（UCB）和加州大学洛杉矶分校（UCLA）。

对中国学生来讲，加州大学几乎是每一个申请者都要申请的大学，因为加州大学 9 所分校共用一个申请系统，省事方便，你只要报了其中的一所分校，完成相关表格和文书后，只需要在你想报考的其他加州大学分校后面打个勾，基本上就等于完成了申请工作，大大减少了申请的工作量。

可以这么说，加州大学历来是申请者的兵家必争之地。一方面是因为对很多条件还不错的申请者来讲，UCB 和 UCLA 这两所分校会是他们的梦想学校或者匹配学校；另外一方面，加州大学的其他分校可以作为保底学校。所以，申请了加州大学，等于把梦校、匹配学校和保底学校一网打尽，而且不会增加多少额外的申请工作量。

正因如此，每年加州大学系统的申请人数都是惊人的，像 UCLA，某一年的新生申请和转学申请，竟然达到了惊人的 13 万之众。申请人数众多，大学自然就会挑挑拣拣，所以即使你觉得加州大学的很多分校凭你的硬件都是胜券在握的，你在申请的战术上依然不可轻敌。事实上，这些年有很多硬件出色的申请者拿加州大学一些排名靠后的分校来保底，有的最后并没有保住底。

加州大学申请系统的文书部分，是要求申请者从 8 道文书备选题目中挑选

4 题作答。这 8 道文书题目这几年基本上没有大的改动，但有些微调，2021 至 2022 年度的 8 道文书题目照录如下：

1. Describe an example of your leadership experience in which you have positively influenced others, helped resolve disputes or contributed to group efforts over time.

2. Every person has a creative side, and it can be expressed in many ways: problem solving, original and innovative thinking, and artistically, to name a few. Describe how you express your creative side.

3. What would you say is your greatest talent or skill? How have you developed and demonstrated that talent over time?

4. Describe how you have taken advantage of a significant educational opportunity or worked to overcome an educational barrier you have faced.

5. Describe the most significant challenge you have faced and the steps you have taken to overcome this challenge. How has this challenge affected your academic achievement?

6. Think about an academic subject that inspires you. Describe how you have furthered this interest inside and/or outside of the classroom.

7. What have you done to make your school or your community a better place?

8. Beyond what has already been shared in your application, what do you believe makes you stand out as a strong candidate for admissions to the University of California?

值得一提的是，虽然你可以从这 8 个文书题目中任意选择 4 个写，但我觉得，第 8 个题目最好要写，这个题目讲的是，除了申请表中的内容，你认为和其他加州大学的申请者相比较，是什么让你脱颖而出（stand out）。同时，第 7 题讲你对社区的贡献，其实相当于很多大学要求学生详细描述某个课外活动的题目。还有第 6 题，相当于一些大学问学生为什么要选择该专业的题目（即 why major 题目）。这两道题你都应该考虑写。关于这一点，本章的第四小节会做详细介绍。

虽然本书的核心内容是讲 Common 主文书，但鉴于加州大学对申请者的重要性，我还是会把加州大学文书题目的写作提示附录在本章的第四小节，供大家参考。

## ⑥ 3. 各大学的补充文书

如果你在 Common 系统里申请哈佛大学，在文书这一块，你除了要把最后定稿的 Common 主文书提交给大学外，还需要提交哈佛大学的补充文书。2021 年申请哈佛大学的国际学生需要额外提交 4 篇补充文书。

在排名前 50 的美国大学里，除了极少数不需要提交补充文书外，大部分都要求提交至少一篇，甚至有些要求提交五篇以上的补充文书。

这些补充文书，有很多问申请者为什么要报考该大学（why school），为什么要报考该学校的某个专业（why major），这就是我们经常说的 why school 和 why major 文书题目。

对于写 why school 类的文书题目，除了赞美这所大学和表达对就读这所大学的向往之外，重点要写这所大学到底有哪些地方是真正吸引你的。这些吸引你的地方，细节写得越是饱满越能打动招生官。招生官会认为，你能写出这么丰富的细节，说明你是真的喜欢我们大学，不然你不可能了解得这么细致。一旦招生官认定你是真的喜欢他们的大学，认定你诚意满满，在录取决定上多少会偏向你。

从大学的网站上确实可以了解到大学的很多方面，但这些方面，你写别人也会写，这就要看申请者通过大学网站对大学研究得有多仔细了。我曾有一个学生，申请一所排名前5的文理学院，她在浏览该学校的网站时，发现了一张图片，是一个大学教授在课上得正起兴时在教室的玻璃窗上写下了一行数学公式。这张图片，一般人很难注意到，但是她注意到了。她的文书正是从这张图片入手，讲她对这所大学的了解和向往，讲她如何发自内心喜欢这所大学，以及这所大学为什么是适合她的。当然，最后该学生也如愿以偿ED进了这所文理学院。

这里要请大家注意，有一些硬件条件很好的申请者，在申请一所硬件要求并没有那么高的大学（其实就是申请者的保底大学）的时候，一定要注意表达这所大学为什么是适合自己的。因为招生官也会疑问，你的硬件这么好，为什么要来申请我们大学呢？你们中国申请者不是都很看重大学的排名吗？在这种情况下，写why类文书时，你应该要列举充分的理由让招生官相信，虽然你的硬件很好，可以申请排名更高的学校，但他们大学的某些方面恰恰是适合你的。

除了大学网站外，你也可以通过大学校报和大学新闻报等途径来跟踪一所大学的最新发展，你甚至可以利用一些搜索引擎或者社交媒体等工具，来加深对目标大学的了解。我曾有学生被麻省理工学院录取，她常年阅读MIT Press，并且因此认识了一位麻省理工学院的女科学家，在文书里，她也很巧妙地表达了希望继续跟从这位女科学家继续大学学习的愿望。可以说，她最后能被麻省理工学院录取，和她一直热爱这所大学并为此坚持不懈地努力有一定的关系，在她的文书中，她的只言片语让招生官看到了她对麻省理工学院的热忱。

同时，从在你目标大学就读的学长学姐那里可以得到更多关于该大学的直观感受，这些感受也可以写进文书里，借以表达你对该大学的热爱。另外，参加大学的夏校项目，是一个可以近距离了解一所大学的绝佳机会，特别是 ED 学校，强烈建议在条件允许的情况下在 10 年级或是 11 年级的暑假去参加大学的暑期项目，这样做不仅仅是出于自己对这所大学的真心喜爱，同时，一个多月的浸入式学习和生活，你的所见所闻，都会是你写 why school 文书的一手素材。

对于 why major 类的文书，除了介绍自己对一个专业领域长期以来的兴趣之外，更要侧重于展示自己在这个专业领域里的探索和进步。比如，写你对天文学的热爱，你不能说小时候看星星，到了中学还是看星星，你总得写点实在的东西让招生官知道你这些年在天文学领域还是做了一些活动，甚至是取得了一点成绩的。

这里还要请大家注意，你除了写自己对专业的兴趣和探索，还要多花点笔墨来写自己为什么渴望就读目标大学的特定专业。比如，你要报考加州伯克利大学的天文学专业，招生官也会很关心一个问题，就是那么多大学都有天文学专业，你为什么要报考我们的呢？这里，你就要重点讲讲加州伯克利大学天文学专业的特色，它有哪些课程吸引你，或者哪些课程是别的大学天文学专业所没有的，或者是某个教授的具体研究方向很吸引你，你甚至可以谷歌（Google）该教授的学术著作并做点研究。相信我，这些细节性的东西，最能向招生官说明，你是真的对他们学校的这个专业情有独钟，申请他们大学不是一时冲动，或者只是玩玩，而是你一直以来的梦想。

大学补充文书题目，除了 why school 和 why major 类之外，剩下的就"百花齐放"了。有些大学的补充文书相对比较好写，文书题目也很少有变化，但有些大学的补充文书非常有挑战性。比如芝加哥大学的那篇大文书（extended essay），不仅每年的文书题目在更新，而且题目本身也很费解，导致很多同学无从下手。提到芝加哥大学的经典文书题目，我想很多顾问老师都是记忆犹新的。比如：如果你是只虾，你看到的世界会是什么样的？什么是原点（square one），你是否可以回到原点？你是如何被抓住或者如何没被抓住（How did you get caught or not get caught？）？从物理学、统计学等4个学科的角度分析橘子和苹果的区别等等。其实，我建议大家就算不申请芝加哥大学，也可以没事琢磨琢磨它的文书题目，应该可以顺带培养点"think out of the box"（创新思维）的能力吧。

在网申还没有普及的时候，芝加哥大学有一年的文书题目是问"你做过的最勇敢的一件事情是什么"，据说有个申请者就提交了一张白纸，上面只写了两个单词：This is（这就是）！后来这个学生居然被录取了。我没有查证这个故事的真实性，但感觉以芝加哥大学的风格，他们确实喜欢这样的学生。前几天还有学生问我芝加哥大学的文书题目该怎么写，我对他说你就写绕一点儿，它的题目在绕你，你就在文书里给他绕回去，最好把招生官绕晕了，你的目的就达到了。我这么说，还真不是完全在开玩笑。

但好在像芝加哥大学这样的文书题目并不多，一些常春藤大学，包括哈佛大学，它们的文书题目也没有多么刁难，不过要提醒大家注意的是，很多大学的文书题目，看上去比较容易写，但其实有不少都暗藏陷阱。你想想，一所大学在文书这么关键的问题上，为什么会问一些看上去那么容易回答的问题呢？

比如，有的"大藤"级别的学校，会问你：你前两个暑假做什么了？你可能会觉得，不会吧，"大藤"学校怎么还问这么简单的问题？我前两个暑假做了什么还不简单，那我就实话实说，分个三五点把做过的事情全罗列出来吧，但你有没有想过，这样简单的罗列，显然不如把你丰富多彩的暑假生活作为素材进行一番提炼后的表达更有针对性。

把暑假做的事情汤汤水水一起端给招生官，肯定不是个好主意，但我重点要说的是另外一些同学，他们走了极端。比如有学生申请化学专业，在回答前两个暑假做了什么这个问题的时候，他能很夸张地说自己把这两个暑假的时间都放在化学实验上面。从他的文书里，我们是看到了一个化学热爱者的专注，但看不见一个十几岁少年生活的影子。他以为这样可以在招生官面前展示他对化学的热爱，但我总觉得，这样是不是有点过了？我的意思是，可能我们需要在中间找到个平衡点，好让招生官感觉到你是真实的。也许有的同学说我这两个暑假就是在做化学实验，哪儿都没去。这其实也没有什么问题，只是你在表达上要注意分寸，更重要的是，如何让招生官相信，你确实是在做实验，哪儿都没去。我经常讲的是，你的材料的真实性非常重要，但在此基础上，如何让招生官相信你的材料是真实的更加重要。

对于问暑假你做了什么的题目，我的建议是：可以在纷繁的暑期活动中选择几个主要，和你的申请材料整体相吻合，但别忘了加点边角料，让人觉得你的生活充满烟火气。比如，你在写参加夏校科研或是比赛之余，不妨调侃两句：当然，每周陪女朋友吃顿晚饭也是我非常乐意的事情哦。或者说，你这个暑假跟着妈妈把厨艺好好提高了一下，也算是给生活增加点烟火气，从而让招生官觉得你是真实的。我为什么说简单的文书题目往往存在小陷阱呢？因为很多申请者把自己过于高大上化了，认为申请"大藤"学校，我必须得头悬梁锥刺股、兢兢业业、勤勤恳恳才能配得上人家。但是，过于高大上而没有生活的小花边，很容易让人怀疑你的真实性，或者，别人就是相信你了，也会觉得你缺少点可爱。

同样，有的"大藤"级别学校的文书题目就是让你列举几本你最喜欢的书。以前面申请化学专业的同学为例，他能从第一本到第十本写的都是化学类的书，从《无机化学》到《有机化学》，从有关人类化学史的教材到诺贝尔化学奖获得者的原著。甚至，让他写出他最喜欢的一本期刊或是一个网站，他都要和化学扯上边，这就有点极端了。姑且不论一个十几岁的学生是否能看得懂那些原著，他作为一个年轻人，却让人家感觉他除了化学就没有生活，阅读爱好除了化学别无其他，总觉得有点怪怪的（当然不排除像加州理工学院这样的学校就很喜欢他这种学生）。甚至，大多数的招生官会认为他在撒谎。当然，我也相信个别招生官会被他对化学的一往情深打动，但别忘了，如果招生官在他的整个申请材料中，并没有看出他在化学上的小有成就或是持之以恒的付出，那么他列出的从头到尾都是有关化学的书单，一定会让招生官眉头紧蹙，在心里打个大大的问号。

我们总在一味强调高大上，其实高大上本身没有错，但失去了真实性和逻辑性的高大上，只能让人心生疑窦，从而很可能把这种高大上等同于假大空。

有道大学文书题目是这样的：你最想去哪个地方旅游？我觉得这个简单题目里也有个巨大的陷阱，可能大学就是想看看你这个人是否真实。很多同学一看到这个题目，满脑子都是日月星辰，一会儿想到天王星，一会儿想到海王星，甚至觉得仙女座、室女座都不够遥远。他们总是在琢磨这个旅游目的地是否足够独特、足够震撼，却忘记了，自己作为一个十几岁的少年，也该有点基本常识了，还老想着去天王星旅游是不是有点太脱离现实了？

所以，咱们现实点，不如就写一个你想去但一直没有去成的地方吧。或者，把温暖注入你的旅行目的，也是一个选择。比如你说你最想去东北的爷爷那里，陪老人家住几天，在热炕头上说说话，这难道不是很温暖人心吗？比如，很多年前的一个儿时玩伴，你就是想去看看他，和他叙叙旧，这难道不也是一种打动招生官的小美好吗？类似的问题有：你最喜欢的小吃、最喜欢的电影、最喜欢的单词等等。关于问你最喜欢的小吃，有同学问我，大学问这个干什么？我要写我喜欢吃麦当劳，他们会不会认为我不自律，生活方式不健康啊？我说你想多了。他说那我到底写我喜欢吃什么才能打动招生官呢？我说你也想多了。招生官不录取你不是因为你喜欢吃土豆，招生官录取你同学也不是因为他喜欢吃蚕豆。我想，不是所有的题目都有深刻的内涵吧，也许有些题目可能就是为了好玩（just for fun）。

以前宾大有个很经典的题目，大概是：你的人生自传共有 300 页，但第 279 页丢了，请你重写这一页。这个看似简单的题目，其实也包含很多小陷阱。比如，自传共 300 页，到了第 279 页，应该就是写晚年生活了吧，其实大学是希望通过这个题目看到你作为一个十几岁的少年，是如何看待自己的人生的。到了第 279 页，功成名就也好，普普通通也好，总是有点人生的感悟要和大家分享的，或者说，大学希望看到你眼中晚年的自己是什么样的。

我记得我有个被录取的学生写他在少年时期帮助过一个孩子，文书的主体是他们俩人的一段对话，当然，曾经的翩翩少年，到那时都已满头白发。我现在都能想象到，在那个充满温暖与智慧的对话中，两位老人的银发，被微风拂动的样子。

但有些申请者，居然从自己的出生开始写起，我想这就中了圈套了，你不可能在第 279 页才开始谈论自己的出生（如果你非要说这是文学中的倒叙手法，那我无话可说）。

还有，这个题目是没有字数限制的，所以，有些同学越写越激动，最后直接提交了一千多字的文书上去，但却忘记了，题目说的是第 279 页，你一页纸能写一千多字？如果你这个都没有看明白，也就难怪大学不要你了吧。

总之，拿到一个大学补充文书题目，先好好琢磨下题目，最好能琢磨下大学别的不问，为什么偏要问这个问题，这对你写出一篇正中下怀的文书多少会有点帮助。有些补充文书题目确实是简单，你就简单地写，但有些简单的题目，背后可能有大学更深刻的考量，这个需要引起足够的重视。

# 4. 番外篇：加州大学 8 选 4 文书题写作提示

加州大学的文书题目是 8 选 4，即从大学网站提供的 8 个文书题目中挑选 4 个作答。大学没有规定我们必须要选哪几个题目作答，但在我看来，这 8 个题目的重要性还是有所区别的，因此，我们到底选择哪 4 个题目来写，也是要考量一下的。

下面，我们逐一分析加州大学 8 道文书题目的写作方法。

第 8 题：Beyond what has already been shared in your application, what do you believe makes you stand out as a strong candidate for admissions to the University of California? 除了申请表中已经填写的信息以外，你认为是什么让你有优势，能在众多的申请者中脱颖而出？

这道题目问申请者，你身上有哪些异于他人的特质让你在众多申请者中脱颖而出。说白了，这道题目问的是，我们大学为什么要录取你？

首先，虽然第 8 题是备选题，但我觉得作为申请者，你最好还是把它当作必选题，毕竟，大学很关心这个问题。同时，它也有点类似 Common 申请系统中的第 1 题，给你一个机会介绍自己，让大学更全面地了解你。

很多学生在这个问题上会钻牛角尖，他们老是想写出自己身上的某个特点是别人身上都没有的。如果这么想，这篇文书就很难写了，因为不管你身上的某个特点多么奇特，这世上不可能只有你是唯一拥有这个特点的人。所以第 8 题写作的核心不是在于你的特点前无古人、后无来者，而是要考虑你该如何展示这个特点。

一个中学生，甚至一个成人，他身上的优秀特点不外乎就是那么一些——幽默风趣、乐观向上、坚持不懈、正直善良等等，所以重点不在于写你的特点是什么，而在于你如何展示这个特点，并让人印象深刻。你说你幽默但文书写得干巴巴的，那就很难让人相信你了。你写你的特点是与人为善，虽然无数人拥有这个特点，但由于你的细节足够独特，足够温暖，即使是这么一个毫无特色的特点，也照样能打动别人。

说到这里我想强调下，大家都知道文书的主题要有特点要新颖，但并不是说你非要找个主题是别人从来没有写过的，这不现实。别人写过的你照样可以写，别人有的特点你也可以在文书里写，关键是看你怎么写。我经常拿爱情这个主题举例，中外文学作品里写爱情的，不胜枚举，但写了几千年，我们还在写爱情，还在为那些栩栩如生的人物形象拍案叫绝，为那些悲欢离合的曲曲折折热泪纵横。毕竟，在这个世界上，没有两片相同的树叶，也不会有两条一模一样的爱情之路。无论是《泰坦尼克号》里杰克为露丝沉入冰冷的大西洋的一往情深，还是杜拉斯的《情人》里，那个13岁法国少女和30多岁的中国男人在西贡的脱俗之爱，都令人感到震撼，让人唏嘘不已，并时时提醒我们：这个世界上，只有爱情可以让一个人完整。

同样，针对第8题，你要考虑的不是你身上有什么特质让你在众多申请者中脱颖而出，而是你该如何刻画这样的特质，这才是你写作的方向和重点。

另外，这个题目不一定要写自己的特点或者性格，你也可以写自己的经历，对生活的独特感悟，或者因为生活的经历对一些问题的独到看法等等，这些都可以看作你人生独特性的体现。

在我这些年接触到的一些写第8题的文书里，有的写自己是个话痨，有的写自己观察力很敏锐，有的写自己特别能认路，也有的写自己学潜水时怎么练习憋气，写母亲去世对自己的影响，还有同学干脆就写一个陪伴他长大的工具箱，甚至还有写自己对蘑菇偏执狂般的热爱。

无论这些素材在你看来多么落入俗套，但如果这就是你的故事，你只需要考虑，怎么把这个故事讲好，讲得让人眼前一亮，而不是总纠结自己身上到底有什么惊天动地的东西能让你 stand out（脱颖而出）。

另外，这里要提醒一下，由于 Common 申请系统和 UC 申请系统彼此独立，因此你可以考虑把定稿后的某些 Common 主文书改头换面，用到 UC 文书题目中来。

第 7 题：**What have you done to make your school or your community a better place?** 你对你的学校或者你所在的社区做出了什么贡献，让它变得更加美好？

我觉得这个题目也是要考虑写的，写这种关注民生、改变社区的话题，非常符合美国社会的价值观。

你可以在你做过的活动中挑出一个详细阐述，这就和一些使用 Common 申请系统的大学的补充文书很相似，它们往往会让申请者详细描述一个课外活动。

这里要注意，所谓的社区（community），可以是你居住的小区，也可以是你的学校，甚至是你参加的一个组织等等。

比如有学生写自己怎么让学校"濒死"的 talent show（才艺表演节目）起死回生，有的写怎么在学校建立"grab and go"的早餐服务系统，有的写自己利用电脑特长帮同学修电脑等，这些，甚至包括支教的经历，都可以写进文书里。很多人会说支教这种经历太普通了，但其实关键还是看怎么写。我记得我有个录取到普林斯顿大学的学生，就是写她通过支教改变了一个小男孩的故事。无论多么普通的主题和经历，只要你的人物描写栩栩如生，逻辑结构合理，行文流畅，文笔清新，它就有可能是一篇很好的文书。

但是写这个题目要注意，题目的核心是 make community better（让社区变得更加美好），也就是说你文书的重点和落脚点在如何帮助别人、让别人或是你的社区变得更美好，这是写作的核心。换句话说，你要写你做了什么，但重点要写你的所作所为是怎么对周边产生正面影响的。在实践中，我经常看到一些同学的文书会把很多笔墨放在描述自己如何通过这个经历成长了，甚至写了很多个人的感悟，这就有点跑题了。这篇文书的核心不是要讨论你自己的改变，或是你的成长，而是通过你做的事情，别人如何从中受益，得以改变，从而使得你的社区变得更加美好。

有的同学说这种事情我确实也做过，但好像也没有多少人受益，那没有办法，你必须要学会放大，用放大镜来看别人的一点点受益，来看社区的一点点变化。发散你的思维，你会发现，别人的受益也许不止表面上的那一点点。顺便说一句，有很多同学写文书，总觉得凑不够字数，觉得就那点事儿，实在写不长。当然，是不是必须要写长是另外一回事，但如果你经常在写作时无话可说，这多少反映出你的发散性思维不够。

比如，以第 7 题为例，如果你要写在学校建立早餐服务系统，帮助更多的学生吃好早餐，你可以先考虑一些问题，再就这些问题来发挥。

现在学校的学生怎么吃早餐？有什么问题吗？（当然有问题，不然你不会想要改变。）是什么问题？问题的根源是什么？你为什么突然想到要做出改变？你付出了哪些行动？你在付出行动的时候遇到了什么样的困难？你又是如何解决这些困难的？有人不接受你的改变吗？如果有人对你的行为提出非议你怎么看？你会认真思考做出妥协，还是会坚持己见？不管怎样，现在你的早餐服务系统是不是成功了呢？有更多的人受益了吗？有没有想过推广到其他学校或者已经在这么做了？等等等等。

当然你不可能生搬硬套上面的问题来写第7题，我只是想告诉大家，一个题目拿到手，在题目的周边做点发散性的拓展，可以很好地避免无话可说的尴尬。

很多题目看上去没有什么可写的，但要是开动脑筋发散思维，你会觉得字数简直不够用。

第6题：Think about an academic subject that inspires you. Describe how you have furthered this interest inside and/or outside of the classroom. 想一想哪门学科给了你启发。描述一下你如何在课堂内外发展对这门学科的兴趣。

这个题目，是大学问你对哪个科目感兴趣，你又是如何在课堂内外发展对这个科目的兴趣的。其实这个题目，我也建议大家写，这道文书题就类似于一些大学的 why major 题，大学很好奇你的学术兴趣在哪里，也会评估你是否适合在大学学习这个专业。

写这个题目要注意一点，要把你对这个兴趣点的来龙去脉写清楚。比如，你大学要学经济学专业，那你要写你是如何对经济学产生兴趣的。还要注意一点，题目中的"inspire"一词，还问到该学科给了你什么启发。比如，对于经济学，很多同学会讲到经济学和人们的生活密切相关等这些泛泛而谈的内容，但我建议你写得更细节化一点，比如，你可以写经济学中的机会成本（opportunity cost）这个概念给自己的启发，以及你因此做出的改变等等。

另外，要注意题目里要求阐述你如何在课堂内外 further（进一步拓展）这个兴趣，即你如何花时间坚持并发展这个兴趣。比如，就经济学这个专业，你可以写学习 AP 经济学的课程，参加大学夏校的经济学课程，课外阅读相关财经新闻，阅读相关经济学文章或书籍（越具体越好），你做过的一些相关的社会调查，写过的小论文等等。你也可以写你的实习、工作，或者参加某一个组织的活动，它们和经济学之间有什么联系，你学习经济学又如何有助于你更好地参加上述活动等等。

当然，你也可以顺便写你就读加州大学后，打算在经济学领域怎么探索等等。

总之，就把这个题目当做一个 why major 题来写。如果你写过 Common 申请系统里其他一些大学的 why major 文书，不妨拿过来作为参考，特别是写兴趣萌芽那一类的，基本上可以直接套用到加州大学系统这道文书题目中来。

我们讲了加州大学文书题的第 6、7、8 题，我认为这三个题目是大家应该考虑要写的，至少写其中的两题。那接下来，我把加州大学文书题目里剩下的 5 题，按顺序一一给大家提供写作提示。

第 1 题：Describe an example of your leadership experience in which you have positively influenced others, helped resolve disputes or contributed to group efforts over time. 描述你的一次领导经历，这次领导经历可以体现你对他人的积极影响，帮助解决了争端或者随着时间的推移，对团队的努力做出了贡献。

领导力，很多同学都爱写，以为大学都注重这个东西，但其实并非如此，有些东西，也许哈佛大学看重，麻省理工学院不一定看重，后者可能更看重你在 AMC（美国数学竞赛）或是物理碗的表现，但这个 AMC，哈佛大学可能就不是那么看重。事实上，不是每一个申请者都需要具有领导力，你要是去学习创意写作，学习艺术，人家更看重你在这个领域的天分和努力，并不会在意你是否具有领导力。

其实，这个题目不好写，原因在哪里呢？因为很多学生没有领导的经历，或者只有领导社团的那些套路的东西。即使你有作为某一个社团 founder（创始人）的经历，你也不一定有可以展示你用领导力解决问题的事例可以写。

因为，这道题目的核心不是要写你顺风顺水的领导经历，那样写起来就像是流水账，你必须要发现矛盾，发现困难，然后用你的领导力解决了矛盾，解决了困难，这个才是核心。但很多同学身上没有类似的经历，或者说，他们虽然经历了困难，解决了矛盾，但那些困难和矛盾的激烈程度不够，即使一个缺乏领导力的人也可以用常识去解决它们。那么，你独特的领导力又如何在这个过程中得以体现呢？

比如，你要写你组建学校社团的经历，你的笔墨应该侧重于在组建这个社团中，你遇到了什么样的困难，越具体越好，以及你是怎么一个一个解决这些困难的。或者说，你创办的社团，一开始没有人参加活动，你是怎么花费心思动员大家来参加社团活动的，甚至社团内部有什么矛盾和争执，你又是怎么一步步去解决它们的。就这个文书题目来讲，这才是你要写的重点。但是一定要记住，这样的写法要想让最后的文书看起来不枯燥，你的语言表达和选择的事例非常重要，否则也容易写成流水账。

我有一个学生写的是自己组建校内的国际学生才艺表演队时面临的问题。因为美国人容易为体育而疯狂，对才艺并没有什么兴趣，才艺表演也就没有什么市场，加上国际学生本身比较害羞，学业比较繁忙，这些都是她面临的困难。她写她如何一个一个地劝说，有技巧地调动各方面的资源，最后成功组织了学校的第一次才艺表演晚会。

我这么讲，你大概也能感受到这篇文书的定稿会比较枯燥，但不这么写又能怎么办？所以，如果你没有非常特别的领导经历，没有非常好玩又发人深省的事例，建议这个题目不要碰。我这些年看到写这个题目的文书，大都比较枯燥平淡。

如果非要写这个题目，可以跳出俗套，写那些相对比较好玩的，看上去不像领导经历的经历。比如写你组织家庭健身队，你是如何说服并带动父母坚持健身的，甚至，大胆尝试写你和你的弟弟妹妹们相处的故事。我总觉得写这些东西，虽然没有社团活动高大上，但有可能写出点清新活泼的东西来。大家不妨朝这个方向多想想，写点那些你觉得可能摆不上台面的领导经历。如果你总想着写自己是个什么组织发人的领导经历，定稿的文书估计会比较呆板。并且，就这个文书题目而言，你并不是非要写这些带有正式头衔的领导的经历，相反，你曾组织过的大大小小的活动，都是备选素材，甚至带着几个小朋友去参加一次义演，或者小时候组织过的一次小小的恶作剧，或者温暖点儿的，如何组织全班同学给老师一个生日惊喜等，这些都可以是一次领导经历。

另外，即使要写比较正式的领导社团的经历，如何彰显你的领头羊的作用，或者灵魂人物的潜质，也是一个可以考虑的方向。当然，也可以在文书里写点对经历的反思，比如某次领导经历是如何影响了你以后的人生。既然是高大上的社团领导活动，那就不妨给文书添加点高大上的反思，定个高大上的基调。

第 2 题: Every person has a creative side, and it can be expressed in many ways: problem solving, original and innovative thinking, and artistically, to name a few. Describe how you express your creative side.
*每个人都具有创造性的一面，它能通过很多方面表现出来：解决问题，新颖和独创性的思维，或者在艺术上的创作等。描述你会如何表达你的创造性。*

这是个包罗万象的题目，凡是能展示你创造性的经历都可以写。从题目给出的几个例子可以看出，你可以写运用创造性思维解决一个问题，比如你发现你们学校或者社区存在某个问题，你是如何想办法解决它的。一定要记住，写创造性地解决一个问题，笔墨的重点在于你解决问题的方式如何与众不同。当然，你也可以写你的创造性思维，比如写你对一个问题有什么新颖独特的看法等等。

也可以考虑从日常生活中的小事入手，类似你用了一个很独特的办法解决了生活中的某个难题。比如，你用你的化学知识自制了一个简易配方解决厨房污垢问题，或者是衣服掉到天井间，你如何用你的物理知识设计一个小装置把衣服取出来，甚至，用绳子吊一只螃蟹下去把衣服钳上来，或是体育运动中的一些球类项目，练习时都需要有人陪练，但在没有人陪练的时候，你是如何解决这个问题的。

当然也可以写一些高大上的内容，最好和你的专业或者兴趣相结合。假设你是个历史爱好者，你不妨在你最感兴趣、最有研究的历史片段里寻找相关线索，来体现你具有创造性的一面。比如，通过观察城堡的外部结构研究城堡主人的社会地位和人格心理等，或是从匈牙利的种种现代迹象判定匈牙利人到底是不是匈奴人的后代。如果你爱好写作，你也不妨分析一个你感兴趣、有所研究的小说家，通过他的某篇小说来分析他的人生经历，像把村上春树和渡边淳一的情爱小说做点横向比较，从中发现一些值得写的不同点，也是个不错的选择。

当然，对许多中国学生来讲，写艺术方面的创造性可能会更简单点，比如写自己画画，弹钢琴，音乐创作的经历等。写这些内容当然没有问题，但是写艺术这一类的话题，一定要注意，不能写成流水账般的经历，更重要的是写自己在创作或者学习的过程中，能够体现自己创造性思维的一方面。比如写画画，你的侧重点不是写自己挥汗如雨的作画过程，而是写自己学习画画的过程中的一些独特方法或是体会。比如有个学生，她写自己画画的经历，聚焦于写她画树的经历，写自己怎么研究把树的沧桑感给画出来。她开篇就说自己喜欢画画，几年来画了上千棵树，我觉得这个创意就很不错。

总之，针对这道题，不管写什么内容，核心是要写出你具有创造性的一面，如果能让招生官感觉到你的所作所为所思确实具有创造性，那你这篇文书就成功了一大半。

**第 3 题：What would you say is your greatest talent or skill? How have you developed and demonstrated that talent over time? 你最突出的天分或技能是什么？一直以来，你是如何培养并展示这一才能或技能的？**

这道题目说好写，又不好写，天分或是技能，我想很多申请者多多少少都有。比如，有些人的观察力很敏锐，从小擅长通过颜色记事物，因此在偌大的停车场，总是能找到父母的车停在哪里，有些人善于用统计的方法解决一切问题，有些人的动手能力很强，或者在音乐、绘画或是舞蹈方面有独特的才能，或者是擅长某个球类项目等，这些写在文书里都没有问题。

总之，如果你真的有某种特别的才能或天赋，那这道题目很适合你写，相信你下笔时也会滔滔不绝。假设，你在钢琴或是画画上拿过大奖，为什么不写呢？当然，即使没有拿奖，但属于你的小天分，照样可以写。甚至，写吹口哨、打响指，写你流畅地单手弹钢琴，写你胸口碎大石，我觉得都可以。写这些别人一般不会想到的小东西，可能会让你在众多写画画或弹钢琴的文书里脱颖而出。

甚至，不要总想着写那些帮你拿过大奖的天分或技能，生活中的小技能也都可以放到这里来写。比如，你特别擅长包饺子，你做的芝士蛋糕让人垂涎欲滴，你讲的段子把领导都逗乐了，或者你讲笑话的公众号有十万粉丝，你能用两片树叶吹出一段《命运交响曲》，这些都可能是招生官感兴趣的内容。

我老家有个小朋友，打弹弓是一绝，他拿起弹弓，基本不需要瞄准，就凭感觉打。我们一般人打一只鸟，要瞄上半天，但他是"手起刀落"型的，而且，你让他打一只鸡，叫他打鸡的左腿他基本上不会打到右腿上。可惜他成长的环境太闭塞，不然他真的是奥运会射击冠军的好苗子。如果他要申请美国大学，那我一定强烈建议他就写打弹弓的技能。

但为什么说这篇文书又不好写？首先是因为对大部分中国学生来讲，大家擅长的东西基本大同小异，很难写出让人眼前一亮的东西。这篇文书的更难写之处在于，题目要求你写自己是如何 develop（发展）这个才能的。所以，这篇文书的写法，应该是开门见山式的，先交待自己的才能是什么，然后写自己何时对此萌发兴趣，但文书的重点是自己在后来的生活中如何 develop 这个才能。

比如，写你观察力敏锐这个话题，你要写写你是怎么发现自己有这个特点的，但更重要的是写你是怎么培养或锻炼自己的观察力的。当然，因为题目中的"demonstrate"（展示）一词，你也可以写自己观察力敏锐体现在哪些方面，可以举一些生活中生动活泼的例子来支撑。这个题目其实比较枯燥乏味，但如果你的例子独特有趣，照样可以提升整篇文书的可读性。

但是要注意，第 3 题和第 2 题，内容有可能会重叠，因为第 2 题的"artistically"（艺术性地）和第 3 题的"talent"所指内容可能有交叉之处，在实际操作中，建议第 2 题和第 3 题最好只选一题作答。

第 4 题：Describe how you have taken advantage of a significant educational opportunity or worked to overcome an educational barrier you have faced. 描述你曾如何利用某次重大教育机遇或如何努力克服教育障碍的经历。

这个题目，可以从两个方面来写，可以写你曾经获得的教育机会，也可以写你遇到的教育障碍，这两个方面只能选其中一个来写。

这个题目我不是很建议写，因为对绝大部分中国学生来讲，教育经历大同小异，如果你在教育方面没有什么很特别的经历，这个题目真的没有什么可写的。

大部分中国学生就是按部就班地从幼儿园开始，再读小学、中学，所以要说利用某一次重大教育机会，估计大家都没有这样的机会。如果你非要写这个教育机会，你可以另辟蹊径，写一些校外的内容。比如你跟随某一个知名导师在某一个领域的研究，是如何打开了你的一片新世界，让你对学习本身产生了很多新的见解，或者你参加的某一次研修班，如何让你的世界观发生变化等等，但这些写法，估计很难写出新意。

很多同学写遇到的教育障碍，会写自己初到美国读高中，面临的语言障碍或者文化冲突等，然后写自己是如何克服这些障碍的。说实在话，这些话题，实在难以写出新意，而且，刚到美国，谁都会面临语言障碍和文化冲突的问题，这种经历也谈不上很特别。

但不管是教育机会还是教育障碍，最好都要落脚到这个经历对你人生的影响，以及它如何变成了你生命中重要的一部分。

所以，我的建议是，如果你实在没有什么很特别的教育经历，还是避开这个题目为好。

第 5 题：Describe the most significant challenge you have faced and the steps you have taken to overcome this challenge. How has this challenge affected your academic achievement? 描述你所遇到的最重大挑战。你是如何克服这一挑战的？这个挑战又是如何影响了你的学业表现？

首先，大家不要看到问题末尾问这个挑战是如何影响到你的学业表现，就认为这个挑战必须是学术上的挑战，其实不然，你人生中碰到的任何挑战都可以写，可以说，这个题目的范围是非常广的。比如，有学生写减肥的故事，反过来，也有学生写自己增重的故事（有个学生一直喜欢橄榄球但又比较瘦弱，教练没有让他加入校队，后来他通过增重健身如愿加入校队），有学生写自己在社团组建过程中遇到的一些具体困难，还有个学生写自己高一时突然失去母亲，意志消沉后怎么走出来的故事。总之，一切曾经让你觉得棘手的事情，都可以放到挑战类的题目来写。

　　这道文书题是分三步来答，即你面临的挑战是什么、你如何克服这个挑战，以及克服这个挑战如何影响了你的学业。在具体写作的时候，你按照这个步骤组织文书就可以了。

　　但要注意一点，这个题目的核心是你采取了哪些办法来克服你所面临的困难和挑战，其实就是要看一个申请者在面对困难时所展现出的解决问题的能力（problem solving）。解决问题的能力是大学比较看重的一个东西，当然，你也可以附带说一下自己在面对困难时的坚强乐观心态。说到底，大学希望通过这篇文书，了解一个申请者是不是具有面对困难的勇气，以及在面对困难的时候是否具备有条不紊地去解决它的智慧。

　　但这个题目后面有个小尾巴，你得提到这个过程是如何影响了你的学术表现。说实话，如果没有这个小尾巴，这个文书题目还是很不错的。我不知道出题人为什么要加上这个小尾巴，因为要回答这个小尾巴的问题，那么不管你遇到的挑战是什么，你最后都不得不扯到学术上来。你在克服挑战后，可能会意识到自己在心理上的变化，比如自信的增加，意志的坚定，然后你得结合学业来看这些变化的影响，无非就是促使你学业进步。这种写法非常老套，但好像你不这么写就没有回答这个小尾巴的问题，而且，我相信，从克服困难写到学习进步，这中间如果过渡得不好，会显得很突兀。在加州大学这 8 个文书题目中，我认为这个题目本来出得不错，但这个小尾巴是个败笔。当然，这只是我的一家之言。

在写挑战类的文书时，大家要注意，在实际操作中很多同学会写自己生病的经历，请一定要写到自己康复，而且不要把病写得那么严重，不然大学有那么多候选人，招生官为什么非要挑选一个病恹恹的申请者？如果可以，尽量避免写自己心理方面的缺陷，因为心理问题在美国人看来是很敏感的话题，即使你在文书里说最后痊愈了，仍会让人心有余悸。

以上是加州大学 8 篇文书题目的剖析，我希望从我的角度给大家一些启发，但在具体的写作过程中，大家还是要结合自己的实际情况来写，不一定非要按照我的提示来写。

# 第三章

## Common主文书写作的几个核心问题

在本章里

我们讲主文书写作的几个重要原则

这是我在 20 年的文书修改实践中

总结出来的

针对中国学生写作的方向性的问题

供大家参考

## ⑥ 1. 关于文书创意

首先我想谈一下文书创意的重要性。

面对各式各样的大学文书题目，很多申请者可能会感到无从下手，所以在动笔写申请文书之前，文书创意老师或是升学老师最好要和申请者进行交谈和启发，并在这个基础上双方共同确定一个新颖的创意，我觉得这是每一个申请者必须要做的一件事情。

对于绝大部分学生来讲，因为他们不太熟悉大学申请文书的一些写作要求，也不确定自己的写作思路是不是在正确的方向上，所以这个时候创意老师要对学生的人生经历进行系统的梳理，找出一些可以体现学生亮点的人生经历，并在这个基础上进行深度挖掘。每个人的经历都非常多，那么到底哪些经历值得挖掘？要怎么样去挖掘？而哪些经历可以一带而过，或是不适合在文书里展示？这些都非常考验一个文书创意老师的功底。

所以我一直认为一个优秀的文书创意老师，首先必须要非常热爱阅读，并且拥有一定的人生阅历。因为他要面对各种各样的学生，他们的兴趣是非常广泛的，这就要求一个优秀的文书创意老师必须是一个杂家，他的知识面要足够地广，可以覆盖住学生的知识面，否则在和学生进行头脑风暴的时候，学生懂得比他还多，他怎么可能会给学生出一个很好的创意呢？或者说两个人连基本的沟通都有问题，又怎么能奢望他们进行深度的思想碰撞，迸发出灵感的火花呢？

我觉得好的文书创意老师应该是个采访者，知道如何打开学生的话匣子；他同时又必须是个"狩猎者"，能从学生的只言片语中敏锐地捕捉到素材的蛛丝马迹；他还得是个"挖掘者"，在已有线索的基础上进行深度挖掘，直到发现创意丰富的矿藏。

总之，我们大部分中国学生的英文写作功底就那样，所以我认为大家与其在语言的典雅、漂亮、高深等上面下功夫，不如多花点时间和文书创意老师进行深度的沟通，找到一个令人激动不已的创意。说实话，一个令人印象深刻的创意，就是文书成功的一半，虽然激动人心的创意总是躲在暗处，身影浮动，芳踪难觅。

在大学申请季，假设你申请 10 所大学，平均下来大大小小可能要写 30 篇左右的文书，我想这 30 篇文书的每一篇你都要和创意老师进行深度的沟通，从自己的人生经历中提炼出那些适合展示给招生官的，并进行艺术性的加工。

经常有家长和学生问我，找升学顾问、升学中介机构要注意些什么？当然要注意的东西很多，但是我想首先你要和文书创意老师进行一个初步的沟通，这一点非常重要，因为整个申请流程，包括填写表格系统，提交有关材料，相对来说还是比较简单的，你找一个顾问或是一家机构，核心的诉求就是希望这家机构在文书上面能够把把关。而在文书方面，我想最核心的内容就是文书的创意，当然最后的润色定稿也非常重要，但要是没有好的创意，你就没有像样的初稿，没有像样的初稿，纯粹指望文书修改老师最后来个四两拨千斤也不太现实。所以我经常和同学们说，在找机构的时候，首先你一定要和文书创意老师有初步的接触（注意，现在更多的是一个申请个案的主顾问同时兼任文书创意老师，但很多机构的文书创意老师和最后的润色修改老师不是同一个人）。接触之后，你觉得你们是合拍的，通过交谈你们之间是有共鸣的，我想这可能就是一家比较适合你的机构。

我还特别想强调一点，学生本人必须要参与文书创意，包括写作的全部过程。我想这不仅是因为整个过程本身就是一个学生对自己 18 年的人生进行一个系统的回顾和反思的过程，同时，通过这样的回顾和反思，学生可以更清楚地认识到自己的优势和不足，更明白自己人生的初步定位，包括今后的专业和职业方向等等。当然这个过程也是他反思自己和整个世界的关系的过程。

从申请的技术层面来讲，学生参与文书创意和写作的全部过程是非常有必要的。为什么这么说呢？因为大家知道，托福、SAT 考试作弊，虽然是极少数的个案，但美国招生官也是知道有这个事情的，再加上极少数的中国学生在申请的过程中有一些造假的先例，特别是成绩单造假的问题（对于这些报道，大家这两年也经常在媒体上可以看得到），这难免会让部分美国大学招生官对我们少数中国学生的诚信度打个问号。

所以这几年一直有一个叫第三方面试的环节。这个环节是全程录像的，最后会提交给学生所申请的大学，作为大学录取的一个重要参考。事实上，以前基本上都是一些常春藤级别的大学才会对申请者要求进行校友面试，但从这几年的趋势来看，越来越多我们通常意义上认为并不是大牛校的大学也加入了面试队伍，主要是通过 Initial View 这样的第三方面试，而且面试的内容也在逐步变难。像十几年前的面试基本上是在一个咖啡馆，面试官主要问一些有关生活的话题，他往往根据面试者的回答，从中找出一些内容，再进一步追问。但是这几年面试内容的广度和深度都增加了很多，经常涉及到一些时事政治方面的内容，甚至我有学生曾经被问到过这样的问题："今年 Common 申请系统的文书部分要进行改革，如果要你对它进行改革，你觉得有哪些东西要增加，有哪些东西可以删掉？"还有很多学生都被问到："你今年的 Common 主文书写的是什么故事？

你为什么会写这样一个故事？"甚至连写作的过程都被问过。如果这个时候你的申请材料和文书完全是由机构代笔的，那我相信在面试的时候，你在回答这些问题时一定是一头雾水的，这当然会严重影响到你最后的录取。甚至，我有学生被大学突然电话联系（未预约），校方代表就他的主文书内容和他进行了一番交谈，当然，名义上是面试，实际上也是在探听一些虚实。不过，因为这个学生从头到尾参与了文书创意和写作过程，所以和校方代表的沟通交流都很顺畅，也让他们相信这不大可能是一篇代笔之作，当然这名学生最后也是被这所他的梦校录取了。

这个例子也表明学生本人在整个文书写作过程中从头到尾的参与实在是太重要了。其实不仅仅是文书，整个申请的过程，学生都需要全程参与，那种给机构交费后就希望当个甩手掌柜的想法是非常不可取的。我帮学生做申请，申请的账号和密码都是双方掌握的，这样也便于双方及时了解申请的进程。

如果你不参与文书写作，你不和顾问老师进行头脑风暴，那怎么办？那最后只能是机构去帮你编故事，或者是机构用一些模板去硬套内容。但是机构每年面临的学生特别多，有些机构的能力也是有限的，那么编出来的故事就有可能是同一个故事安在不同的申请者身上。曾经有篇报道说，美国一所大学居然收到了7份一模一样的申请文书，你可以想象，如果你是那个大学招生官，面对7份一模一样的申请文书，这7个学生被录取的概率还有多大？几乎是没有可能，因为大学无法想象，一个连申请文书这么重要的事情都不愿意去做的人，在学术上又能有多大的成就呢！所以我这些年来帮学生做文书创意、润色，坚持的一点就是学生的英文初稿必须要自己写出来。如果初稿质量太差，我会给他提点建议，让他再重新写，直到我觉得差不多了，内容基本达到要求，我才动笔润色。实际上，找朋友、老师或者英文高手对文书进行修改，包括用词和语法等，这些操作大学是允许的，但是代笔就是另外一回事了。

我建议 Common 主文书的头脑风暴环节，除去在适当的时候，学生要求父母回避以外，父母最好能参加头脑风暴的全部过程。我的经验是，很多时候，我是从父母的只言片语中寻找到文书的灵感的。有时候你让学生讲他自己的故事，他讲不出来，因为是他自己的事情，他觉得没有什么好讲的，但在父母眼中，孩子都是天使，他从出生到现在的大事小事父母基本上都如数家珍。所以，在头脑风暴的时候，父母往往滔滔不绝，而这样的滔滔不绝，会给文书创意老师带来很多素材。一个有灵气的文书创意老师，能在父母对孩子的印象和学生自己的表述之间建立联系，从而更能全面地把握学生的特质和经历，也更清楚如何在文书里展示这些特质和经历。

一个优秀的顾问，无论学生的逻辑严密与否，他都能从学生的叙述当中找到学生一些非常独特的闪光点。世界上没有两片一模一样的树叶，人也是这么一回事，有多少人就有多少条不同的生活道路，但到底怎么不同，这是需要依靠老师和学生进行面对面的交流和深度挖掘的。我有时候跟学生聊创意聊了好几个小时，聊了很多个切入点，但对聊出来的点就是不满意，那没办法，我们只能继续交流，继续在现有材料和讲述里寻找火花闪现的时刻。如果头脑风暴讨论出来的点，学生不满意，顾问也不满意，然后因为没有更好的点就匆匆忙忙让学生按照这个点去写文书，那写出来的文书质量一定是大打折扣的，因为学生在下笔的时候会有情绪，他写得可能就有点勉强。

最后也提醒一点，学生在整个申请过程中，经过和顾问老师的头脑风暴后拿出初稿，再由一个英文水平高的文书老师给初稿润色并定稿，最后学生可以把自己的初稿和老师的润色稿进行对比，这是一个迅速提高英文写作能力的好方法。进入大学之后，一个学生的阅读能力，还有写作能力，都太重要了，而这两个能力，特别是写作能力，恰恰是我们中国学生非常缺乏的。我曾有个进入排名前5的文理学院的学生，她就对我说过，她的英文写作能力提升得最快的时候就是写大学申请文书那段时间。她写好初稿，再交由我给她定稿。这个学生也比较有心，她会在定稿后反复体会我为什么这样改动句子，这个单词为什么这样用，在这样的体会和琢磨中，她的英文写作能力不知不觉就提升了。

实话说，撇开申请美国大学不谈，我们在平常练习英文写作的过程中，身边要是有个英文写作高手帮着改，效果也是立竿见影的。不要谈那些英文写作的大道理，你就写好你的初稿，让那个高手给你一句一句改，一字一字改，让他告诉你为什么这么改，你会发现，你的表达都对，但高手稍微一动，效果就是不一样。这时候你就能体会到什么叫醍醐灌顶，什么叫听君一席话，胜读十年书。

## ◎ 2. 主文书里，到底什么可以写，什么不可以写

关于主文书的内容到底什么可以写，什么不可以写，不同的专业顾问看法也不尽相同，包括美国出版的一些大学招生官写过的书，对这个问题也是有不同的看法。我相信很多家长和学生都看过一些这方面的书籍或文章，但看得多了，可能反而会产生很多困惑，因为不知道到底谁讲的更对，也不知道到底应该听谁的。

到底什么可以写，什么不可以写，不同的专业人士有不一样看法，这是非常正常的。我们说写作无定论，就美本文书的写作来讲也是这样的，从来没有哪个大学或是哪个招生官明确规定申请者什么可以写，什么不可以写。本来文书的写法就没有固定的形式，也没有固定的内容。

曾经有一个被哈佛大学录取的学生，他在文书里写了一件很普通的事情，就

是他每天上学放学坐公交车的经历。大家可能觉得这有什么好写的？然而这个学生就写他每天在公交车上看到的形形色色的人，这些人操着不同的口音，有着不同的站姿或坐姿，脸上带着不同的表情，衣着或考究或简朴。他在车上也不闲着，开始琢磨站在他面前的这个人是做什么的，他从哪里来，又要到哪里去，他昨天经历了什么，他有什么样的梦想，他有什么样的追求，等等。这个学生在整个求学阶段都热衷于此。这篇文书虽然内容很普通，但它从侧面非常巧妙地向招生官展示了申请者敏锐的观察能力，丰富的想象能力，甚至是他的共情能力。你看，坐公交车这样一件小事都可以写，你说还有什么不可以写的？其实核心还是看你怎么写，在会写的人的笔下，一盏茶能写出万种品味，小巷的一盏灯，更是能写出细雨绵绵般的深情。

即便如此，我还是要提醒一点，有两个话题最好是不碰为妙，一个是政治，还有一个是宗教。政治和宗教话题稍微拿捏不准就会引起人的反感。比如在文书里谈特朗普和希拉里谁当总统更有益于人类和平，谈伊斯兰教原教旨主义是否违背了宗教的本意等等，这些话题极易引发争议。在美国，宗教信仰和政治信仰是容易引起矛盾的敏感话题。你看有的国家，一召开议会，议员因为意见不同，他们都互相抡拳头、扔板凳。所以，涉及政治和宗教的话题，大家最好不要碰。

甚至，我曾看到过一个学生在文书里写基督教和佛教的比较，因为他从小生长在一个佛教的环境，去了美国后接触到了基督教，然后他将二者横向比较，最后得出结论说佛教比基督教要好。大家可千万不要这么写给美国大学招生官看，哪怕你有一万个理由证明你的结论确凿无疑。

有同学问，那我文书里写到罗斯福总统时提到希特勒怎么办，这是不是也属于政治话题啊？这就不会有问题，因为他们已经是历史，你写他们不是在写政治，而是在讨论历史人物，当然没有问题。特别是选择历史专业的学生，在主文书或者补充文书里难免会涉及到这些历史人物，那么不妨大胆地说出你的观点吧，只要你的观点不是过于偏激。其实观点越小众，哪怕挑战一下权威，反而更显得你会深度思考，你的见解独到，不用担心大学招生官会因为你的观点和他的观点针锋相对就那么小肚鸡肠地把你拒之门外。

但死亡这个话题，在很多介绍美国大学申请的书里，包括一些所谓的申请秘籍和宝典类的书，都提到过不要碰。我并不这么认为，因为死亡是每一个人都要面对的人生终极话题，文书里为什么不可以写？事实上我有好几个学生都写过，最后录取的结果也都不错。我曾有一个学生在文书里写到他以前是很恐惧尸体的，但后来他爷爷去世躺在棺材里的时候，他看着爷爷的尸体想到爷爷曾经带给他的一些温暖，以前那些感人的过往，他突然对尸体也不是那么害怕了。这一篇文书实际上运用了一种温情的写法，写的是怀念和温暖，其实也是一种成长。我们知道有一句话叫向死而生，因为我们每一天的步伐都是在接近死亡，正是因为我们知道有一天会死亡，我们才要把在死亡之前的这一段生命过得更加积极有意义。有的学生结合自己的经历从这个角度来写对死亡的看法，在我看来，属于正能量的东西，为什么不可以写呢？如果你能从自己的人生经历中写出向死而生的情感，它很可能就是一篇激起招生官共鸣的好文书。

关于文书到底要写什么这个问题，很多同学会走向一个极端——他们总想在内容上独树一帜，总想写点抓人眼球甚至颠覆三观的故事，这大可不必。我觉得，在你经历的那么多事情中，你第一个想到的很可能就是适合的，不要因为事情过于普通就将它"打入冷宫"。20年来，我看过的文书内容实在千奇百怪，什么样的奇葩文书都见过。但是我觉得只要内容有意思，主题很突出，细节很真实，人物形象很饱满，那都是可以写的。很多同学总是想写一些独特的东西，独特到前无古人，后无来者，这其实很困难。好比创业，你想做一个别人从来没想到过的行业或者产品实在是太困难了。索性你开个早餐铺，踏踏实实做好你的早餐（虽然这世界上存在着大大小小不计其数的早餐铺），它可能就会是个很好的创业项目。别总想着我做的、我写的都是别人没有碰过的，别人写过的东西你照样可以去写，只要你的视角独特，读起来有意思，招生官照样会青睐。

我不得不再次重复下关于爱情这个主题。几千年来，中外文学作品也好，影视作品也好，包括我们看的国产剧、韩剧，表现爱情这个主题的作品实在是多不胜数，但这个主题我们至今还在写，还在读，看到那些感人的爱情故事，照样热泪纵横，看到皆大欢喜的结局也照样倍觉欣慰，喜出望外。所以说不是你不可以写，关键看你怎么去写。像电影《泰坦尼克号》，说白了，就是一个沉船上的爱情故事。事实上以前也有人拍过同名电影，但 1997 年这部电影拍出来后照样还是打动了很多人。两个主人公在船上相识，短短几天里发生爱情，在生命的最后阶段，杰克把生的机会留给了露丝，自己却沉入冰冷的大西洋。这种一往情深，总会让人热泪盈眶。你看《蜘蛛侠》《蝙蝠侠》，还有些描写残酷战争的电影，在血腥之外，也穿插着爱情故事，可见爱情对人类的重要性。

所以说，文书写什么很重要，但更重要的是你怎么写。你是否有饱满的细节支撑，是否能刻画出栩栩如生的人物形象？你的字里行间，是否跳动着你的独特思想？前面我们讲过加州大学的第 8 道文书题，是问你个人有什么特点，事实上，一个人的特点能有多少呢？那些好的特点，比如正直、善良、心胸开阔、阳光、乐于助人、风趣幽默等等，你要能一下子想出 50 个这样的词很不容易，你要说你身上的某个特点是别人完全没有的也同样困难，但文书的核心不是特点本身，而是你通过一些细节来把你的特点展示得淋漓尽致，展示得活灵活现，让人印象深刻，这才是招生官所感兴趣的。我前面也讲到过，你说你的特点是风趣幽默，但是你的文书写得索然无味，让人读了昏昏欲睡，那我想招生官无论如何不会把你归为风趣幽默的人，那你这篇文书事实上就没有真实性可言了。

曾有一个家长跟我说，很多美国大学不希望申请者以运动（sports）作为文书题材，我当时还追问她具体是哪所大学明确表示不希望申请者写运动题材呢。我知道，在美本圈子里，以讹传讹但看上去有理有据的谣言不计其数。

运动是一名中学生生活很重要的一部分，为什么不可以写？大约是很多写运动类的文书容易落入俗套，然后就以讹传讹，变成了不能写运动类的文书。运动类的文书，很容易落入到如下的一些俗套，如写合作精神，写如何战胜身体疼痛完成比赛，如何克服逆境取得胜利等等。但如果你的文书能跳出这些陈词滥调，运动类的题材其实是个很不错的备选题材，毕竟，大多数申请者都有参加某种体育运动的经历，至少在这方面是有东西可写的。

但关键是，怎么样才能写出新意？比如，你可以写你对一项运动的反思，它对你成长潜移默化的作用，对你精神的激励作用，甚至就写你在一项小众运动上的匠人精神（即写你这些年是怎么在某个运动项目上精益求精的），或者把小小的运动和人生的大格局建立联系来写，或者引入适当的道具为文书穿针引线，从一只破旧的网球拍开始你的文书，把你的思考和破旧的网球拍完美结合起来，或者就写你房间里的运动奖牌，你怎么从一个全新的角度来审视这些奖牌。

只要开动脑筋，你总会在普通的运动里，发现一些闪闪发亮的点，把某个点和运动巧妙地结合起来，融入人生思考，运动类的文书照样可以打动人心。

我就曾有学生写自己打比赛的故事，但他的笔墨均放在载着他打比赛的 SUV上，那车上有他的欢笑和泪水，以及反思。在这篇文书里，那部车子不仅仅是个交通工具，还是记录他成长的载体。车轮滚滚，要经过平坦大道，也要经过崇山峻岭，而这正是许多人的人生之路。

关于文书里什么可以写，什么不可以写，我最后提醒大家一点，有些同学在文书里写自己的悲痛经历，往往因为分寸把握不好，容易写成一篇卖惨的文书。我认为，你可以写得悲痛些，但别让人感觉是在卖惨。这二者并没有泾渭分明的界限，完全要靠你自己把握。适当在悲痛的经历里植入深度思考和正能量，可以调和卖惨的感觉。

另外，写自己患疾病类的，特别是精神疾病类的话题要格外小心，虽然它们可能是你生活的一部分，但文书没有必要非得展示这些并不愉快的经历。我见过有的同学写自己患抑郁症的经历，还有的写自己受双相躁郁的折磨，这些最好都不要写。有那么多可以挖掘的素材，为什么非要写这些？在美国，一提起心理问题，往往让人谈虎色变。部分大学招生官也许会想，既然有那么多心理健全的申请者，我为什么要冒着风险录取一个潜在的心理不健康者？

我想说的是，你在文书里展示这些不愉快经历的同时，也要考虑这些经历会不会让别人多想。比如有个学生写自己爱动手实验，写他利用物理学知识和网上搜索，最后成功制造了一枚"炸弹"，这枚"炸弹"还把他们家的厨房炸了个底朝天。虽然这个故事让人永生难忘，但大学招生官在难忘之余也许会想：我的天啊，还是算了吧，这家伙会造炸弹，招到我们学校来也是个隐患啊。

也有些学生为了突出自己在某个方面不同寻常，会夸大自己的实际经历。有个学物理的学生写到他利用一个暑假的时间，在他爸爸的实验室里一个人成功地进行了一次核聚变。我对这个学生说你不用申请了，你就把你一个人完成核聚变的事情告诉你想去的大学，他们会派专机来接你去的。

这个故事也从侧面向我们说明了，你可以适当夸大事实，但绝不能无中生有，对一个缺少编故事能力的中学生来讲，你去硬编一个故事，无论你怎么费尽心思，总会留下一些蛛丝马迹让人看到漏洞，更别说核聚变这种满嘴跑火车的事情了。

## 3.关于主文书主题的"高大上"

首先我要告诉大家的是，高大上的主题恰恰是美国大学招生官所喜欢的。在我们的文化看来，有些高大上的主题可能会让人觉得有点儿假，但因为文化的差异，美国人可能对这些东西会爱不释手。

我建议大家可以从日常生活中的小细节入手，带入自己独特的视角，从这些小细节中挖掘出一个高大上的主题，这是非常值得尝试的一种主文书写作方式，大家可以朝这个方向去试试。当然，在我们的中文写作里，这样的以小见大也是被认可的。

当然我说的高大上不是那种喊喊口号式的高大上，而是从生活经历中，挖掘出一些超越了性别、种族和文化差异的共性的东西，来激发招生官的共鸣。我想那些对人类命运的关注，一个18岁孩子对社会、未来的担当，包括对社区的责任感，对未来的忧患意识，对弱势群体的关注，对天下苍生的悲天悯人，致力于改变周边环境的雄心壮志，对世界的好奇和探索，对内心深处灵魂的拷问等等，这些通通都可以归到高大上的主题这一类。

比如讲你为什么到美国读书，你不要说因为自己从小家境贫寒，父母靠种地挣钱供你读书，很不容易，过得很辛苦，你到美国去，就是想读个好的学校，毕业后找个好工作，挣很多的钱，给父母买好房子、好车子，让他们能安度晚年。我们中国人听到这种回答，会觉得这孩子特懂事、特孝顺，但是在美国人看来，你这个回答实在是太小我，太 ego（自我）了。他们不理解你挣钱为什么要给父母，就如同我们不理解为什么很多美国父母不支付孩子的大学费用。

很多年前有个中国女孩考入了哈佛大学，关于她的故事，版本有很多，其中有一个提到哈佛大学的面试官问她为什么要来美国读书，她的回答大意是，我们的祖国虽然富强，但还是有不尽如人意的地方，所以我到美国后，要学习先进的管理、先进的文化、先进的技术，再把这些先进的东西带回祖国，改变祖国落后的面貌。据说那个招生官被感动得热泪盈眶，觉得她这么小的年纪就拥有这么高尚的情怀，真是未来可期。你看，美国人就是很看重你的出发点，不管你说的是真的还是假的。所以像这些高大上的主题，你不要觉得假，你大可以放心地去写。

普林斯顿大学曾经有一个老生常谈的题目，其中提到：普林斯顿是美国的普林斯顿，更要是世界的普林斯顿。这个题目的核心实际上反映了普林斯顿的价值观和它的全球意识。说白了，你不能局限于自我，你还要有一个更大的胸怀和格局。所以你看很多补充文书题里都问到了有关 community 的问题，问你为你的社区做出过什么样的贡献。（其实今年普林斯顿大学的一个文书题目也是问申请者对自己的社区做出过什么样有意义的回报。）我想，这也反映了美国文化的一个价值取向。

我在本书第六章里会贴出一个学生的文书，写她所在城市的城市化进程和保护传统文化之间的矛盾，以及她在这方面的一些思考。事实上这就反映出她对这个世界正在发生的事情的关注，她对未来的忧患意识，也写出了她一个 18 岁孩子身上的责任与担当，这些东西都是招生官所喜欢的。后来这个学生到学校报道后，招生官特别跟她提到这篇文书，说当时这篇文书让他们很感动，她也是那一届里十几个招生委员会委员全体投票一致通过的少数学生之一。所以通过这些，我们也了解到高大上的主题反映的是一个学生的公民意识、社区意识，反映出他对这个世界的关注，他看待世界的角度，他对人生的理解，包括他的人文情怀这些本质的东西，而这些东西都是招生官想要看到的。

## 4. 要不要请外国老师来修改文书

这个问题可能也是很多同学和家长比较关心的，就是到底要不要请一个母语为英语的外国老师来帮我修改文书？或者，要不要请一个外国老师做我的申请顾问？我想关于这个问题很难给出一个一刀切的答案，而是要因人而异。

以教 SAT 为例，虽然它是美国人发明的考试，但美国人一般教不好。大家也知道，很多在美高学习的学生，到了圣诞节和暑假，他们回国的时候还是找中国本土的 SAT 培训机构。美国人教 SAT，至少我认为不是非常适合我们中国学生的。为什么这么说呢？我们中国人喜欢琢磨，教 SAT 的中国老师，不管入行多少年，一年也好，十年也好，他们至少把历年 SAT 真题都琢磨了一遍，我觉得这是教 SAT 的最基本条件。实际上，就我接触过的 SAT 老师来讲，他们把真题都不知道琢磨多少遍了，把要考的内容烂熟于心，教起来才会有的放矢。但事实上，国外教 SAT 的老师，我真的觉得他们很少有人会反复琢磨真题，琢磨到可以为中国学生度身定制授课方式，让中国学生非常容易理解，又能恍然大悟。对于一道试题，很多外国老师是知其然，但不知其所以然，他们不会站在一个具有中文背景的学生的角度去理解一道试题，更谈不上站在一个中国学生的角度来讲解一道试题。

在升学这个问题上，我总体上不是非常赞同请一个外国老师来做你的申请顾问，至少他不能做你的主申请顾问。很多人觉得自己申请的是美国的大学，那请美国人来操刀，好像更靠谱一点儿。但事实上，据我了解，现在很多在中国从事美本升学的美国人，他们原来根本就不是干这一行的。他们虽然是从美国的大学毕业的，但对除自己母校之外的美国大学到底有多少了解，我们无从得知。而中国升学老师，虽然先天条件比不上美国人，但他们喜欢琢磨，喜欢钻研，加上现在信息基本透明，时间久了，照样对美国大学特别是升学方面的环节了解得非常清楚，甚至比美国顾问老师了解得要多很多。我认识的一些美本的升学顾问，他们并没有在美国上过大学，但照样是非常优秀的顾问。

另外一点，外国顾问老师做升学工作，相对比较随性一点。比如，在择校这个问题上，有的外国顾问特别强调一点，叫作学校和申请者的匹配度。说白了，他们不太关注学校的排名，而学生最后录取到排名多少的大学，恰恰是我们中国家长和学生最在意的事情（我们暂且不论排名是否重要）。比如有个学生没有录到期望中排名的大学，外国顾问会觉得很正常，他认为这个学生可能就是这个水平，就应该上这个学校，并且，他们会找出很多条理由，证明这个大学和这名学生非常匹配。但对中国家长来说，如果录取的大学排名太低，他们会觉得这个排名的大学他们自己动手就可以搞定，根本没有必要花钱请升学顾问。

我曾有个学生 SAT 接近 1500 分，但她们学校的外国升学老师建议她 ED 一所排 60 名左右的大学，因为这个老师就是从这个大学毕业的，他说这个学校虽然排名不高，但非常适合我那个学生。我相信，这个老师所言是发自肺腑的，他是真心觉得这所排 60 名的大学是不亚于"哈耶普"的。但他不理解我们中国人的排名情结，即使是排名情结不那么严重的家长，要是让他孩子以 SAT 接近 1500 分的成绩去上个 50 名开外的大学，我估计他也接受不了，就算你有成千上万条理由证明这所大学和他孩子的匹配度为百分之百。

所以什么叫适合，什么叫匹配？我觉得对于极少数的申请者来讲，存在适合和匹配的问题。比如申请一些小众学校、小众专业，匹配度确实很重要，但对于大部分学生来讲，我觉得是不存在这个问题的。如果说你的目标大学是前 30 名，你录到了 50 名或 60 名，我觉得很大可能就是机构把你的案子做砸了，没有什么匹配不匹配的问题。我相信哈佛大学和谁都是匹配的，你也别担心自己这个水平是否能从哈佛毕业，我相信只要哈佛录取了你，基本上就表明你一定可以从哈佛毕业。我们老是说这个学生可能就是 50 名的水平，就算机构把他包装成了 30 名，他也毕不了业。

对此，我专门写过一篇公众号文章，针对一个流传甚广的谣言：在美国读大学的中国学生每年的退学率为25%。这个数据我真的不知道从何而来，当然我后来刨根问底，还真就找到了这个数据的来源。大家可以想一想，在你们的周围每年有多少学生到美国读大学？你又认识几个学生在美国因为读不下来而被退回来的？即使有，我觉得也是少之又少的。特别是你听说过有几个 SAT、托福成绩考得很高被美国大学退回来的？这个可能性就更小了。你可以查一些官方的资料，美国越是好的大学，它的六年毕业率就越高。哈佛大学一直是 97% 左右，那剩下没有毕业的，我相信是华人的可能性不大。因为美国人跟我们的想法不一样，像比尔·盖茨这种刚读大一因为没有时间他就选择不读了，但是中国学生在哈佛读一年然后主动退学是不可想象的。我经常讲我们中国孩子可能踢足球踢不过人家，但到美国大学里面读书读不过人家我真的不相信。

有一些学生因为当时标化成绩比较低，进了排名比较次一点儿的学校，这一类学生反而是更不容易毕业的。为什么越好的大学毕业率越高，而排名靠后的大学反而不容易毕业呢？像"哈耶普斯"这几所学校的课程难度和排 50 名或 100 名左右的学校的学业难度没有本质的区别，但录取进去的学生是有本质区别的，应该说是两个完全不同的群体。我这么一讲大家就可以明白了，为什么说好的学校反而更容易毕业。

找外国顾问特别是让外国人做主顾问还有个问题，就是和家长沟通的问题。在整个申请过程当中，我所接触的家长中很少有能做到不插手的，这也可以理解，但家长一插手，就存在一个和外国顾问沟通的问题。暂且不说一些家长英文沟通水平有限，就算能和外国顾问流畅沟通，也存在个文化差异的问题。很多外国顾问是不太能理解我们中国家长望子成龙、望女成凤的心情的。所以在申请季，在沟通上双方很容易造成一些误会和障碍，导致一些没有必要的麻烦。比如，到了申请截止日期，我们中国老师就是披星戴月也要把活儿先干完，但外国老师会把生活和工作分得很开，不是工作时间，比如在圣诞节期间（大家知道 RD［正常申请］截止日期就是圣诞节后没几天），你为文书的事情打扰他们，他们会很不耐烦（当然他们会提前和你说好他要去度假，你几号再联系他），但中国老师就不会，到截止日期前，我们基本上是 24 小时待命。

就修改文书来讲，我接触到的很多外国老师就是改改语法，改掉一些不地道的表达，他们很少会对整体的结构进行大刀阔斧的修改，更别说很多老师只是不停地给你提意见，但就是不亲自操刀修改，一篇文书来来回回很多次，搞得学生也无所适从，不胜其烦。另外，即使外国老师会润色一些表达不地道的地方，他们也会出现一些问题。比如很多中国学生写出来的初稿都是有中式英语痕迹的，虽然文法不通，但中国老师一看就知道他是想表达什么，因为我们同根同源，有共通的中文背景，水平高的中国老师立马知道怎么样表达会更地道一点，但是外国老师可能无法理解这个孩子到底要表达什么意思，导致他对孩子文书整体上的表达有时候理解得并不透彻。

外国老师在润色文书这一块儿，很少会在主题提炼方面下功夫，包括对文书的谋篇布局等很少进行外科手术般的大刀阔斧的改动。并不是说所有的外国文书老师都是这样，可能也会有一些追求完美的外国老师会精益求精，但我所接触到的很多外国老师就是做一些不痛不痒的修改。按道理说，一个真正优秀的文书老师，如果他发现学生的文书可读性不是很强，内容也比较松散，主题不是那么突出，那就必须要进行彻底的结构变动了，而这恰恰就是很多外国老师最不耐烦做的事情，他们认为这理应是学生自己的事情，他们只是提意见的人，不是操盘手。当然，他们比较容易满足，有时候你的文书无论好坏，他可能都觉得还不错。就像你到美国，随便讲几个英文单词，随便说几句英语，一般美国人听了都会说"You speak good English"，但你千万别当真，因为这是文化的差异所致，西方是鼓励式的教育，你说得再烂也会鼓励你开口说。

所以对于请外国顾问这件事情，希望大家谨慎。当然你运气好可能会碰到一个耐心负责任、水平很高的外国顾问老师，不厌其烦地启发你，对你的文书进行彻底的结构变动。但是对于一些基础比较薄弱、标准化成绩也不是那么高的学生，在请外国顾问这个问题上还是要慎重。假如你请外国老师修改文书，他改出来的东西，在用词造句方面远远超出了你的英语水平，招生官可能会怀疑你的文书是代笔的。

事实上，你的文书内容要是足够好，保留一点中式英语的痕迹是没有关系的，甚至个别地方有些许语法错误，或是表达上的小瑕疵，都不会影响你的录取。因为招生官也很清楚，你是一个中国学生，英语是你的第二语言。但是，就算你的材料做得再好，文书写得再妙，若是让招生官一眼看出来这不是你自己写的，那么你的申请就基本结束了。所以你在找文书老师的时候，不光完全看他的英文水平，还要看他综合考虑问题的能力。在文书老师的帮助下，你最后呈现给招生官的文书，应该是真实的、自然的，和你其他方面的硬件是吻合的。总之，真实性是大于一切的，没有真实性，就谈不上艺术性，光有艺术性没有真实性，那也是空中楼阁。

曾经有一个美高的学生，看了我给他修改后的主文书，说我改出来的主文书有《纽约时报》的风格，我回复他说，首先老师的英文写作水平和《纽约时报》记者的水平差了一个银河系的距离，是能奶奶和熊奶奶相比，差了不止一点。另外，如果你这篇主文书真的有《纽约时报》的风格和水平，那你的申请就完了，因为招生官不会相信一个中国学生能写出《纽约时报》的味道。那不是代笔是什么？

这些年，我们也和一些美高的升学老师打过交道，在一些细节问题上，我们和他们简直无法达成共识。比如我们的选校名单到他们那里，他们基本上都会加几所我们从来没有听说过的大学，我们说不需要，他们还会竭尽全力说服我们。问题是这些学校再好，学生也不会去的。（说句玩笑话，我要是真的把学生送到那样排名的大学，我的一世英名也就毁于一旦了。）他们不理解我们为什么那么注重学校的排名，就像不理解我们为什么要每年往银行里存点钱，不理解我们十几双筷子在一个火锅里欢快地拨动的场景。

当然我不是完全否定外国文书老师，他们肯定有他们的优势，毕竟文书写作用的语言是他们的母语。我在温哥华就碰到过一个老师，我的学生把我给她的主文书定稿拿给这个外国老师看了一下，她只在两个小地方改动了一下，但就这两个小地方，让我见识到了她的功底，确实比我强。

总的来说，你最好不要把申请的所有环节都交给一个外国老师，最好是外国老师和中国老师打配合，日常沟通还是找中国老师吧，核心部分可以请外国老师出出主意。

## ⑤ 5. 主文书的单线条之美

有一些很优秀的学生，他们做过很多活动，在申请文书里，特别是在Common 主文书里，总是想把这些活动经历都塞进去，哪个都不想舍弃，毕竟人都是容易敝帚自珍的。

我曾经有一个学生最后去了普林斯顿大学，这个小女孩在和我谈文书创意的时候，一开始也是这个态度。她做过很多活动，包括支教、成立乡村图书馆，还跟一个著名经济学家做过一个小额贷款的项目，并且还写过相关论文，她就很想把自己做的这三件最主要的事情放到主文书里面去。我说没有必要，而且这三件事情很难放在一起叙述。她说让她试一试，结果写出来的文书大概就是：有一天自己在跑步，跑了一小会儿后想到了成立乡村图书馆，接着又跑了一会儿，想到了支教，最后又跑了一会儿，想到了小额贷款这个项目。表面上看，好像跑步作为一根线，把这三件事情串到一起了，但用这根线来串起这三件事，实在太过牵强。当然她的文书在具体处理的时候不像我讲得这么牵强，不过还是能看到不自然的过渡。虽然那根线在文书中确实存在，但串起这三件事感觉有点"气若游丝"。

同样，我另外一个被普林斯顿大学录取的学生，也不算非常出色，但她参加过很多活动，最后在我的劝说之下，她的文书就写了打乒乓球这一件事情，写她这么多年打乒乓球得到的一些人生感悟。大家不要觉得写人生感悟的文书很枯燥，其实文书写得是否精彩，主要还是看你具体的感悟是什么。当然乒乓球打得好，这个在表格系统里已经按要求填写了，所以主文书里就不必再刻意强调成绩。但是可以通过打乒乓球这项简单的活动，写出自己独特的领悟，这个就能说得过去。

所以我有时候跟学生说，天上只能有一个月亮，虽然你的人生中有很多辉煌璀璨、难以割舍的经历，但是在 Common 主文书里面，你只能强化一个，别的活动都要进行弱化，甚至在表格系统里面也要做相应的处理。有的学生的表格系统填得一塌糊涂，没有重点，所以我一般建议大家表格系统的活动不要填那么多，而要有一个明确的主线，能够和你的文书以及你的整体材料契合起来。如果说你有很多的活动，你都想把它们弄成月亮，那么这天上就有好几个月亮了，这样的天空会让人觉得很诡异。事实上，月亮之所以是月亮，也是因为在它的周围有那么多只发出微弱光芒的星星。

英文里面有一句话叫：Less is more（少即是多）。我觉得这句话讲得特别好，有的时候讲得少反而可以表达更多的东西，中文里有一句"此时无声胜有声"说的也是这个道理。

二十年前，我记得我刚到温哥华的时候，最开始是在当地的报纸上打一个小豆腐块的教学广告，我印象很深的是在我那个豆腐块边上有一个更大的豆腐块。我的广告上就写我擅长托福、GRE、英文写作等等，首先就很明确我是教英文的，但我旁边那个更大点的豆腐块，它的标题叫做：小白兔家电维修（兼教英文）。你看，这个广告就很奇怪，你觉得好像它把信息都塞进去了，但事实上，造成的结果就是学英文的不找你，因为总觉得你是修家电的，真正修家电的可能也不会找你，因为总感觉你是教英文的。从这就可以看出，一篇文书要是把汤汤水水放在一起，最后达到的就是这个效果。

所以说在整个文书里面不要讲太多的内容，而应该一个主题一竿子插到底，就是讲故事，也得缘着一根线从头讲到尾，不要试图求全从而弱化了主题，冲散了故事的形。你看一些大牌公司的广告，页面简简单单，就那么几个字，但就是让人印象深刻。我人生中的第一台冰箱是在深圳买的，是一个叫伊莱克斯的牌子，我当初看了它的报纸广告后就立刻心动了，那么大的报纸版面上就几个字——"伊莱克斯：静"，就这个"静"字把我打动了。它没有说该冰箱采用的是什么国际先进的设计，噪音低到多少分贝，也没有把一些技术参数摆出来，光凭一个"静"字就已经足够抓住人心了。因为买冰箱时，使用者很担心噪音的问题，而这个品牌这么突出冰箱的安静，我就真相信他们家的冰箱是低噪音的。

2008 年北京奥运会期间，百事可乐在中国一些报纸上投放的广告文案也值得我们学习。大家知道可口可乐的主打色是红色，百事可乐的主打色是蓝色，而红色在中国文化里是喜庆的颜色，所以在北京奥运会这样隆重的时刻，百事可乐的广告全部改为了大红色，广告词是：一生只为中国红。广告想表达的是百事可乐一直是蓝色的，但在北京奥运会这么欢庆的时刻，他们放弃了底线，使用了竞争对手的红色，只为中国。我看到这句"一生只为中国红"的广告词，感动满满，并从此对百事可乐充满了矢志不渝的好感。

我想说的是，文书的线条越单纯、内容越纯粹，往往味道越浓郁，越是简单明了，让人印象越深刻。所以大家一定铭记，一篇文书里面最好只有一个主题，从头到尾一竿子插到底，这样招生官阅读起来也很轻松。

大家应该还记得十多年前，有一个省级文科状元申请美国十几所大学全部被拒绝，当然，这里面原因很多，但我觉得他的文书是个硬伤。根据他自己的叙述，他在文书里写他的兴趣广泛，最后落脚点在 I love everything I do, I do everything I love（爱我所做，做我所爱）。我是觉得，这样的文书一定是汤汤水水混在一起的，让人家觉得你什么都有兴趣，但又没有在某个领域有着持之以恒的强烈兴趣。

由此可见，主文书最好就写一件事情，如果非要写几件，那就一定要在同一个主题下进行叙述，并且这个主题和这几件事情是紧密相连的。同样地，在讲述不同的故事时，要有意无意地将不同的故事和主题建立关联，让招生官能够一口气读完。这样简简单单的结构，加上简简单单的文字，大约也是招生官希望看到的，至少他很清楚你在说什么，而且他看得也不累。

我上大学那会儿流行课桌文学，很多内容表达的是对某一个人的喜欢，而且一般是刻在课桌上，所以叫课桌文学。我看到过一首爱情诗，我觉得要胜过无数的海誓山盟，也胜过千言万语的倾诉衷肠：

> 我爱你
>
> 但是我不敢说
>
> 我怕我说了
>
> 我就会死去
>
> 我其实不怕死
>
> 我只是怕我死了以后
>
> 这世上
>
> 再没有人
>
> 像我这么爱你

## ⊚ 6. 课外活动和主文书

我一直认为，对于一些要冲击大牛校的申请者来说，尽早在课外活动中做一些与众不同、能够彰显个人特色的项目，无疑会给今后的申请带来一些优势。但同时我有必要说明一点，对一些赴美留学准备得比较晚，或者是冲击美国排50名、60名左右的学校的学生来说，我觉得更有必要在标化成绩，还有托福、SAT成绩和GPA上下点儿功夫。假如你到高二下学期，托福和SAT还没有考出来，这个时候再盲目参加一些耗时耗力的课外活动就有点本末倒置了。

无论如何，尽早开展一些课外活动还是有必要的，因为，到申请季写文书的时候，你总得有点素材，何况，有一些大学的补充文书题，就是让你详细描述你参加过的某个课外活动。不管你的活动是否高大上，是否含金量很高，只要你身体力行去做了，你总会有一些可以放到文书里的素材，甚至，在平凡的活动中，你照样可以挖掘出意义深刻的主题。

如果没有时间去做很多的课外活动，你就老老实实把一两个活动做深做精，也同样是很有价值的。我非常不建议为了充实简历而参加课外活动，特别是做那些几乎人人都在做的课外活动，或者是做一堆毫无头绪的活动，既耗费了大量的时间和精力，到最后也没有一个是可以拿到台面上来的。所以在这里我要特别强调一下，课外活动数量上的叠加和形式上的拼凑几乎是毫无价值的，课外活动的质要远远高于它的量，高于它的形。

往往有很多拿过大奖的学生在自己的申请文书里，总是竭尽所能描述自己如何刻苦、执着，如何排除万难，如何开拓创新、参与合作，最后获得成就。但其实针对不同大奖的含金量，招生官已经非常清楚你所具备的能力和获得这个大奖所需要付出的努力。如果说没有与众不同的经历导致你获得这个奖项，那么你以获奖作为素材来写一篇文书，就有点落入俗套了。所以对于获过大奖的学生，我一般建议在文书里尽量避免以这个大奖为主题，除非这个奖项真的有其独特之处，或是在参赛过程中你有特别的领悟。你越是在文书里显示你对这些大奖的回避，反而越容易激发招生官的好感；相反，你越是在文书里刻意渲染这些大奖的重要性，往往会给人留下一个炫耀的印象，或者让人觉得你除此之外别无他物。对于这一类学霸来说，他们可以写一些生活中的琐碎小事，而这些琐碎的小事，又恰好能反映出他们独特的性格特征，并且能呼应他们获得大奖的潜在原因，我觉得这是一个很不错的思路。

我记得以前带过一个学生，他在一些全国性和上海市的化学大赛里都有获过大奖。他最初的主文书也是想写个人的获奖经历，但是这个经历写得干巴巴的，基本上可以当作模板，给任何获得大奖的学生来套用。后来在第二稿里，他写竞赛前给一个本来不如自己的同学辅导功课，结果后来同学的成绩考得比他好，但是他很欣慰自己帮助了他人，而并不在乎成绩。这样的写法可以，但是还是有点老套，至少没有很出彩。同时文书里是能看出你道德高尚，但这不是你成绩不如别人的必然原因，只能说明你的学术功底还不够深厚。后来在我的不断启发下，学生的思路也不断地开拓，他突然想到了自己在某中学生报上发表过的一篇小文章，描述了他在搬新家后，窗户外面的公园里经常有老年人跳广场舞，噪音很大，对自己的学习产生了一定的影响，他对此想出了一些应对办法。

我听到这里的时候眼前一亮。当然在初稿里，他的重点是放在如何去抗争、投诉，到最后对老年人的理解，但在他最后提交的文书里，他的重点放在描写自己如何每天在如此嘈杂的环境中应对学习，从一开始紧闭门窗、戴上耳机、裹上被子，到最后对窗外的嘈杂完全置之不顾，潜心学习。他就是在这样的环境中度过了三年高中，并且取得了不错的学术成绩。整篇文书绘声绘色地描述了每天窗外的喧闹给自己学习带来的困扰，一直到最后可以无视外面的嘈杂，心无旁骛地安心学习。事实上，能做到心无旁骛，正是一个未来科学工作者必须要具备的特质，有这样特质的人才可以排除各种干扰，潜心研究。这不仅是充分支持他学术优异的理由，也非常符合他作为理工生的专业精神。后来这个同学如愿以偿地被西北大学录取，现在已经是哥伦比亚大学的一名研究生。

另外一点，如果说一个申请者在课外活动中没有获得过什么大奖，那么他可以在申请文书中谈一谈自己对某个活动从不消减的兴趣，谈谈它对自己的影响，对自己性格和人生的塑造，照样可以获得美国名校的青睐。活动本身不一定要高大上，不一定非要在活动中获得国际性大奖，关键是看你对活动投入的时间和精力，以及活动在特定范围内对你产生的重要影响。

我曾经认识一个做学生徒步旅行的机构负责人，我们第一次见面的时候，他就跟我讲他们带学生登上一些世界著名山峰的壮举。比如他们某年暑假带孩子去爬了西欧的最高峰勃朗峰，我当时听了都有点心潮澎湃。其实攀登勃朗峰就可以是很好的文书素材，但问题是这么多孩子都登上了勃朗峰，大家该怎么写才好？如果大家都写这个素材，内容会不会有雷同之嫌？我想大家大可不必担心这个问题，只要你的视角和别人的视角不一样，你在文书里写攀登勃朗峰的切入点有你的独到之处，同样是登上勃朗峰的内容就可以写出不同的花样，演变出不同的主题。关键在于你怎么样去写，主题怎么提炼，怎么样把细节写得更饱满，怎么样写得和别人不一样。

登上勃朗峰可能算不上是一个了不起的成就，至少和专业的登山运动员相比是这样的，但是你完全可以写登上勃朗峰对你的意义，对你的影响，也可以写你登上勃朗峰山顶时的感慨。比如你可以写你登上峰顶时感受到的一览众山小的气势，在登高望远时你往往会思绪万千，看得远了，反而觉得自己很渺小，但渺小的同时，面对脚下的大地和万物，你似乎又觉得一切尽在把握之中，未来有无限可能，觉得一切舍我其谁。

所有这些你都可以写。我也常常告诉学生，一个独特的活动，如果你挖掘的主题不够独特，那么你的活动无论多么高大上，它都只是个平庸的活动。同样，如果一个活动虽然不是很独特，不是很高大上，但是你在文书里表现出了你的独特性，那么它就是个可圈可点的活动，一个有很多亮点的活动。

曾有一个学生，学习成绩很不错，但是没有一个能拿得出手的大奖，这个学生本身也有点害羞，没有那种响当当的头衔，他课余时间喜欢收藏、弹弹钢琴，生活基本上都局限在自我的小天地里。对于这样一个四年前就明确要去美国读大学的孩子，如何引导他的个性发展方向，规划他的课外活动呢？怎么样用四年的时间把他塑造成一个发展相对比较全面，又有他自身特点的申请者呢？我们是鼓励他参加各类学术竞赛拿大奖，还是游说他参加模联，或者是发起社团，竞选学生社团领袖，或者是在他不擅长的一些体育活动上尽量去争取个名次呢？

在这个问题上，我们和他的父母一样明智，最后决定充分尊重他自己的兴趣爱好，而他的兴趣爱好就是陶醉在自我的研究中，以及弹弹钢琴、阅读和收藏。于是通过四年的专注投入，他获得了英国皇家音乐学院的钢琴演奏级证书，他博览群书，涉猎中外历史、地理、人文、艺术，他还收藏了一些宝贝，包括世界各国的纸币、地图、邮票等。基于以上分析，我们协助他举办了一场独特的钢琴演奏和绘画欣赏相结合的视听盛宴，并且出版了一本图文并茂的小书，名为《世界纸币种的艺术》。

最后在主文书中，他写小时候被外国纸币的图案吸引并开始收藏，还一度被纸币的数额迷惑（很多国外的纸币币值很大），以为自己可以成为富豪。待他长大后，他才意识到自己是被世界各国纸币背后隐含的建筑、人文、地理、音乐、绘画和历史等知识所吸引。他最后说，虽然那些纸币的币值证明不了他是富豪，但深入了解和探索纸币文化的这个过程让他成为了一个真正的精神上的富豪。

所以你看，他没有华丽的领袖身份，没有轰轰烈烈的社团活动，也没有璀璨夺目的学术奖项，但是他有着对人文艺术执着的热爱、深刻的理解和独特的表达。最后他被明德学院（文理学院排名第4）、瓦萨学院、加州伯克利大学、埃默里大学等十几所美国名校争相录取。

还有一类学生是到了申请季，实在没有什么可圈可点的课外活动，这也并不意味着他们就与名校无缘。不过首先我想说，没有任何一个学生是完全没有课外活动的，就像这个世界上没有任何一个人是完全没有故事的，问题在于我们如何去挖掘，如何把平淡的故事讲得饱含深情，以你的真情实感让别人相信这就是你经历过的人生。这里，我要特别提醒，千万不要无中生有地去编造故事，血肉丰满的细节是没有办法编造出来的。

曾有一个学生，他所在的学校有一个艾滋病社团，他是这个社团的负责人，他当时准备用这个素材来写主文书。就在他开始写作的时候，他突然得知许多只是偶尔参加这个社团活动的同学，甚至一些根本就不是这个社团成员的同学都在以这个艾滋病社团为话题写文书，他表现得很担心。我安慰他说：真实的感受只有亲身经历过，才能有血有肉地表达出来。

在后来的文书中，他写到自己与社团的创始人之一，一个已经在中国艾滋病慈善界很有知名度的学长，如何进行交流，写到他成功说服了可乐可乐中国地区的负责人赞助在人民广场举办一个慈善活动，包括他为了搭建一些活动舞台需要多次与城管负责人进行交流等等。而在描写与艾滋病儿童的接触中，他更细腻地刻画了自己从一开始的恐惧、犹豫（当时准备了手套，同时内心又自责不安），到最后临上场时不由自主地没有戴手套，却坦然地与艾滋病儿童亲密握手。这些都是他自己的真实经历，加上一些具体的细节描述，所以可信度非常高。那么即使招生官最后看到同样题材的文书，谁真谁假，谁是活动的真正负责人，我相信应该是不难辨别的。

最后这个学生被他最心仪的卡内基梅隆大学录取，而一些学术分数高过他的同学却没有被录取。我们虽然无从考证被拒的同学中，是否有题材雷同的文书，但是至少可以确信一点，他文书中的真情实感得到了认可。所以说，如果你没有亲自参与一项活动，你很难编造出令人信服的细节。

以课外活动为素材的申请文书，除了必须要体现真实性这一基本要求之外，还需要突出这个活动的重要意义，并且与其他的申请材料相匹配。不少学生喜欢利用一个活动来反映自己无数个优秀品质，且不说这样的"高大全"式的品质塑造反而会弱化你最本质的特性，同时，在Common主文书650字的限制下，你试图将你的优秀品质一网打尽，本身就是不明智的。最后的文书，很可能就是没有重点，或者每一个点都是蜻蜓点水，泛泛而谈，使得文书变成了无生趣的罗列。

以前有个学生写她学跳肚皮舞的经历，她当时既想表达父母对肚皮舞的偏见，又想表达和父母斗争的勇气，还想在文书中渲染她刻苦练习、坚持不懈的精神，以及略微提一点有关肚皮舞艺术的起源介绍、自己对肚皮舞的认识和热爱等等，结果是每个角度都阐述得不深刻、不生动，凑在一起更是主旨不明。最后，根据她性格比较活跃，又想申请传媒专业的基本情况，经过几轮的头脑风暴之后，我们确定了主文书的写作思路：一开始她跳不好，经过老师对肚皮舞起源的介绍和她自己观看视频对相关文化背景的了解等等，她领悟到学习肚皮舞并不要求技术上多么成熟，动作上多么整齐划一，它主要是一种自由随心的舞动。在她忘我舞动的时候，她内心对自由独立的向往得到了尽情的释放。所以这篇文书最后就定为通过跳肚皮舞展示她的个性，展示她自由独立的思想。

在这里我想强调一点，你是去突出一个意义，而不是罗列一堆意义，这两者有着天壤之别，因为主文书里你只能谈论一个意义，你能把它谈得很透彻已经很棒了。除非是另外一种写法，比如要是你的主题就是写你从一个活动中所悟到的一些哲理，这种情况下你可以用一种清晰的形式罗列出你的思考，但这种写法很容易写成大杂烩式的感想堆积，肯定不如写一个故事更加引人入胜。

最后我想说，剖析活动产生的深远意义是申请文书中画龙点睛的一笔，也就是我们通常所说的拔高、升华。无论这个活动多么平凡，只要我们可以挖掘到很有意义的点，这个活动就是精彩的。

甚至，你帮同学解道数学题，帮妈妈做了几次饭，这些都可以是活动。在申请表格里的 activity list（活动类别）那一栏，帮妈妈做饭就可以划到 family responsibility（家庭责任）这个范畴。所以，好好想想，这样的活动你一定有。

总之，我们还是鼓励学生特别是低年级的学生尽量参加一些有质量的课外活动，并且在这个过程中慢慢发现自己的真正兴趣所在。课外活动，不仅可以开拓自己的视野，认识不同的人，陶冶情操，丰富人生阅历，更重要的是这些活动中让你印象深刻的细节可以成为你今后申请文书的优质备选素材。优秀的艺术作品来自加工，但是加工也是需要有原材料的。如果没有亲身的生活体验，纯粹靠编故事的方式去写一篇打动招生官的文书，这恐怕不是一件容易的事情，因为毕竟许多学生还不可能像小说家那样可以随意编写故事。而且，即使是小说家编故事，那也得在生活中有原型人物和事件。

曾经有一个学生 SAT 分数考得不是很高，也没有什么课外活动，只是会画画，关键是她画画也没有拿过什么奖，但是在主文书里面，她很生动地描述了自己在父母和学校的高压下，在画画中找到了释放压力的渠道，以及她从画画中获得的满足感。我印象很清楚，觉得她是一个比较有文艺气息的小姑娘。我后来就是按照这样的思路，对她的文书进行润色加工。画画是一个很普通的爱好，但我们要是从一个更高的角度来认识它，那么普通的爱好也会有深刻的意义。

我想告诉大家的是，连画画这种普通的活动，我们都可以在文书中展现出一些独特之处，那还有什么活动不可以按照这个方式去展现呢？

我当然也更加鼓励大家去尝试一些相对独特的活动，尝试一些可以发挥自己专长的活动。你只要用心，总会发现这个世界上少有人做的事情，你也可以摒弃前人走过的路，自己尝试独辟蹊径，无论怎样，这本身就已经是一种成功。按照圣经里面的一句话来讲就是：

那些通往天堂的路总是狭窄的，因为走的人少，所以它无需宽广。

# 第四章

剖析 7 道

Common主文书题目

- - -

在本章里

我会深度剖析

2021 至 2022 年度

Common 申请系统的 7 道文书题

希望这些剖析能够抛砖引玉

启发大家的写作思路

## 🌀 1. 一个包罗万象的题目

Some students have a background, identity, interest, or talent that is so meaningful they believe their application would be incomplete without it. If this sounds like you, then please share your story. 一些学生拥有非常有意义的背景、身份、兴趣或天赋，他们相信如果不在申请材料中提及这些，那么他们的申请材料将是不完整的。如果你也是这样，请分享你的故事。

这是 Common 申请系统里非常经典的一道文书题目，这些年这个题目一直作为第一道题出现。我之所以说这个题目经典，就是因为这个题目本身是包罗万象的，辐射的面很广。就这一道题，我相信很多学生都是有东西可以写的，有内容可以挖掘的。大家生活中总有一些经历，能和上面四个部分中的某一个吻合起来，而这也正是大学所希望看到的。

大家要注意的是，这道题其实是分成四个部分的，也就是题目里所说的"background，identity，interest，or talent"（背景、身份、兴趣或天赋）。这四个方面，你可以挑选其中的任何一个进行深度阐述，但你不能把背景、身份、兴趣和天赋这四个部分都混在一起写，这样会导致文书主题不明确。

我们先来谈一下 background（背景）。这个背景是指你成长的环境或过程，当然不一定就指你的家庭背景，像你的学校，你生活的社区，甚至你参加的一个组织，这些都可以是你成长的背景。只要你觉得它们有意思、有特殊性，你就都可以写。

很多学生会说自己来自一个普通的三口之家，父母是普通的工薪阶层，或者是做生意的，好像也没什么特别的东西可写。其实我觉得不是这样，如果你开动脑筋进行深度挖掘，肯定能在背景方面找到一些和别人不一样的东西，而这些独特之处可能就是你打动招生官或者让其眼前一亮的杀手锏。

我曾经有个学生，他们家从爷爷那一辈开始就是高干家庭。他的大伯在特殊年代因为受其父亲（学生的爷爷）的牵连生活艰难，后来在精神上出现了比较严重的问题。但大伯的弟弟（学生的父亲）却从同样的艰难困苦中走了出来，甚至事业有成。这件事情对学生本人的影响很大。他从小就知道大伯是独自居住在一个几乎与人隔绝的地方，虽然他和家人逢年过节也会去看望大伯，但大伯的精神状态一直很差。他一直很困惑的是父亲跟大伯是亲兄弟，经历的事情也几乎是一模一样的，可是为什么一个人的精神垮了，另外一个人却坚强地走了出来。因为这个疑问，他打小就对研究人的心理状态产生了浓厚的兴趣，并且阅读了大量与心理相关的书籍，他后来还写过一些文章，专门分析和研究中国古代一些皇帝的心理状态。

这个学生的背景就很有意思，但是他文书的落脚点并不是在谈家庭背景，而是在谈这个背景带给自己的影响。这里我要提醒一下各位同学，在写有关背景题材的文书时，文书的落脚点最后一定要回到自己的身上，背景只是一个铺垫，是为了证明你的存在，你可以写它对你的影响和意义，但它不应该成为文书的核心。也就是说不管你的背景是什么样的，你都不能把大量的笔墨用在渲染这个背景上，而是要侧重于描述背景对你的意义，对你成长的影响，这就是文书题目里为什么要写上这个背景对你是有意义的（meaningful）。大家注意到这个题目特别强调，无论是你的身份也好，背景也好，兴趣也好，天赋也好，它一定是要对你"如此的有意义"（so meaningful）。就这个学生的例子，我们要是把它写成一篇痛诉革命家史的文章，那就用错笔墨了，甚至是有点跑题了。

大家可能觉得我刚才讲的这个学生的背景有点太特殊了，一般的学生不会有像他那样的特殊背景。那我们看另外一个学生，他住在一个高档的小区，每天上学在路上都要经过一个城中村，那是农民工住的地方。可以说他每天上学都是在这种繁华和破败之间穿梭。他最后的文书，就是描写这样的穿梭，以及由此带来的思考和随之而来的行动，这些变化都是由那种繁华和破败之间的对比带给他的强烈冲击所造成的。

我们知道，在文学作品里也好，在影视作品里也好，巧妙运用对比手法，往往会达到令人回味无穷的效果，所以我也建议同学们在文书里可以多多使用对比的手法。比如一个面带天真笑容的新生婴儿和一个病床上奄奄一息的老人，一场欢声笑语的婚礼和一场唢呐声声的葬礼，这些都是强烈的对比。张艺谋曾拍过一部电影，女主角是巩俐演的，她最后上吊自杀时穿的是一件红色的旗袍。我当时看到这个电影场景很震撼，至今都难以忘记。因为我们一般总是把死亡和黑色联系在一起，但电影里把红色旗袍和死亡联系在一起，烘托出女主人公的不甘和无奈，对生命的留恋。这种由颜色造成的反差让人感到非常震撼。

再回到这个学生的身上，他一直以来生活在那样的背景下，由于每天路过，他开始慢慢关注这些城中村，特别是城中村里的孩子。他写了很多细节，包括和这些孩子们交朋友，教他们弹吉他，带他们去唱歌等等，这些细节都很好地体现了他对弱势群体的关注，体现他悲天悯人的情怀。所以说，如果你开动脑筋就会发现，其实像这种城中村在我们的周围都是很常见的，很多时候只是我们没有太在意，熟视无睹而已。

这道文书题目也可以写你的兴趣（interest）。我相信招生官整天坐在桌前看申请文书，非常希望看到两样东西，一个是你到底是个什么样的人，第二个就是你这个人到底对什么有着持之以恒的兴趣。他们非常看重一个申请者的兴趣。我们都知道，一个人要是对某种东西有着发自内心的兴趣，并且持续不断地坚持和探索这个兴趣，那么他往往日后就会在这个兴趣点上有所作为。因此写自己兴趣类的文书是很容易抓住招生官的眼球的。

但是我们在写兴趣类文书的时候，有几个方面要把握住。首先你要明确你的兴趣的源起，到底是什么让你对某个东西产生了最初的兴趣？比如你说你对艺术感兴趣，那你最好把你的艺术启蒙具体到一件小事上，尽量少谈一些因为自己出生于艺术世家，爸爸是国画名师，妈妈擅长素描，所以才喜欢艺术等等，因为你这样写容易让招生官产生一个疑问：你的兴趣到底是你发自内心的，还是父母强加给你的？就像你说对医学感兴趣，选择医学专业，是因为爸爸是医生，这种写法其实也很容易让招生官起疑问，你到底是自己真的想学医，还是你爸爸想让你子承父业。所以在写兴趣源起的时候，尽量写符合自己特点的一件小事，就是这件小事，催生了你兴趣的萌芽。

第二点要注意的是，你一定要写这么多年来你对这个兴趣的坚持和探索，我想这一点应该是你全文的核心内容。说白了，你不光要写这个兴趣的源起，更要写到这个兴趣的演变。比如说你动手能力强，小时候喜欢拆东西，拆过家里的手电筒，还拆过家里的餐桌等等。但是你不能说到了中学阶段，你还是在拆餐桌，那这个就不是兴趣了，你可能纯粹就是个破坏狂。要我说，你中学学了物理后，起码可以拆个电视机、电脑等更高级的东西。我的意思是，你的兴趣在成长过程中是在演变的，它是螺旋式上升的，兴趣虽然还是那个兴趣，但是你玩的东西更高级了，表明你在兴趣上有所探索并有所成就。

有一年我亲自辅导了 3 个学生 ED 芝加哥大学，都被录取，其中一个学生写到她对物理和哲学都非常有兴趣，我和她进行深度探讨后，最后决定就以"解码人生"（A Life of Decoding）作为文书的主题。文书里介绍她对物理和哲学的兴趣起源于小时候看魔术，她很好奇那些不可思议但看上去又天衣无缝的表演是如何完成的，可以说喜爱魔术这件事情证明了她从小就喜欢解码（decode），但是她对解码的兴趣不是一成不变的，而是在不断地深化。她到了中学后慢慢对物理和哲学产生了兴趣，这两个学科虽然看上去大相径庭，但它们背后的逻辑是一致的，即两个学科都是在解码，物理学解码的是自然现象，而哲学解码的是生命的本质。

第三点我想说的是，大家一定要写这个兴趣对自己的影响。我们要把这个兴趣升华，因为这个兴趣爱好，在哪些地方你变得更好了，或者说因为这个兴趣爱好，你对这个世界的认识如何变得有深度、多角度等等。

现在，我们看看这道题目里的"talent"一词。事实上，我不是很建议你写这个方面，因为天分和兴趣是不同的东西，你要展示你某一方面的天分，特别是学科方面的天分，你起码得在表格系统里面有一些与之契合的信息。比如你说你在物理方面很有天分，但如果你的表格系统里看不出任何跟物理有关的内容，你在学校物理成绩也不拔尖，甚至 AP 物理一门也没有考过，那就很难让人相信你在物理方面是有天分的。

当然，你可以写你观察力敏锐，写你动手能力强，写你善于运用创新思维等等，这些都可以称得上是你的才能或是天赋。

同时，你写关于天分方面的东西，有时候需要在文书写作时展示出你在这方面的天分。比如说你的天分就是你的写作能力，但是你的文书写得干巴巴的，很沉闷，你怎么让人相信你是个有写作天分的人呢？就像你体重两三百斤，你去开个减肥店，我估计生意也不会太好，因为你自身的形象就没有说服力。事实上，当你说你有写作天分的时候，你等于给自己下了一个套。

最后讲一下 identity（身份）这个话题。根据我这么多年的经验，很少有学生写"identity"这个话题，我想是因为很多人没有理解"identity"的含义，在这一块儿很多学生觉得有点儿发怵。事实上很简单，我们在社会的不同群体里面，都拥有不同的身份，扮演着不同的角色，每天都在不同的身份间来回切换。比如说你在家里可能是儿子或者女儿的角色，那么到了学校你就是学生的角色。如果你是一个班的班长，那么你就是个领导者的角色；你去做义工，去敬老院，那么你就是一个 caretaker（护理者）的角色；或者你去教幼儿园小朋友跳舞，那么你的身份从学生瞬间转变为老师。我们每天都是在自己不同的身份间来回切换，在不同的身份下会有不同的故事，不同的角色带给我们的一定是不同的人生体验和感受。所以我觉得身份是一个非常好写的内容，但我不知道为什么这么多年很少有学生写"identity"，可能还是因为"identity"这个单词的内涵有点儿让人犯难。

除了我上面提到一个人在不同的情境下扮演不同的角色可以归类到"identity"，你的性别和种族（比如你作为国际生在美国读高中，属于群体里的少数族裔），你的单亲家庭背景（当然也可以归类到背景类），甚至你在游戏里的一个角色设定等等，都可以归类到"identity"这个话题来写。

之前我有一个学生，从小学开始就当班长，我启发他写他的班长身份，写他当班长这么多年来发生的一些事情对自己的影响，包括他对领导者这个角色的理解。起初他觉得领导者可能是专门发号施令（give commands）的，但在发生了很多事情之后，他慢慢意识到作为领导者最重要的不是去发号施令，而是去满足别人的需求（ not necessarily to give commands but to meet demands）。实际上这些都是在写身份带给他的影响，主要是给他思想上带来的一些变化。

我举的这些例子，都很普通，希望能够开拓大家写作的思路。我们的生活中，处处皆故事，关键看你有没有心去发现、挖掘这些故事。《红楼梦》里有一句话叫"世事洞明皆学问，人情练达即文章"，也就是说，世间万事万物只要你琢磨透了，它都是一门学问。好的文章是什么？把我们的友情、爱情、亲情，进行提炼升华，这就是好的文章。

## ⊚ 2. 没有永久的成功，也没有致命的失败

The lessons we take from obstacles we encounter can be fundamental to later success. Recount a time when you faced a challenge, setback, or failure. How did it affect you, and what did you learn from the experience? 我们从遇到的障碍中获得的经验教训，对我们之后的成功非常重要。回忆你曾经面对的一次挑战、阻碍或者失败，它是如何影响你的？你又从中学到了什么？

这是一个谈失败和挫折的文书题目，大学希望通过这个题目了解你在面对人生逆境的时候，是什么样的心态，你从这些挫折中，又汲取了哪些教训。如果你的人生中确实有一些坎坷的经历，那我强烈建议你写这个题目。

很多同学担心，我写自己失败的经历，会不会让招生官认为我就是一个失败

者（loser）？会不会因为我的失败，招生官就对自己产生一些负面印象？比如要是我写自己在学术上的失败，招生官会不会认为我的学习能力不足？这样会不会影响我的录取？

更好玩的是，曾经有个学生问我，这个题目是不是大学设置的一个陷阱，想故意套出我失败的经历然后把我给拒了？我说你这个同学年纪不大，思想倒是很复杂，也很荒诞。我可以负责任地告诉大家，大学是不会这样捉弄一个申请者的，每年都有人靠写自己失败的经历打动了招生官，成功录取到心仪的学校。

招生官也是人，他们当然清楚，没有人的人生是一帆风顺的。很多时候决定你最后走到哪里，不在于你走了多么遥远的平坦大道，而在于你如何走过那些崎岖不平的羊肠小道。所以我常常跟我的学生讲，世界上走得最慢的路，往往是那些最平坦的路。这看上去是一个悖论（paradox），但这个悖论里面有很多值得我们反复咀嚼的道理。

作为一个申请者，你辉煌的一面，包括你学术上的成就，大多已经在申请的表格里面有所体现了。招生官肯定会关注你的成功，但他们可能更关心你成功背后的经历，包括你成功之前，到底有哪些失败，有些什么不堪回首的过往。我想这些都是招生官比较感兴趣的东西，所以你放心大胆地去谈论你的失败。他们并不在乎你失败的经历，而更在意你在面对失败和困难时候的态度。

西方人很看重一个人的attitude（态度）。他们更关心你在面对一个挑战或者困难的时候，你的心理活动是怎样的，你最后是怎么做的，你从中得到了哪些有益的教训等等。招生官正是通过这些细节化的描述来判断你到底是个什么样的人，或者说你到底是不是他们大学所需要的人。

很多同学写到失败，特别容易写到与学术相关的经历，我不太建议这么写，没有别的原因，就是因为写起来很枯燥，很无聊。比如以前有学生写学托福的经历，写他学习的过程多么痛苦，一开始才考了六十几分，然后总结原因，认真分析，全天候背托福单词，最后考过了 100 分。这种经历太平庸了，我相信你很难写出什么动人的感情色彩。还有你从中学到的东西可能还是肤浅了一点，你通过刻苦学习托福，最后得到的人生感受最多就是明白了努力的重要性，或者是学习托福的一些方法和技巧，这些东西和你的人格没有太大的关系，所以我相信招生官对此的兴趣也不会太大。另外，他们可能也不太理解为什么一个小小的考试，让你这么大动干戈，这在他们看来太小题大做了。

当然还有一些学生，大都是美高的学生，喜欢写自己刚到美国时遇到的文化冲击（culture shock）。这对一个高中生来讲，确实是个挑战，但问题是写这个主题的人还真不少，如果说你感受到的文化冲击没有什么非常独特的地方，我其实不建议你写。不是说别人写过的东西你不能写，关键要是你写出的东西仍然停留在克服文化冲击的那些基本路数上，我建议你还是另外寻找话题。

我曾和一个学生谈文书创意，谈了很多都没有找到很好的主题，最终这个学生的妈妈一声叹息，触发了我的灵感。聊了快三个小时，我自己一直都不太满意，她妈妈叹了一口气说："这个孩子这么多年来一直渴望得第一名，但总是和第一名失之交臂。她总是差那么一口气。"她这个"差一口气"一下就触发了我，我当时就觉得这里面可以挖掘出很多东西来。一个人向冠军冲击，却一直没有成功，但也从未放弃，这不仅是他耐力的证明，其实也是他实力的证明。我当时对这个学生讲，你一直在冲击冠军，但总是和冠军失之交臂，这对你个人成长来讲其实是一件好事，因为这表明你一直在发力，在积蓄力量，虽然可能与此同时你也在忍受心理煎熬，但在你心灵备受煎熬的过程中，你的灵魂其实得到了更多的滋养。

为什么这么说？大家知道我们中国的城郊地区非常容易出知名作家，因为这些人处在城市和乡村的过渡地带，他们能看见城市的繁华，也能感受到乡村的破败，生活在这样的中间地带，对培育他们的情商、理性、包括心理上的成熟度，都是有很大益处的。其实，大家发现没有，一个作家的成名作往往就是他创作的顶峰了。为什么会这样？因为他成名了，拿冠军了，他得到社会的关注多了，他参加的社会活动也多了，他不能再像以往那样为了冲击冠军而十年磨一剑了。

最后，我们把这名学生的文书主题定义为离成功永远"差一口气"的人生，写她这些年干啥都差一口气的"悲催"事例，写她如何不屈服，不屈不挠地朝巅峰攀登，同时这个过程，也重新塑造了她的人生和思想。

我们可以写学术上的挑战和失败，可以写文化冲击，但不妨多开动脑筋，在这样平庸乏味的主题中找到一种让人眼前一亮的写法。

我们生活中曾经的很多不如意，那些灰暗的时刻和心情，都可以放到这里来写。比如我的一个学生，他生活在一个关系非常复杂的群体里，他就写自己在面对挑战的时候，如何在群体里发挥润滑剂的作用。有的学生写朋友的背叛带给自己的痛苦和困惑，而自己又是如何从这个困境中走出来，以及从中得到了哪些有益的教训。

我曾经有个学生，他的左手先天性残疾，他就写左手残疾在生活上给他带来不便的同时，又让他的心智更加成熟，更加能理解生活的美好。他在文书的最后还讲到维纳斯之所以吸引人，就是因为残缺的双臂，而生活中，本来就有一种美叫作残缺美。

曾经有一个录取到宾大的学生，写自己因为做手术突然失明了四天，他把这四天的一些真实的感受详细地记录下来写进文书里。我觉得这些经历很容易让人产生共情，非常打动人。

所以你把自己人生的失败、艰难，以一种非常悲情的方式呈现出来，并且从中展示出你的一些优秀品质，我想这样的故事，没有招生官不爱看，没有招生官不会为之动容。失败不要紧，眼泪也不是耻辱。我经常跟学生讲：每一张坚强的笑脸背后，哪一个不曾是千疮百孔的？写这种悲情故事，关键是看你怎么样去展示，怎么样在细节上做到生动感人。

## ⊚ 3. 挑战的分寸和边界

Reflect on a time when you questioned or challenged a belief or idea. What prompted your thinking? What was the outcome? 回忆你曾经质疑或挑战过的一个信仰或者观念，是什么影响了你的思维？结果又是什么？

这道题，大家在选择的时候要非常谨慎，不是因为这个题目不好写，而是它不容易写好，而且很容易写过了。

具体来说，在我们中国传统文化里长大的孩子，挑战或质疑一个观念的机会本来就不多，顶多是一些由代沟引起的冲突，或者学校里的一些做法引起大家反感等等。我的学生曾经写过他们学校一笔资金的使用问题，这笔资金本来就是他们学生募捐来的，说好用于改善篮球场、足球场的一些设施，但校长似乎更倾向于用在其他事情上，于是这个学生就带着一帮同学和校长勇敢对峙。这个学生在叙述整个事件的时候，我都能感觉到他心潮澎湃，热血沸腾。我想他在写文书的时候应该也是义愤填膺的。他要是带着这样的情绪去写，很容易把这件事情写得极端化，把自己写成了一个愣头青。这样的人，我想没有哪个大学是欢迎的，虽然大学都鼓励大家勇敢地发表自己的想法和意见。所以，在以挑战观点作为主题时，你的分寸把握非常重要。但作为一个中学生，既要把你的挑战精神写出来，又要让人家觉得你并不是个刺头，我觉得这个度很难把握。

确实，这个题目写得好，能突出一个学生的坚强个性，勇敢品质，或者是路见不平一声吼的侠客精神，这是这个题目很诱人的地方。但就像我前面所讲的，拿捏好尺度是写好这个题目的一个关键。假设你本来写的是勇敢，但一旦分寸把握不好，就容易写成了鲁莽。苏格拉底就曾经说过，真正的勇敢并不是一味地去冲锋，而是在适当的情况下能够做出最理智的判断，甚至撤退。

Belief（信念）和 idea（观念），可以理解为大家约定俗成要遵守的东西，是一种社会的习惯力量，个体的力量是很难改变它们的，何况是一个中学生。另外，既然要写这个题目，就必须要写出质疑或挑战的结果（outcome），但我相信这个结果很难是正面的。比如你要改变全民对于环保的意识，这个题目就很大，你很难写出什么实际的结果，很容易给人假大空的感觉。

当然更重要的是学生本身遇到这样的挑战机会并不多，甚至说是没有。你要是硬去编故事，在细节上我相信很难有出彩的地方。所以我建议谨慎选择这道题，除非你真的挑战过一个落伍的观念并且获得成功，而且你真的在这个过程中发挥了很重要的作用。千万别搞得像堂吉诃德一样，摆出一副与天斗、与地斗的姿态，到最后就是闹了一个笑话。

当然，对于这个题目，你也可以运用发散性思维拓展一下写作的边界，比如在日常生活中，你是否做出过一些不符合当下习惯的事情。像在中学时代，男女生之间一般是不讲话的，谁要是主动找异性讲话，别人会觉得他心术不正。但你可能就觉得和异性讲话没有什么，并且，通过和异性交朋友，你得到了一些意想不到的收获。这样的写法也是没有问题的，也算是你挑战了一个不合理的观念。

又比如，父母总是要我们和成绩好的同学做朋友，但你可能就是喜欢和差生一起玩，或者在一个专门为大学生举办的学术活动中，你偏偏要以一个中学生的身份参加，并获得了大家的认可，这些也都可以理解为对某种习惯做法的挑战。

我们这个社会存在很多不合常理的习俗，大家都心照不宣地遵守着，很少有人去质疑为什么要这样做，它们都可以是你挑战的对象。但文书里应该有你的影子，你要详细阐述某个不合理的习俗如何影响了你，你是如何发现它的不合理之处，你做了哪些努力去试图改变它，你的努力带来了什么样的改变，等等。

顺便说一句，现在在很多高级酒店或餐厅里，菜单上都明确规定要消费者支付 15% 的服务费，即小费，基本上很少有人对此提出质疑。但在我看来，小费不是必须要给的。毕竟，小费是什么？是顾客满意、认可服务员的服务而给予他的报酬，顾客要是不满意对方的服务，完全可以选择不给，毕竟他的服务已经由酒店以工资的形式支付了。但现在酒店强行收取小费，就等于不管顾客认不认同他们的服务都得支付这笔费用，这是不是也算一种不合理的规定呢？

当然你不要在文书里写反对小费这个事情，因为即使你认为它不合理，你也没有办法去改变它，更别说有什么正面结果了，所以，你只是写它的不合理之处，就等于没有彻底理解文书题目的要求。

## 4. 感谢黑暗中为你执灯的人

Reflect on something that someone has done for you that has made you happy or thankful in a surprising way. How has this gratitude affected or motivated you? 思考别人曾为你做过的一件事，让你感到意外的同时又心存快乐和感激。这样的感激是如何影响了你，激励了你？

这是 2021 至 2022 年度 Common 申请系统的新文书题目，取代了原来的第 4 题。原来的第 4 题，要求申请者描述一个曾经解决过的问题或者希望解决的问题，它可以是一次智力上的挑战，一次研究探索或者是一次道德上的困境，任何对申请者个人来说非常重要的经历都可以写。作为申请者，你要阐明它对你的重要性，以及你为了解决这个问题采取了哪些办法，或者你觉得可以采取哪些办法去解决这个问题。说实话，原来的第 4 题，我一直都很不喜欢，问题的线条太不单一了，从学术挑战到研究探索到道德困境，最后的落脚点又是解决问题。

好在今年终于换题目了，并且，新的第 4 题，首次把感恩的主题收进来了。感恩的主题，容易引起共鸣，也很有写头。

我们几乎每一个人，在生命中都曾受过别人的帮助，对于这些或大或小的帮助，我们理应都记在心里，充满感激，并以此为基石，力所能及去帮助别人。

我也一直觉得，心怀感恩的人，是幸福的。常怀感恩之心的人，别人的一点举手之劳，都会让他感受到善意和温暖，感受到这个世界的美好。相反，没有感恩之心的人，感受不到这些美好，总觉得这个世界是冰冷的，而且总抱怨别人不够好，觉得全世界都欠他的。

所以，今年 Common 申请系统的第 4 题，大概也是想倡导这样的正能量吧。

但具体到文书写作，这个第 4 题，没有想象中那么好写。

首先，你受过别人的一点帮助，这能不能发展成一篇 650 字的文书？比如，素不相识的热心人在你迷失方向时给你指路，同学帮你解答了一道数学题，朋友在你失意的时候陪了你一个晚上，或是旅行途中一个陌生人帮你提了行礼等等，我们大多数人在生活中都受到过类似的帮助，但要把这些芝麻大点儿的小事，写成一篇 650 字的文书，我觉得有难度。

我所知道的，大部分同学有多年如一日帮助别人的故事，比如很多会帮助山区儿童，但别人多年如一日帮助自己的故事，好像很少。所以说写帮助别人容易，写别人怎么帮助你反而不好写。如果你来自贫困的山区，或是家境贫寒，可能这方面素材会多一些，但在我认识的学生里，好像很少有人有类似的经历。

那我就写别人帮助我一次不就行了吗？当然可以，但你要有把握把别人帮助你的一次经历发展成一篇650字的文书。

最容易发展成650字文书的就是写对父母的感恩，我相信，每一个同学在这个话题上，都有说不完的内容，写个6500字的文书应该都不在话下。

我们的父母，从我们出生的那一刻起，无时无刻不把心拴在我们身上。我们在成长的过程中，有太多的地方要感恩父母。

但这个第4题，有个痛点就是：别人是以一种意想不到的方式（in a surprising way）来帮助你的。也就是说，你在文书中要体现出你被震惊的感觉，即别人对你的这种帮助，是你本来没料到的。

这无疑又给这道文书题增加了难度。

你倒霉了，几个朋友帮帮你很正常，但要是你的敌人带着满满的诚意向你走来，给你排忧解难，这就很出人意料了。可是，生活中，我们有几个同学有这样令人意外的经历？

即使有，甚至是很独特的经历，也完全可以改头换面，套到Common申请系统的第1或第3题里（其实我一直觉得，Common主文书现在的题目，完全没有必要采取7选1，3选1就差不多了）。

所以说，写对父母的感恩，如何体现"surprising"，是要用心思考的。或者是，写父母某一次做的事情让你既感动又意外？也许，这是一个可行的思路。

这个第4题，还有个尾巴，需要你谈谈别人帮助你的经历，是如何影响你或者激励你的。其实，从笔墨的分配来看，这部分应该是文书的重点，因为我相信招生官不是想看到别人如何帮助你，他更想看到的是这样的帮助对你的人生有什么影响，你又是如何在此影响下，回馈社会的。

如果全篇在谈人家是如何帮助你的，我想招生官最后记住的就是那个帮助你的人了，但你在写 Common 主文书的时候，需要牢牢记住一点，那就是 Common 主文书的主角只能是你自己，所有出现的其他人物都是功能性人物、辅助性人物，他们都是为主角而服务的。因此，针对这一题，你的笔墨应该很快从某人帮助你的事情上转而叙述这样的帮助和你的感激带给了你人生什么样的新体验，你又是如何推己及人去回馈社会的。

Common 申请系统曾经有一个题目，要求写一个人对自己的影响，这个题目，很多同学最后都跑题了，因为他们的笔墨侧重于描写影响自己的人是如何地高大上，而不是写他是如何影响到自己的。

其实大家发现没有，今年 Common 主文书第 4 题的小尾巴，即"affect or motivate"（影响或激励）一加，很大程度上决定了最后文书要朝着中规中矩的方向去写了。

简而言之，我不是很建议大家写第 4 题，这个题目看起来很好写，好像有很多素材可以挖掘，但要想写好并不容易。

如果你非要写，或是你的人生中确实有这方面独特的经历，我建议你在表达上好好下功夫，否则很容易写成一篇碎碎念的流水账，或者是沦落为僵硬化的作文模式：平庸老套的故事，加上一个光明口号式的尾巴。

怎么样在娓娓道来中，袒露自己的感恩之心，怎么样在波澜不兴的叙事中，让影响、改变、激励等正能量若隐若现，是我们必须要考虑的一点，以抵消这种题材的沉闷感。

## 5. 青春最大的意义是成长

Discuss an accomplishment, event, or realization that sparked a period of personal growth and a new understanding of yourself or others. 请论述某一次成就、事件或领悟，它激发了你人生某个阶段的成长，并让你对自己或者是他人有了全新的理解。

这是Common申请系统里最早的文书题目之一，但最初的选词没有用"personal growth"（个人成长），而是让你描述一件事情，标志着你从童年（boyhood）过渡到成年（adulthood）。

这道题目有关自我觉醒（self-awareness），即你意识到某项成就、某件事情，或者是某种领悟，让你突然长大了，并让你对世界和自己有了更新的认识。

每一个人的成长，不论是身体或者思想上的成长，都不可能是一蹴而就的，而是由很多点点滴滴的小事累积而成的，最后达成从量变到质变的飞跃。在这些点点滴滴的小事中，总有那么几件会让我们记忆深刻，难以忘怀，甚至对我们原来的一些思想观念，或是人生观和世界观产生了巨大的冲击，进而引发我们的思考，让我们的思想上升到一个新的高度。我想每个人的生命中都有这样的事情，都有这样的时刻，关键在于你是否能够进行深度的挖掘，这一点很重要。

不要总想着那些宏大的事件，那些人生中的辉煌成就，多想想那些平凡的事情吧。比如替父母做一次饭，或者是去做几次 baby sitter（临时照看小孩的人），在厨房的油烟中，在小孩哭闹不停让你手足无措的瞬间，你会对为人父母的艰辛多一份理解。或是父亲偶尔掉下的一滴眼泪，让你意识到你的岁月静好，是因为有人替你负重前行。

一次友谊的背叛，一次痛心的失恋，家庭变故，亲人离世，这些都是我们成长的催化剂。所以，成长是一件件事情磨出来的。

一次支教的经历，也许让你意识到很多人虽然生活在同一片土地上，却不是在同一个世界里。一次难忘的异国他乡的旅行，也许会让你感受到无论山高路远，人性又是如何地息息相通。

总之，回望你的过去，回望那些触动你的时刻，哪怕是一件微不足道的小事，诸如火车上一个陌生人的微笑，朋友在你伤心欲绝时的一个拥抱，都可能成为这道题目的素材。

看我公众号的朋友应该知道我曾讲过一个我学生的故事，一个姐姐和她的双胞胎弟弟的故事。她上高二的时候，爸爸妈妈给她生了一对双胞胎弟弟。在文书的开头，爸爸问她："闺女，圣诞要到了，你要什么礼物？"女孩说："我不知道。"爸爸就说："我给你送一个弟弟呢？"女孩说："不可能。"爸爸又说："那送两个呢？"文书就以这个对话开头，然后她看到妈妈的肚子，不管她喜不喜欢，变得越来越大，最后这两个弟弟出生了。文书中讲到弟弟刚生下来带回家的时候，她觉得他们两个就像两只小猴子一样，她并不喜欢。她很难接受这个事实。她的同学也跟她开玩笑说，你长大之后跟他们站在一起，别人会说他们是你弟弟呢，还是你儿子呢？她觉得这是一种耻辱。但后来她慢慢觉得这两个弟弟给她们家带来了很多她意想不到的东西，许多自己的成长记忆都跟弟弟有关，所以她开始欣然接受两个弟弟，突然反应过来爸爸当年送给她的圣诞礼物是多么地珍贵，并且是买一送一，文书就以这句话结尾，显得很俏皮。

我记得一个录取到宾大的学生，他写自己从小和邻居的小孩暗地里竞争，他们两个在学习上不分上下，都将彼此视为竞争对手。当时他觉得这是个压力，也是个负担。但这么多年下来，他慢慢意识到，如果当初没有这样一个竞争对手，他就不可能有今天的成绩。所以他觉得世界上真正帮助自己成长的往往不是朋友，而是自己心里所认为的对手。事实上在生活中确实是这样子的，我们常说一个人要成功必须要有朋友，但要获得巨大的成功，就必须要有敌人。

还有很多类似的故事，一些看似平凡的小事，让作者最后有了一个不同以往的认识，这种认识在某种程度上就标志着他的成熟。我和学生讲过一只"卷毛狗"的故事，一个小姑娘在 12 岁的时候头发突然就变卷了，她在文书中描述自己这么多年来做了很多事情想把头发弄直，包括请教专家、天天吃蔬菜等等。最后她无意中得知，十万个亚洲人里只有一个是自然卷，她突然就醒悟过来了，开始欣然接受自己的卷发，并且觉得这卷发其实是上天的一个恩赐。文书的结尾引用了培根的一句话，"世上没有完美，大美之物，必有奇异之处"。这种接纳，也是一种成长，一种心理上的成熟。

但是我要提醒大家，在写这一类故事的时候，你的笔墨分配很重要，你不能从头到尾都在讲故事，你得留一定的笔墨来描写你在这件事情后有了一个怎样全新的认识，这样的认识让你的世界观和人生观又发生了哪些变化。

因为是成长类的题材，你必须要交代到底是什么让你成长，并且，你需要运用足够的笔墨来描述这件事是如何让你成长的，这种成长的本质又是什么。如果没有对成长进行深入挖掘，那纯粹就是一篇讲故事的文书。虽然我们平时会说从故事的字里行间能看出成长，但这道题的第一个词就是"discuss"，说明你得花笔墨来讨论你的成长。

我们可以让主题在字里行间若隐若现，但有时候，我们必须要把主题从字里行间拧出来，掰开揉碎，大白于天下。

## 6. 唯有热爱，可抵岁月漫长

Describe a topic, idea or concept you find so engaging that it makes you lose all track of time. Why does it captivate you? What or who do you turn to when you want to learn more? 描述一个话题、观念或者是理念，你发现它是如此引人入胜，以至于你忘记了时间。为什么它能吸引你？当你想要深入了解的时候，你会从哪里着手或者是寻求谁的帮助？

这是一个有关热爱的文书题目，要求表达你对任何话题、观点或是理念充满热爱之情。当然，也可以把这个文书题目理解为你为什么对某样事物有着浓厚且持久的兴趣。

这道题如果你想偷懒，你可以当作大学补充文书中经常有的 why major 话题来写，反正你总是要写 why major 文书的。但这里有个问题，如果你在 Common 主文书和 why major 文书里谈你对同一个东西感兴趣，那这两篇文书多少会有一些重叠的地方。

从理论上来讲，你的 Common 主文书尽量不要和补充文书有重叠的地方，但也不是说这样做完全不可以，比如你可以在 Common 主文书里写你对物理学感兴趣，而在补充文书里写你为什么对特定大学的物理学专业感兴趣，这两篇文书的侧重点是不一样的。

这个题目要分几个层面来写，首先要明确你的兴趣点，同时注意题目里的"why"和"captivate"（使入迷）这两个核心词，说明你要阐明你为什么对某样事物感兴趣，最后这个题目里也问到了，如果你要对这个兴趣深入研究下去，你会怎么做，你又会求助于谁？如果把这三个层次都表述清楚了，我想切题这一块儿肯定是没问题，但整篇文书应该会比较沉闷。

当然你可能会想，这上面不是讲了，说我可以描述一个 topic（话题），我可以写我对某个 topic 感兴趣，比如全球变暖、朝鲜的核导弹危机等，这里面有大把的现成材料可以借用。你这样想没错，但问题是后面两个层次的内容你要怎么表现，比如说朝鲜的核导弹危机，你要写你为什么对它感兴趣，我想这个话题让你写上 200 字，恐怕都不是那么容易的。还有题目也问到了，你打算怎么深入研究这个问题？你要寻求什么样的帮助？这个层次的内容，我想对很多学生来讲就更不容易写出来了。即使能挤出来一点儿内容，整篇文书最后流于肤浅和假大空的可能性还是比较大的，也有可能就写成了一篇时事评论文，从而使得你自己沦为这个话题的配角。

如果你真要选这道题目，你就必须跳出思维定势，可以将题目里的"topic"和"concept"（概念）具象化。比如，写你对物理学感兴趣，你可以从星星入手，从描述自己小时候凝视星星和数星星开始，到中学时代对天文物理学的探索，对宇宙浩瀚的敬畏和研究，你把星星作为一个 topic，写你对它们着迷，写它们激发了你在天文学上的兴趣。

按照这个思路下去，生活中很多东西都可以写了，而不会囿于 why major 的困扰。比如，你选择的是天文物理学专业，你在补充文书里可以写你对这个专业的兴趣，而这篇 Common 主文书完全可以写你对中国美食的兴趣，这和你要报考的专业并不矛盾。我有个录取到宾大的学生，她报考的是国际关系专业，但在主文书里写她对舞台表演的热爱，二者并不相连。并不是说你报了某个专业，你在主文书里一遇到写兴趣类的话题，就必须要写对这个专业的兴趣。

写你对小鸡过马路的兴趣，写你观察红绿灯的兴趣，写你用一把手术刀解剖鸡翅的兴趣，写你看尘土飞扬的工地的兴趣，这些都可以放到这个文书题目里来写。

当然，这个题目后面有个小尾巴，问你在探索这些兴趣的时候遇到困难会找谁或寻求什么途径获得帮助。那就如实写吧，从网络上，从专业期刊里，从你的老师那里，这些都可以是你寻求帮助的渠道。

我不得不再次提醒各位，这个文书题目要写得精彩，关键还是看细节，可能你感兴趣的东西，前面已经有成千上万的申请者都写过了，所以你的与众不同，只能是靠细节来体现。当你描述你沉醉于中国美食的时候，你要是能把美食的色香味展示得淋漓尽致，把你对美食的感受"端"到招生官面前让他垂涎欲滴，那你这篇文书就已经成功了大半。

## 7. 原谅我一生放荡不羁爱自由

Share an essay on any topic of your choice. It can be one you've already written, one that responds to a different prompt, or one of your own design. 分享一个你自选的话题，这个话题可以是你之前已经写过的，或是你针对其他问题的回应，或者是你自创的问题。

这道题在最早的 Common 申请系统里就出现过，只是中间有几年被废弃不用，但这几年又重出江湖，作为 Common 申请系统 7 道文书题的最后一道。

我想 Common 申请系统之所以这么做，大概也是考虑到前面的 6 个题目有些申请者可能都不想写，既然这样，那就干脆给你一个自由命题，让你自由发挥，你爱写什么就写什么。

针对这个自由命题，你可以自己设计一个问题（即essay prompt），然后再针对这个问题进行回答。因为是自己提出的问题，所以你的问题本身要有一定的创意，这样才能够进行有深度的回答。这也意味着针对第 7 题，对问题本身的思考和设计就变得非常重要了。

我相信有的同学可能会图省事，问一些泛泛而谈的问题，这样做确实很省事，但风险也很大。比如托福独立写作那一块儿，以前是有 185 篇类似的问题，你可能为了方便，直接拿过来然后回答，我想你这样的偷懒招术招生官也一定能看出来。比如有的学生直接问这样的一个问题：你觉得网络带给人们的利和弊哪个更大？这个问题很好回答，也是个老生常谈的问题，在网络上可以搜索到一堆的相关文章，但是你如果要设计成文书题目来回答，你觉得招生官从中能看出你的什么个性？能看出你的什么品质？这种问题能体现出你的深度思考吗？我认为恐怕很难。当然，我知道大家不至于在申请文书这么重要的事情上，问上面这种肤浅老套的问题，我只是建议大家，多花点儿时间来设计你的问题，因为它决定了你写作的内容和方向。当然，你也可以先把文书写出来，再根据文书的内容来设计问题。

更为愚蠢而危险的做法是，找到自己以前写过的一篇自认为还可以的文章，然后给它加上个标题，就直接当 Common 主文书使用了。甚至是别人写过的一篇文章，你稍微改头换面一下，就直接提交了。你要明白一件事情，你是否在投机取巧，招生官是一眼就能看出来的。

不管怎样，你的问题和文书都要围绕一个核心，即如何展现你的独特个性。你写互联网的弊端，写全球变暖，写伊拉克战局，是看不出你的影子的，更何况网上类似的文章不计其数，很容易让人觉得你是在糊弄。如果你想使这篇文书的真实性更高，更具有可读性，那么我想你的深度思考也要基于你的日常生活，否则它就变成一篇学术论文了。

假设，你非常喜欢哲学，你要谈一个哲学话题，你可以讲两千多年前，前苏格拉底时代有个哲学家叫泰勒斯，他整天观察星象，有一天他走在街上的时候，正抬头看天，一不小心掉到臭水沟里，被人救起来后，大家就嘲笑他，说他整天看天上的东西，忘记了脚下的东西。两千多年后，黑格尔听说这个故事，他就替泰勒斯辩护说："一个民族有一些关注天空的人，他们才有希望；一个民族只关注脚下的事情，注定是没有未来的。"你可以在文书里谈论这个话题，但是你一定要结合自己的亲身感受和现实生活中的经历，来理解黑格尔这句话的含义。其实，黑格尔本来的意思是说一个民族，必须要有崇高的目标，这个崇高的目标可以对一个民族的思想和行为起到激励作用。这个时候，你可以接过黑格尔的话，用你生活中的例子，来证明黑格尔的观点。还是那句话，无论你谈论什么话题，最后的落脚点必须是你自己。

针对那些创意十足的学生，我觉得第 7 题也许是个不错的选择。如果你喜欢历史，你可以选择和一个历史人物进行对话，在对话中，你可以展示你的历史底蕴和深度思考，或者，作为一个钢琴爱好者，你可以把你的个性和那些世界经典名曲建立联系，或者把你人生的不同阶段比作那些气势磅礴或是如泣如诉的旋律，借以讲述你的人生故事等等。按照这个思路想下去，你总会在浩如烟海的文学作品或绘画中找到写作的对象，它们可以代表你的个性、经历、思考，以及远大的抱负。

或者，如果你是个诗歌爱好者，那把这篇主文书写成一首叙事长诗，也是一个大胆且让人耳目一新的尝试。

但要注意，你不能写得太过于学究，你要知道招生官不是百事通，你的文书不能是论文，你要以普通人可以理解的方式来组织文章，遣词造句。不管是写诗歌、绘画、钢琴或是历史，一切过于专业化的字眼都应该避免。从这个意义上讲，你应该是个科普作家，而不是个科学家。

其实，对绝大部分申请者来说，我还是不太建议选第 7 题写，因为前面的 6 个题目应该已经涵盖了招生官最想看到的关于申请人的一些信息，而且如果非要自己设计一个问题来自问自答，万一问题设计得不好，回答也不那么精妙，就达不到理想的效果。所以我建议不到万不得已，最好不要选择第 7 题。

毕竟，当你选择第 7 题的时候，招生官已经在心里默认期望看到一篇个性十足、独树一帜的文书，因为他们知道，选择第 7 题的申请者应该有点儿另类。你的文书要是做不到让他们乘兴而来，满意而归，至少也不能让他们大失所望。

总之，Common 主文书的 7 道题目，都是在帮助大学全方位考察一个申请者，考察他到底是一个什么样的人，身上有哪些鲜活的个性。虽然大多数人可能都拥有某种共同性，但我相信这个世界上没有两个一模一样的人，也不会有一模一样的成长经历。所以在写Common 主文书前，我非常希望同学们多花点时间对自己的人生进行深度的挖掘，能够在顾问老师的启发下对自己有一个更加清晰的认识，找到自己身上的独特点、闪光点，并把它们以一种生动活泼的形式展示给招生官，我想这样的文书一定会为你的大学申请锦上添花。

第五章
/
美本文书面面谈

● ● ●

这一章

主要还是谈 Common 主文书的写作

但也涉及到其他方面的内容

我会以拉家常的方式

和大家分享

我对文书写作的感悟

### ⟳ 1. 一篇出彩的文书，很难成为一篇出彩的文章

20 年来，我帮学生润色过的美本申请文书，大大小小没一万篇，也有大几千了。在我润色出来的这么多文书中，说实话，很少有我感觉非常满意的，包括我公众号里随手贴出来的几篇文书，它们都看上去还不错，但其实，从写文章的角度来讲，都不怎么出彩。

事实上，以文章的标准来看，绝大部分被藤校录取的文书，很难说达到了出彩的程度。

我在很多场合讲过这个问题，一篇出彩的文书，和一篇出彩的文章，完全是两码事。偶尔，有家长会就我改过的文书提出一些看法，去年还有个家长从心理学的角度，对他女儿的申请文书提出一些意见，但统统被我否定了。

我说你们都是在讲怎么写文章，而我们现在谈的是怎么写文书。

不可否认，文书和文章，它们都要遵守很多不成文的规则，但在很多方面，构成好文书和好文章的一些要素，存在着本质矛盾。

比如，Common 主文书，字数限制是 650 字，你多一个字都传不上申请系统，你要在这个字数限制下讲你是个什么样的人，你的宝贵品质，你独特的人生经历，你对生命的感悟等等。可能你要展示的人生经历纷繁杂芜，但严格的字数

限制导致你必须采取一种非常直白的行文方式，删繁就简，切忌拖泥带水，欲说还休。

换句话说，因为字数限制，主文书必须讲究直白，讲究开门见山，讲究一个主题从头到尾，一路狂奔到底。

你在写文书的时候，也必须要考虑招生官的感受，其实他并没有把你的文书当作一篇小说来读。难道，你还指望他花几个小时来认真研读你的文书？还指望他在疑惑之处，仔细把玩一番？他就是要在两三分钟内通过这几百个字，大概了解你是个什么样的人，所以，你大可直奔主题，把你要谈的东西表达清楚，你的目的就达到了。很多时候，这种白开水一样平铺直叙的文书，可能就是一篇很好的文书，虽然它不一定是一篇好的文章。

如果写得太直白，招生官会不会看个开头就知道结尾了？这个不是你要顾虑的，如果让招生官看得明明白白，你的目的就达到了。你的文书只是个载体，通过这个载体，让招生官认识你，如果你在载体本身上花费太多的功夫，精雕细琢，玩弄写作技巧，就有点本末倒置了。

但如果是一篇小说，你写个开头就让人家猜到了结尾，那这篇小说就太失败了。再说，一开始就让人一览无遗，读者也就没有兴趣读下去了。就像看电影，好人坏人，观众一眼就看穿了，这部电影也就没有什么看头了。我小时候看的电影，好人和坏人在电影一开场确实是能一眼就看出来的，但中国这些年拍电影的水平有长足的进步了，是好人还是坏人，往往要剧情过了大半观众才大约心中有数。

文书讲究直白，一步到位，但文章，包括小说也好，电影剧本也好，讲究曲径通幽，一波三折。

别人读你写的小说，疑虑重重，双眉紧蹙，说明你写得精彩，你的悬念设置得巧妙，但要是招生官在读你的文书时，也是满脑子问号，双眉紧蹙，还百思不得其解，那十有八九，你的文书就要被"毙"了，至少，你写的文书，没有考虑繁忙的招生官大人的阅读感受。

因此，在写作文书时，尽量多安排一些路牌，将招生官引领到你的方向，并且，最好在这个过程中，安排一些板凳，让招生官可以时不时坐下来休息。这些路牌和板凳，不仅可以保证招生官在阅读时保持轻松愉快的心情，还有助于他直接领会你的目的和内心。

但文章，特别是小说，要尽量少设置路牌和板凳，好让情节扑朔迷离，让读者堕云雾中，或者，设置一些方向模糊的路牌，甚至是具有误导性的路牌，让读者做出相反的推测，以增加读者的代入感，让他们开动思维，在设置好的崇山峻岭里左冲右突，这样的阅读体验才够惊心动魄。

比如，同样是写主角今晚上演复仇大计，在文书里，你应该直接写他在店里买了一把刀，这就可以了，因为你的重点是描写复仇的实施过程，但在小说里，如果你写他买了一把刀，读者大概就猜到他要图谋不轨，那就没有看头了。

对此，好莱坞的电影，大约是这样拍的：男主去商场买东西，他彬彬有礼，和周边的人微笑致意，此时他的购物车里已经装满了生活用品，他走到厨房用品区，挑了一口精美的锅，顺手拿了一把菜刀丢进购物车里，然后微笑着走向收银台。

那把菜刀，导演故意没有给它一个特写镜头，因为导演不想让你预感到男主接下来要复仇，这样当他真的复仇了，你才会被震惊到，当然，复仇之后，可能会来个沾满鲜血的菜刀的特写，这一幕也就算拍完了。

而对一篇只有 650 字的讲复仇的文书来说，这些描述男主在商场里的琐碎情节，是完全不能接受的，他只能拿着刀，上来就和仇人相见。当然，我们写的文书里一般也不会出现这种内容。

疫情期间我去吃麦当劳，走到店门口才发现它关门了。如果要在文书里写这件事情，那就直接写我来到麦当劳门口时发现它关门了，然后写它是因为疫情而关门就好了。但如果是一篇文章，你大可以写你来到门口之前的所见所闻，比如，马路上行人稀少，停车场空无一人，甚至可以借鉴马致远"枯藤老树昏鸦，小桥流水人家"的渲染手法。因为你要创造一种萧条的意境，好把读者拉入这惨淡的现实。

当然，尽管一篇好的文章，和一篇好的文书，它们有很多难以调和的矛盾，但只要是表达，是叙述，都离不开一些共性的东西。

比如，合理的行文逻辑，明确的主题，鲜明突出的人物性格，始终如一的语言风格，包括不能有逻辑上的漏洞等等，这些都是确保叙述能够引人入胜、直击人心的必要条件。

文书中的逻辑漏洞，和文章的逻辑漏洞一样，是非常让人倒胃口的。我曾有个学生，写宿舍里 6 个人是如何相处的，可她第一稿写到最后变成了 5 个人，莫名其妙地少了 1 个人，把一篇好端端的文书活生生地写成了惊悚小说。我现在想想，都有点儿瘆得慌。

比如大家都知道影视剧里的故事情节一般都是虚构的，即使这样，它要是出现情节漏洞，还是会让观众觉得自己被当猴儿耍了。尤其是一些穿帮镜头，让人啼笑皆非。

在张艺谋的《英雄》里，梁朝伟和张曼玉扮演的情侣刺客，正大步流星地往前走，在阿伟的脚下，赫然出现一部对讲机。雍正帝训斥贪官污吏时，讲到动情处，大手一挥，露出了手腕上的卡西欧电子表。还有某部古装电影，一个家伙被人锁了 10 年，终于有人来救他了，施救者大喊一声：大哥，我来救你啦。就在他挥剑劈锁那一刻，导演给这把锁来了一个特写镜头，观众仔细一看，这锁根本就没有锁上嘛，但那人愣是被锁了10年也没有看出来。还有疫情期间，有一篇关于医护人员奔赴一线的报道，说一个女护士，一大早4点起床，撇下刚出生20天的双胞胎儿子，去4个小时车程之外的一家医院上班，丈夫送完她后，又开了4个小时的车回到家里。这个时候，双胞胎儿子也睡醒了，用稚嫩的声音问爸爸：妈妈去哪里了？爸爸哄他们说：妈妈出去给你们买棒棒糖啦。

我相信这个故事本来是真的，大约是记者写稿子写激动了，干脆自作主张来了段天真的儿语，以增加故事的饱满度。但没有想到，写得太满了，然后就直接漏气了。

当然，如果作为小说的开头，我觉得这样写没有问题，甚至有点悬疑，最后可能发现原来这个女护士还有另外一对7岁多的双胞胎，这也许还可以发展成一篇不错的悬疑小说，或者是描写普通人艰难处境的现实主义小说呢。

前年春节，因为要给学生上小说阅读课，我把《追风筝的人》的中文版和英文版一段一段地对照着看，这是我许多年前很喜欢干的一件事。李继宏的翻译很好，有的地方意译得也很出彩，但大约时间仓促，中间个别地方的翻译值得商榷。

但这本小说本身，有一个很大的情节漏洞，至少是让我比较纳闷的地方，阿米尔少爷他们家本来在喀布尔是大户人家，根据书中的描述，住的是全喀布尔最大的房子，至少是之一吧，父亲的毛毯生意一直财源滚滚，为什么父子二人到了美国后，就沦落到去跳蚤市场摆摊谋生呢？

即便是小说情节的需要，你故意想让读者产生疑惑，但最后，你还是要把这个疑惑 clear away（扫除），否则，这也算是一种情节漏洞。好莱坞的电影，有些人物的结局故意不交代，那是人家留着以后拍续集呢。文学作品里的情节漏洞让人倒胃口，但文书里的情节漏洞，很可能让招生官怀疑你的故事是胡编乱造的。招生官很生气，后果很严重。

另外，文章要足够吸引人，但文书首先还是要看你思想的表达，你个性的展示，这也导致了二者写作方法的巨大不同。一篇650字的主文书，你首先要考虑能否通过叙述让招生官对你作为一个鲜活的人留下正面印象，而不是考虑文书本身的写作技巧是否娴熟，故事是否跌宕起伏，情节是否感人肺腑。

说到感人肺腑，好的艺术作品，在让我们潜然泪下之前，已经做了大量的铺垫。作者通过这样的铺垫，调动我们的情绪，然后在高潮处使出杀手锏，让我们的泪水夺眶而出。可以说，没有铺垫，就很难产生泪点。那种上来就哭兮兮的戏，观众是很难产生共鸣的，所以你看很多电视剧，女主呼天抢地，观众一脸漠然，就是因为铺垫不够，不足以把观众推到眼泪的边缘。但一篇650字的文书，你没有办法在铺垫上浪费太多笔墨，因此，要想通过一篇文书让招生官泪水涟涟，恐怕不是一件容易的事。

2021年我看了一部小众电影叫《波斯语课》，推荐大家去看看。二战期间，犹太人吉尔斯被送往一所德国集中营，在即将被处决的时候，他谎称自己是波斯人，而德国军官科赫正好要学习波斯语，于是他侥幸逃命，做了德国军官的波斯语老师。但问题是，对波斯语一窍不通的吉尔斯，只能靠编造波斯语单词求生。最后，在德国军官的办公室，他利用军官办公桌上被枪决的犹太人名单，按照一定的规则，把这些犹太人的名字编成了波斯语单词教给德国军官。后来苏联红军攻占了德国，在他出庭作证时，苏联人问他是否记得几个被枪杀的犹太人的名字，吉尔斯情绪失控，一口气背出了一千多个被屠杀的犹太人的名字（其实就是他编造的波斯语单词的词根）。那一刻，观众的眼泪夺眶而出，为电影里吉尔斯朝不保夕的处境，也为整个犹太人在二战期间的悲惨命运。

但是，在观众的眼泪一泻千里之前，电影已经做了两个小时的铺垫。

总之，文章有文章的写法，文书有文书的讲究，二者有些地方暗通款曲，但很多地方迥然不同，一味地以文章的标准来看一篇文书，最终只能大失所望，一声叹息。

最后我想说的是，虽然美本录取中，文书的分量很重，但一所大学最后是否录取你，它考虑的因素有很多，文书只是其中之一而已。有的时候，你就是运气差一点儿，甚至，你可能比绝大部分被这个学校录取的申请者还优秀，但它就是没有要你。

你要问这到底是什么原因呢，我只能告诉你，这世上，不是每一个不可思议，你都能找到来龙去脉，但它们一定存在。

## ◎ 2. 你是在写美本申请文书，不是在写微型小说

我们的文化有个特点，就是喜欢一哄而上。十几年来，在美本这个圈子里也是如此。

从十几年前开始到现在，大家一哄而上考 SAT，一哄而上学 AP 课程，一哄而上参加花样百出的课外活动，一哄而上跟着常春藤导师搞五花八门的科研，一哄而上绞尽脑汁地搞文书创意。

不是说上面这些不重要，而是我一直强调，"爬藤"路上，没有一个放之四海而皆准的公式可以套用到每一个申请者身上，也不是说别人做什么你就必须要跟着做什么。

现在大家都知道美本文书对申请的重要性，也知道美本文书创意以及和顾问

老师头脑风暴的重要性，但因为知道它的重要性了，所以就总想着在这里面搞点惊天动地的东西出来，总想能语不惊人死不休。所以，大家一哄而上，催生了各种文书创意工作坊，各种教学生怎么写文书的公众号和速成班，在这样紧张的气氛下，申请者本人在文书创意这个事情上很难不走火入魔。

不是说你不要做这些，而是，凡事都存在个度。

美本文书是什么？就是一篇不限题材的自我展示文章，就是讲个故事，讲个关于你的故事，并且，这个故事的阅读对象就是招生官一个人。招生官就是想通过这篇文书，大概了解你是个什么样的人，或者了解你的某一个方面。

招生官也非常清楚，你是一个在和平年代出生和成长的刚满 18 岁的孩子，你有你的平凡之处，也有你与众不同的某种特质，就像你手中的树叶和别人手中的树叶，看上去有很多相似之处，但它们总会有一些纹路和质地上的区别，因为它们有不同的来源，经历过不同的风霜雨露。

就像你写你的特点是乐观，这个特点，肯定别人也会写，但你的乐观呈现的方式和别人会有区别，展现你乐观的事例和别人的不一样，造就你乐观的后天原因和别人的迥异，那同样写乐观的文书，可能最后的成品也会大相径庭。

现在很多同学在文书创意这一块儿走向了一个极端，他们总是想挖掘出一个前无古人，后无来者的主题，总想在自己平凡的人生经历里挖掘出一个亮瞎别人双眼的创意，并且，在呈现方式上，总想出奇招怪招，比如将一个原本完整的故事揉碎在不同的场景下叙述，或者本来是一个单线条的故事，非要琢磨着怎么以多线条方式分别展开，然后再想方设法合并线条，甚至，想着怎么层层设置悬念，最后给读者出其不意的一击。

不是说不可以这么写，而是说绝大部分申请者不适合这么写。文书就是述说，平铺直叙的述说就很好。你不是在向招生官炫耀你的写作技巧，也不是在向招生官展示你高雅的用词和驾驭复杂语法结构的能力，你首先要考虑的是，该怎么样让招生官一眼看清楚你想讲什么，以节约招生官大人的宝贵时间（所以，大家看我改的文书，大量分段，并且，核心的东西，哪怕就是一句话，甚至就一个字，我都会独立成段）。为什么不好好讲话，非要讲得拐弯抹角，云山雾罩，把人家招生官讲得一头雾水、屏气凝神的呢？

我的 20 年文书工作经验告诉我，试图挖掘出惊天动地的创意，毫无必要，也不现实。因为我们绝大部分申请者的生活轨迹基本相同，生命中本来就缺少那些令人惊叹不已的故事，缺少可以让文书血肉丰满的素材库，或者说，我们的人生，以及主文书 650 字的限制决定了我们没有办法让一篇文书可以达到惊天地、泣鬼神的效果。

每年总有学生想着要惊天地、泣鬼神，所以对文书的创意怎么看都不称心如意，当然也可能因为讲的是自己的故事，所以他熟视无睹，近而不逊，而其实，在一个对他还完全不了解的招生官看来，他的人生故事有可能是新鲜活泼的。

还有学生因为不称心如意，就琢磨文书的毛病。我每年都能碰到一两个因此很纠结的学生，总是在不停地否定自己的文书。要是写的是活动，他们担心那就是简单的叙述，嫌不够空灵；要是写的是追寻生命的意义之类的空灵文章，他们又嫌不够具体，觉得太虚；要是写的是某年某月的一件小事情带来的反思，他们觉得不够全面，但写自己全面的成长经历，又觉得是大杂烩。总之，到最后他们自己也不知道什么样的文书才是好文书。

去年有个孩子的文书是我润色的，完稿后，她拿给另外一家机构看（她之前找了一家机构，然后在申请季又找到我们。好像同时签约两家机构的学生不在少数，但其实毫无必要，而且费钱），那家机构给她安排的导师是某藤校教授，他就我改出来的文书提出一堆意见。我仔细看了后，觉得无法接受。我对这个学生说，别跟我提意见了，莫言的文章你让我提意见，我也能一口气提出几十条，你就请那个教授拿出他的一稿吧。那个教授也很耐心，还真写了一稿出来，然后拿给我看，风格和我的完全不一样。我不置可否，直接对那个学生讲：你自己根据你的喜好来决定提交哪个版本吧。孩子说喜欢我的版本，但人家教授说了我的不行，孩子就很纠结。这个时候，她的妈妈一锤定音：就用张老师的吧，我也不懂什么文书，但感觉张老师人靠谱点儿。当然，她最后也是 ED 录取了。

你看，干我们这行多么不容易啊，不仅人得有点专业实力，还得要让人家感觉你是个靠谱的人。

这些年，我所做的文书创意，就是以申请者的人生经历和性格特点作为原料，相应地采取不同的方式进行加工。打个比方，你的原料是豆腐，我的加工方式不会用先大火炖 18 个小时，再小火炖 36 个小时，而就配点葱花、生抽，让人吃了觉得口感很好。做一块豆腐，要是调动满汉全席的烹制方法，那做出来的还是豆腐吗？

有一年，我的学生 ED 申请排名前 20 的大学全部录取。他们的文书，主题都很普通，有的写自己一双手的悲惨命运，永远不停歇地做实验，有的写自己从害怕出丑到勇敢出丑的故事，有的写自己的好奇心，还有的干脆就写自己普普通通的生活。虽然看起来普通，但他们照样都被排名前 20 的学校录取了。

去年我修改的主文书，有写自己怎么克服噪音的，有写自己怎么从一个喜欢 fantasy（幻想）的孩子变成了既能仰望星空，又能脚踏实地的人，有的写自己减肥的故事（不要觉得老套，这个话题可以反复写，关键看你怎么写），有的写自己对天文学的热爱，还有写研究上海道路的，写和弟弟怎么相处的，写喜欢研究事物复杂性的，喜欢人文阅读的等等。所有这些，都是中国学生的日常，他们的喜怒哀乐，他们的兴趣爱好，他们在青春期的纠结彷徨，以及在历经 tormented life（生活磨难）之后的成长。

所以，我一直说，没有什么创意一定就是好的，也没有什么主题就一定是不好的，说一千道一万，还是看你怎么去写，怎么去展现。

最后还是要给大家一个建议，不要用猎奇的心态去处理你的文书创意，因为你不是在写小说，也不是在给《故事会》供稿，你就写你熟悉的，写你日常的生活。与其把时间浪费在挖掘惊天动地的文书创意上，还不如好好琢磨，你到底要怎么样一句一句、一段一段地去展示你平平常常的故事、普普通通的人生。

请相信，一只上好的鲍鱼，它做出来的味道到底如何，很大程度上还是取决于厨师的烹饪技巧。

## ◎ 3. 美本文书的举重若轻

很多学生的文书，本来是有故事、有素材的，但常常因为笔墨分配的本末倒置，以及写作的角度问题，导致本应该是一篇让人感动的文书，却充斥着炫耀和刻意展示的痕迹。

比如，写自己历经磨难的故事当然可行，但很多同学在故事的结尾，总忘不了要升华一下，细数自己从这个苦难故事中，得到了什么样的启发，并且，还是大段大段的启发。

很多时候，这种升华有点画蛇添足，有点牵强附会，甚至，从故事中得出的某些启发很突兀，如果这样，那还不如直接讲个故事，剩下的，交给招生官自己去感受。

我一直觉得，文书需要能激发出招生官的某些感受，但这些感受，是通过层层展开的故事和平铺直叙的叙述达到的，而不是依赖结尾处的刻意升华。

有的时候，顺着故事的脉络，我们可以顺理成章地促成升华，但如果放弃这样的升华，而以一种意想不到的方式结束全文，也会是一种非常让人惊喜的行文方式。

前段时间，有一部很火的国产片叫《中国机长》，讲的是川航 3U8633 航班在由重庆飞往拉萨的途中，遭遇极端险情，机长刘长健和机组成员在万米高空上，临危不乱，凭着坚强的毅力和勇气，最终将航班安全迫降成都，成功挽救了机上 119 名乘客和全部机组人员的生命。

当飞机在成都双流机场停稳后，机长拿起对讲机讲的一段话，让我一下子热泪盈眶。

飞机迫降成功，机长刘长健功不可没，但他这个时候却说：

亲爱的 8633 航班的旅客，我是本次航班机长刘长健，我对没能把你们安全准时地送到拉萨表示非常地抱歉，也感谢你们在本次航行过程中给予我们的配合。

本来，乘客们有一万个感谢要对他说，他却很认真地说了声抱歉。

如果我们把《中国机长》看作一篇美本申请文书，这样的结尾，要比机长说自己当初是如何想着拯救 119 条生命、119 个家庭，甚至还引用点名人名言，更加令人感动，一种猝不及防的感动。

就像有些人家里有矿，但相亲的时候闭口不谈钱，这就是低调的奢华。

我前几天看到一则新闻，报道江西的一个志愿者奋不顾身抢救洪灾中的儿童，一连抢救了好几个落水儿童后，因为过度疲劳，瘫倒在大坝上。醒来后，他听说最终还是有一个儿童被洪水冲走了，他一下子伤心地哭了起来：

都是我不好，我非常抱歉，我没有做好。

这也叫举重若轻。

想过没有，如果这个志愿者滔滔不绝地讲上一段当时自己怎么想的，比如说因为自己是个人民志愿者，面对人民群众的安危不能见死不救等等，就远远不如那一句带着愧疚的抱歉更打动人心。

在美本文书中，你不是不可以写你的光辉事迹和伟大成就，但你的笔墨用力要有分寸，不要让人觉得有自我陶醉之嫌。当然，你如果能写出上面那种举重若轻的味道，我觉得要比你站在一个高度来进行反思更加容易让招生官接受，也更容易打动招生官。

很多申请者觉得一篇文书不进行深刻反思，好像就不能显示出自己的思想深度，我讲过一万遍了，文书无定论，不是所有的文书都要来上一段反思的。

奥斯卡经典影片《辛德勒的名单》，这部长达 3 个小时的电影，我看了好几遍，每次都是一口气看完。

看过这部电影的人应该都记得影片中那个红衣小女孩，在这部黑白影片中一共出现了两次。一次是辛德勒在高处俯瞰着犹太人被赶往集中区，小女孩在人群中淡定地走着，因为她不知道正发生着什么。再一次出现就是小女孩的尸体，仍穿着红色连衣裙，夹杂在一堆黑乎乎的尸体中。

但最触动我的还是影片的结尾，当战争结束了，辛德勒要离开那座工厂，工厂里有他从纳粹手中亲手救下来的 1100 多名犹太人。这个时候，人们聚集在工厂门外为他送行，一个犹太人送给他一枚戒指，上面刻着一句犹太法典里的希伯来经文：

当你挽救了一个人的生命，你就挽救了全世界。

看着那枚戒指和眼神里充满感激的人群，辛德勒突然抑制不住，满脸泪水和愧疚。他说：我年轻时候太不懂事，浪费了太多的钱，那些钱本来可以救出更多的人的。

他奔向他的汽车，说：我现在要这辆汽车有什么用，本来，它可以换回来 10 个人的生命。

他摘下自己胸前的别针，说：我要这个又有什么用啊，它是纯金的，可以换回来 2 个人，最少也可以换回来 1 个人。我明明可以这么做，但我却没有。

说着，他瘫倒在地上，像个孩子一样痛哭不止。

辛德勒以一己之力，救出了 1100 个犹太人，但他反思这件事情时，并没有觉得自己居功至伟，却真诚地忏悔自己做得还不够。

辛德勒最后的台词，也可以说是举重若轻的。

这样的举重若轻，一下子就击破了我们的心灵防线，让我们为之动容，唏嘘不已。这样的举重若轻，是历经沧桑之后的宠辱不惊，也是千帆过后的波澜不兴。


## 🌀 4. 巧妙的道具，让你的文书一跃而起

写美本文书，我一直提倡文风简洁，提倡以一竿子插到底的方式来表达文书的主题。但文风简洁，并不代表简单。简洁是对重点和核心有深刻的把握，并且能够使用精炼的语言和巧妙的方式来展示这样的重点和核心，而简单只是一种漫无目的的碎碎念，一种味同嚼蜡的陈述。

如果说简洁是干枯的大地上的一株水仙，那简单就是土地的贫瘠导致的别无选择。

在美本文书里，我们在表达一个主题的时候，可以根据需要巧妙地运用某种

道具，让它贯穿全文，使得全文有个实实在在的落脚点，更重要的是，它在某种情况下，能够使全文形散神不散。这样的道具，具有很典型的象征意义，作者的叙述围绕道具展开，无论怎么样延展而触及不同的边界，最终都会被道具拉回到主题上来。

道具的使用，并不会使文书繁乱复杂，相反，因为道具具有清晰的象征意义，它使得全文找到了赖以发挥的基调，并且，又因为它贯穿全文的线索作用，使得整篇文书单线条化，显得更加简洁。

很早以前，我有个学生被藤校以全额助学金录取，她从小跟随爷爷奶奶长大，到了上小学的年纪，被在广东打工的父母接回身边，她的主文书就是写自己在一个陌生的环境不停地适应的故事。这个故事其实有点老套，但因为是作者的亲身经历，我还是建议她写下去。

在这个故事里，我们安排了一个道具，就是爷爷奶奶送她上飞机前给她的一个饭盒，里面装满了奶奶亲手做的家乡小吃。到了广东后，这个一开始提到的饭盒，在她生活中的很多场景都出现过，比如，她因为听不懂广东话和人争论时将饭盒扔在地上，在全家被小偷盗窃后的一片狼藉中，那个饭盒孤零零地躺在破碎的锅碗瓢盆中等（如果是电影，这里要给这个可怜的饭盒一个特写）。文书最后也写到这个她生命中最珍视的饭盒，见证了自己一路的颠沛流离，见证了自己的喜怒哀乐。同时，饭盒是爷爷奶奶给的，它具有象征意义，它象征着亲情和爱，也象征着爱所赋予她生活的勇气。

事实上，这个本来描写自己适应新生活的平庸主题，因为饭盒这个道具，使得全文充满了温情，充满了反思，也让我们看到了作者沉着面对困难的勇气。更重要的是，道具的使用避免了全文写成流水账的可能。

去年有一个学生写自己减肥的故事，我说过，写减肥这个话题没有什么不好，关键看怎么写，当然，以我一贯的偏好，写减肥失败但从中得到崭新的认识可能要比写减肥成功更动人。作者讲到自己减肥两年下来，收效甚微，还遭了很多罪（这大概是大部分减肥者的脚本吧）。我听她讲完，好像也确实没有什么突出的地方，就是和很多减肥者一样，晚餐不吃，多吃素菜，增加运动量，偶尔也偷嘴。

如果文书按照这个方式写，很容易写成流水账，而且，文书的主题没有很鲜明地展示出来。

我给她提了两个意见，其中一个就是承认自己失败，但开始重新审视肥胖问题，重新审视美，美的标准是不是应该格式化，从中引出这些概念，文书就不仅仅是关于减肥了。第二个意见就是，加入道具。

一个失败的减肥者，她应该采用什么样的道具呢？

我们最终稿的开头大约是这样的：

在我的衣柜里，挂着一件非常漂亮的连衣裙。它的白色底色上，是我一直很喜欢的粉红格子。只是，它一直挂在那里，用它从未修好的炸线的腰缝无声地嘲笑着我，嘲笑着我曾经努力，但最终徒然的一切。

故事就从这个画面徐徐展开，读者肯定会疑惑，为什么一件连衣裙炸线了没有修好还一直挂在那儿呢？接着作者讲到她在 15 岁那天，想送给自己一条连衣裙作为生日礼物，但在商场试衣服时把连衣裙给弄坏了，她一气之下还是买了下来，发誓等瘦身成功后再穿上，但后来一直没有机会再穿上。

当然她在文书里讲到很多有关减肥的艰辛，在描写这些艰辛的时候，她也很注重表达手法的使用。比如，她说自己不吃肉吃蔬菜，如果只是一句话带过，还不如讲得具体点儿更有效果，后来她讲到自己吃蔬菜为了口感好点儿，学会了十几种蔬菜的做法，讲到和小伙伴们一起吃饭，看别人大块吃肉的时候，她闻着肉的味道是如何地满足等等。

在写完对美的重新认识之后（这个和上文的减肥如何衔接起来也很考验写作能力），文书最后还是回到衣柜里的连衣裙，它不再是无声的嘲笑，反而是一个 friendly reminder（友善的提醒），提醒生命中有很多命中注定，我们应该如何和它们相处，并把它们视为构成我们生命完整的部分等等。

同样的减肥故事，因为加入了连衣裙这个道具，使得全文线条更加清晰，思想的高度也得以升华。对炸线连衣裙的认识的改变，其实也是作者思想高度的改变。

也是去年的一个学生，他爱好游泳（我相信很多人也觉得这个没有什么写头），关键是他只是爱好，没有参加什么比赛，也没有什么成就。我们在文书里设置了两个道具：一个是河流（如果算是道具的话），一个是奖牌。文书重点写作者喜欢征服江河湖泊，而对比赛拿奖牌没有什么兴趣，参加比赛纯粹是出于自己的热爱。文书的末尾讲到作者对奖牌的认识：所有的金牌最后都会沉入海底（因为是写游泳所以还是和水有关），但自己游过的每一条大河，永远在那儿奔腾不息。

我这样讲，大家可能觉得有点乏味，但如果大家通读了全文，可能感受就会不一样。

由上可见，在写体育爱好类的文书里，道具的使用，不仅会增加文书的可读性，也会使文书的主题更容易升华到一定的高度。比如，一副破旧的羽毛球拍，一柄折断的剑，一件没有编号的球衣，甚至，载着你东奔西往的一辆车，都可以成为你文书里的道具。

几乎所有的小说，都离不开道具的使用。比如，在小说《追风筝的人》中，风筝就是贯穿小说的一个重要道具。哈桑是追风筝的人，他为阿米尔少爷追风筝，风筝象征着忠诚和善良，小说的最后，阿米尔为哈桑的儿子追风筝，风筝象征着人性的救赎，也象征着人性的正直终将战胜邪恶。在伟大的文学作品中，道具的使用比比皆是，有些经典作品，只要提及某个人物，我们往往就会想到和他紧密相关的道具。在中国古典文学作品中，扇子就经常作为道具被广泛使用，它可以展现男士的风流倜傥，也可以衬托女士的温文尔雅。比如，你一想到诸葛亮，眼前立马会浮现他挥着扇子运筹帷幄之中，决胜千里之外的场景。当然有些道具是特定人物才会使用的，比如一提到金箍棒，你大概就只能想到孙悟空。

还有，一提到杜十娘，大家肯定会想到她的百宝箱。杜十娘乃京城名妓，好不容易攒下个百宝箱，想着以后从良能嫁个好人家。百宝箱，是表现杜十娘向往美好生活的一个道具。最后，李甲负心，杜十娘抱着百宝箱沉入江底，随同百宝箱沉入江底的，不仅是杜十娘的身体，也是她曾对生活的全部幻想和期望。

在美本文书写作中，不妨根据你的故事情节，嵌入一个道具，这个道具，如果使用得巧妙，不仅可以使文章线条突出，推动故事情节的发展，还可以在立意升华方面，起到四两拨千斤的作用。从这个意义上讲，它是撬动整个文书，使文书活泼空灵的一个支点，好比阿基米德手中的那根杠杆。


## 5. 关于文书的真实性：一只小花猫和一场人事

大家都知道，有两种翻译方法，一种叫直译，一种叫意译。所谓直译，顾名思义，就是按照原文逐字逐句转化成另外一种语言，这种方式，基本上在翻译文学作品时是行不通的。因此，绝大多数文学作品的翻译采取的是意译的方式。

天津狗不理包子，其中"狗不理"三个字直译成英文，大概就是"dog

would ignore it"之类的，这样翻译过去老外听了估计一头雾水，后来有个很绝妙的翻译叫"go-believe"，和"狗不理"这三个字谐音，老外听了估计对这个包子也有种跃跃欲试的冲动，因为要去了（go）才会相信（believe）真的好吃嘛。

还有蒋子龙的小说《赤橙黄绿青蓝紫》，介绍到国外的时候意译成"All the Colors of the Rainbow"，这总要比把这七种颜色对应着翻译成英文要好得多吧。

他的另外一部小说《锅碗瓢盆交响曲》，若要直译，那就是"A Symphony of Wok, Bowl, Pot and Basin"，但英语国家的人士看了会莫名惊诧。另外，这个"wok"就是从中文来的，外国人一般很少用我们平常炒菜用的锅。当然，如果翻译成"A Symphony of Cooking Utensils"，好像外国人大概能明白，但这本小说介绍到国外的时候被意译成"All the Clanging and Clattering in the Kitchen"（就是指厨房里叮叮当当的嘈杂声），这个译名就比较到位了，这是我大学时看到的，记得不是很清楚了。

所以说，一板一眼的直译，很难把一种语言的特定表达转化成另外一种文化的语言。

比如，钱歌川在《翻译漫谈》里讲过一个例子，我至今记忆犹新。回想起来，我上大学那个年代，有很多像《翻译漫谈》这样的好书，都是老一辈大家的名作，几毛钱一本，但现在好像都找不到了。

钱歌川说，赛珍珠在翻译《水浒传》武松醉打孔亮那一回，武松对店家说的"放屁！放屁！"，本来的意思是"你胡说！你胡说！"，但赛珍珠直接翻译成了"pass your wind"（指生理上的放屁）。记得钱歌川还幽默了一把，说武松本来是斥责店家的，但赛珍珠硬给翻译成了祈使句，以英文为母语的读者一定觉得武松太不可思议了：干嘛非要人家此时此刻放出一个屁来。

说到《水浒传》，赛珍珠在翻译书名时采取了意译，翻成"All Men Are Brothers"，即四海之内皆兄弟之意，这个翻译倒也确实把梁山好汉那种仗义豪情给表达出来了。其他的版本有翻译成"Outlaws of Marsh"，也算传神，就是指沼泽地带的非法之徒，在中文基础上加了个"outlaws"也算是概括了书中的内容。但也有直译的版本，就是"Water Margin"，肯定不如前面两个意译的版本传神到位。

当然，也有人开玩笑说把《水浒传》翻译成"105 Men and 3 Women"，绝对让人浮想联翩，从而激发读者的购买欲望。说的也对，108 将里不就是 105 个男人加上孙二娘、扈三娘和顾大嫂这 3 位女将吗？

好像扯远了，我是要和大家谈谈怎么看待美本文书写作中的真实性问题的，我想说的是，真实性不等于一板一眼，就像意译出来的版本，并不是原文的直接对应，但也许比原文更加传神。

在文书写作中也一样，你一旦确定了一个主题，就需要用一些发生在你身上的事例来佐证这个主题。我想提醒各位的是，保证文书的真实性并不是说你要一板一眼地把发生在你身上的事情经过原原本本地写进文书里。

如果这样写，会出现很多问题。

为了主题的需要，为了叙述的简洁，你完全可以把你的亲身经历适当地做些改动，这不叫做假，这叫在真实生活的基础上进行文学性加工。这样的加工不仅是必要的，而且能使故事线条更加清爽，让招生官看着不那么受累。

但有一些学生，特别是美高的学生，你只要给他一改动，让文中的故事和他的实际经历有些许不符，他会立马说这不是我啊，当时情况不是这样的啊。

我说这个还是你，就好像你平时都是穿条破牛仔裤和小背心，但你今天相亲，我让你穿件西装打个领带，你能说穿上了西装后的你就不是你了？可能你只是看上去不像你，其实你还是你。

说得再功利点，你到底是不是你很重要，但比这个更重要的是如何让招生官喜欢文书中展示的你。

曾经有个学生，在文书里讲自己怎么开始收养流浪小动物的故事，源于某个大年初一的晚上，她家的小猫从7楼摔下去了，当时她爸爸妈妈都不在家，她以迅雷不及掩耳之势飞奔下楼，看到小猫还没有死，就想赶紧送医院，但走到路边没有出租车，情急之下，她拦了一辆私家车，车上坐着两个男人，他们商量了半天还是不同意送她和小猫去医院，正当她感到绝望的时候，身后开来一辆车，下来一个女人询问情况。事后她才知道这个女人是其中一个男人的大嫂，然后大嫂很热心地说要送这可怜的孩子和可怜的猫去医院，同时大嫂还不忘批评了下那个不同意送猫去医院的男人，对他进行了一番义正辞严的谴责，羞得他当场满面通红。我看到这里人都要崩溃了，我问这个同学为什么这么写，她说因为当时事实的情况就是这样的。

我说第一，这只小猫不能是你家的，说你自己家的小猫受伤了你送它去医院，是个人都会这么做，所以你要说这只小猫是流浪猫，才能显出你的大爱。我这么说，小姑娘立马说不行不行，这猫明明是我家的，我家的就是我家的。

我说第二，你就说当时是乘出租车去的，把大嫂和两个男人这些废话删了。她说可我明明不是乘出租车去的啊。我说这个重要吗？你文书的主题是什么？你把大嫂和两个男人这条线删了，对故事情节或是主题有什么影响吗？

我这么对各位说吧，我改了20年的文书，几乎没有哪篇文书是申请者原型故事的绝对再现，基本都是在原型的基础上进行了适当的加工。当然，我提倡加工，但我绝对不提倡纯粹去编。曾有个学生听说哈佛大学喜欢录取贫寒学子，就编故事说自己家怎么怎么穷，自己怎么打工给贫穷的妈妈买了件生日礼物，但问题是她有个故事写自己学钢琴，找的是个俄罗斯钢琴家当老师，那个老师不会讲英文，她又不会讲俄语，所以上课的时候还聘请了个翻译。

她把那篇文书发给我，我看了以后反问她说，你自己相信这个故事吗？她居然在电话里扑哧一笑，说老张啊，我自己都觉得太假啦。

为什么假呢？因为她在凭空想象，就算是一个大作家写篇小说，他有那么高超的写作技巧，还需要有生活的基础，小说的主人公还需要个现实原型呢。

所以我不提倡纯粹瞎编，但我提倡文书要写你的真实经历，并不代表你要把实际发生的一幕幕都搬进文书里，请记住，你是在写文书，用故事烘托你的主题，让招生官对你产生正面的感受，你不是在写日记！

许多观众会觉得好莱坞的电影拍得假得不能再假了，尤其是一些灾难片，比如《末日崩塌》里，主人公开个破车拼命往前跑，后面的大地裂开成一片一片，但都是在离主人公车后不到一米的地方裂开，反正就是大地开裂的速度永远赶不上车子的速度，但又总是只差那么一点距离主人公就可能被裂缝吞噬，看得人提心吊胆，手心冒汗，但心里又得到释放。战争片里也是这样，敌人的子弹在英雄身边像雨点似的，但就是打不中他。当然也不能打中，要是呼的一声打中了，英雄死了，这电影还拍啥啊。

但也要记住，写故事的时候可以做点儿加工，但不能有逻辑上的漏洞，要是被人看出漏洞，人家立马会怀疑你就是在编故事，就像个别不讲武德的抗日神剧，不仅手撕鬼子，还裤裆藏雷，甚至还"发明"了可以食用的手雷，上一秒还是个能吃的包子，下一秒就往鬼子那儿一扔，炸得鬼子血肉模糊。

这就是漏洞，或者说叫穿帮，也是文书写作中的一大硬伤。

突然想起很多年前一个无聊的下午，我看了吴宇森导演的《赤壁》，好像看的还是光碟。电影里，在大战前的动员大会上，梁朝伟演的周瑜手中拿着一碗汤圆，正给将士们鼓舞士气，然后甘将军上来给他碗里加了一个汤圆，赵薇演的孙权妹妹孙尚香又上来给他碗里加了一个汤圆，还有几个人陆续上来也给他加汤圆，前后总共加了有六七个汤圆，周瑜的碗里本来就有七八个汤圆，讲话结束后，周瑜把一整碗汤圆倒进嘴里一下子就咽下去了。

我当时一看不对，赶紧把碟片往回倒，定格在周瑜碗里汤圆的特写，我数了一下，光是浮在表面的那一层就有大约 7 个汤圆（我还没有算上被掩埋的汤圆呢），众将士又给他碗里倒了 7 个汤圆左右，这样周瑜的碗里起码总共有 14 个汤圆了，可是周瑜一口就吞下去了，关键腮帮子都没鼓一下。

我摇了摇头，叹了口气，自言自语道：梁朝伟的嘴好大啊。

你看看，这就是硬伤。

最后再重复下，文书的真实性不是生活经历的原版重现，而是在原版的基础上，适当改变叙述方式，化繁为简，直击主题，哪怕为此对故事进行重新加工。

从这个意义上讲，一篇成功的文书，也是一部微型电影，它的内在逻辑完整统一，它来源于个体的生活，却又能激发整体的共鸣。

如果说你真实发生的故事就是黄浦江边的一栋栋高楼大厦，那你的文书呈现的就是江面上若隐若现的倒影。这些倒影，随着江面的起伏而呈现出万千姿态：有时它是破败的残垣断壁，有时它又是鬼斧神工的海市蜃楼。


## 6. 美本文书中的圆形人物和扁平人物

任何一本小说，甚至很多其他的艺术形式，都离不开人物的塑造。作者将人物放在一个特定的历史背景下，通过描写他们的外貌、语言、动作、心理，以及在特定戏剧冲突下的表现，从而完成一个又一个人物形象的塑造。在一些气势恢宏的小说作品里，出场的人物往往多得让人记忆不堪重负，但在这些性格迥异的人物里，作者往往会将笔墨放在重点人物的塑造上面，这样的人物我们称之为圆形人物。但圆形人物的塑造，又离不开他们和其他功能性人物的互动，这些功能性人物，是作品中的扁平人物，虽然他们也有各自的性格特点，但他们基本上是为了更好地塑造圆形人物而存在。比如，《水浒传》里的一百零八个英雄人物，可以说是整部作品的圆形人物，但同时，书中还有近六百个扁平人物，作者借他们以完成对一百零八将的形象塑造。因此，在看一些宏大的文学作品时，光是把出场人物的关系图表搞清楚都是一件很烧脑的事情。

《百年孤独》里的布恩迪亚家族的七代人，单是圆形人物就有好几十个，还有其他扁平人物，再加上他们之间错综复杂的天然关系和爱恨情仇，如同巨大的黑洞，将读者笼罩在作者精心编制的虚构的世界里欲罢不能。作者通过刻画这些性格鲜明的人物，进一步描述他们因为彼此之间缺乏信任和情感沟通而导致的内心孤独。在这里，人物关系越是繁杂，某个人物接触的其他人物越多，他内心的孤独感就愈发深刻，也愈发绝望。

但美本文书不一样。对于一篇只有 650 字的美本主文书来讲，你的圆形人物只有一个，当然这个人物也只能是你。任何其他扁平人物，都是属于功能性人物，他们的出现，要么是因为故事情节的需要，要么是出于对你的形象塑造的需要。但是，因为字数限制，我们尽可能压缩扁平人物的数量，能不出场的尽量不出场，一个能解决时尽量不要出现两个，以保证圆形人物的核心地位，不被一些枝枝叉叉所影响。

今年有一个学生，他在主文书里写对天文学的热爱，文中出现了父亲带他去看月全食，母亲带他去大学天文台参观等事例，但我在处理这些事例的时候，尽量安排作者独立去完成这些事情，减少他父母出现的次数，即使必须有人带着去，也就安排一个人，所以他父亲带他做的事情，最后全部安放到了他母亲的身上，这样，整篇文书中，就没有父亲出场的机会了，我还特地跟他父亲说明了他没有出场的原因：因为父亲没有必要出场。在一篇 650 字的文书里，一会儿父亲出场，一会儿母亲出场，父母一起带他去某个地方时，家里的弟弟还没有人照顾，又得请个阿姨过来，然后阿姨又出场，你说有什么必要？能对故事情节的推动和对孩子的形象塑造起到什么作用？

所以我也经常说，故事写完了，你可以再仔细看几遍，一句一句仔细地读，看看试图删掉其中的某一句，对故事的发展有没有影响，有没有让故事的逻辑性少了一个环节，如果没有，那这句话就是废话。

这里就引出了一个问题，你在写美本文书的时候，不能总想着事实情况是怎么样的，你首先要考虑的是，你的故事是为你的主题服务的，如果为了表现主题，需要对故事进行删减和加工，那这不仅是允许的，也是非常有必要的。

曾有一个小女孩，我和她谈文书创意的时候，她想写自己的协调能力比较强这个主题，她给我讲了个故事，大约是这样的：

我们宿舍 6 个人，我排行老四，上有老大老二老三，下有老五老六。有一天，我在宿舍里看书，突然老二跑过来跟我说，老三和老六闹矛盾啦！为什么闹矛盾呢？因为老三有一次和老大一起去看电影，大约讲了老六的什么不是，但是老大不小心在老六面前说漏嘴了，所以老六对老三就不爽了。老二曾经找老大调解过，但没有成功，所以就请我老四从中调解下老三和老六的矛盾，然后我是怎么联合老二先做老三的思想工作，再联合老五做老六的工作，最后是怎么调解成功的。

我听她讲完后，一脸茫然地坐在椅子上，觉得我整个人都不好了。

我说你要么不要写这个故事，要么就对故事进行改动，最多出现三个人物：你就是老大，老二老三闹矛盾，然后写你怎么从中调解就可以了。

但小姑娘憋得满脸通红地说，可我不是老大啊，老二和老三并没有闹矛盾啊，我要这么写不就是造假了吗？

我说按你这个写法，你等于给招生官出了一道题：大舅去二舅家找三舅说四舅被五舅骗去六舅家偷七舅放在八舅柜子里九舅借十舅发给十一舅的 1000 块钱，请问谁是小偷？那 1000 块钱本来又是谁的？

你的出场人物越多，招生官的脑子就越糊涂，你自己的个人形象也就越模糊。主文书就只有 650 字的篇幅，你的笔墨基本上都要用在你自己这个圆形人物上面，其他扁平人物的出现只能是起到突出圆形人物的作用，否则就没有必要出场，或是通过巧妙的文字表达把他们隐去，并不影响到故事的完整性和连贯性。

曾经，有道题目要求写一个人对自己的影响，有一个学生写的是他山东的太姥姥，我看完后，对他说，我觉得你太姥姥很了不起，但没有看出你有啥了不起的地方。这种问题，很多学生的文书里都出现过，就是把原形人物和扁平人物给搞反了，在原本展示自己的文书里，把自己弱化成了一个充当配角的扁平人物。所以，我一直说，我个人很喜欢那种线条单一的文书写作方式，从头到尾就讲你，你连贯着整个故事，你的性格在字里行间跳动，你的情感在字里行间起伏，你的思想在字里行间若隐若现。

如果说你要创作一部关于人性的大部头小说，你最后的成品如同一幅做工精湛的挂毯，那些不时出现的扁平人物就如同挂毯上的细节，是挂毯上一个又一个角落里的背景图案，是贯穿整个挂毯的飞针走线，这些元素越是复杂生动，挂毯的艺术氛围就越是浓烈。

但是，美本文书不是这样的挂毯，它没有必要呈现如此繁乱复杂的元素，它唯一的元素就是你自己，而最后呈现出来的你，应该是一个简洁明快的形象，让人惊鸿一瞥，一切尽收眼底，就像纯白底色的连衣裙上的一朵玫瑰，像山间石缝间里一朵摇曳的小黄花，或是悬崖巨石上的一个牧羊人，他挥动着手中的鞭儿，云淡风轻，若有所思。

## ☺ 7.关于钢琴的一百种可能

对于绝大部分中学生来讲，他们的人生基本上都是波澜不兴的，所以在构思文书素材上面，有时候很难找出惊心动魄的元素。因此，很多申请者的文书，写的都是一些比较普通的素材。

但是，写普通素材的文书，不能仅仅停留在讲故事的层面，而是要侧重于对普通素材的内涵的挖掘。

一些看上去比较普通的题材，比如弹钢琴、画画、打篮球等，我一直说，这些题材不是不可以写，特别是对那些活动内容比较单一的同学来说，但是普通的题材要写出新颖的认识，写出思想的高度，不然，写弹钢琴这样的题材是很难让人印象深刻的。

再次重申，不要一想到有关弹钢琴、画画、打篮球这些题材就立马否定，就像如果你是个化妆师，你不要拒绝长相平庸的女子，因为只有她们最能体现你的神来之笔。

假设你弹了十几年的钢琴，你为什么不写这个题材呢？

我以前给一个学生润色过一篇名叫《键盘人生》的主文书(全文附在第六

章），大约讲的就是他弹钢琴和敲电脑这两个爱好。电脑屏幕展示的是魅力无穷的声音和画面，但背后的逻辑永远是 0 和 1，钢琴演奏的旋律无论多么悠扬，背后的逻辑永远都是那黑白键，他大概就是从这些角度来分析他热爱钢琴和电脑的原因，最后的成品朴实但也很有味道。

其实，钢琴的黑白键也可以理解为人生的黑暗与光明，你享受人生的光明的同时，就得接受人生的黑暗，唯有这样，人生才是丰富的，才是完整的。你完全可以把弹钢琴这件事情，上升到一个生活哲学的高度来认识。

也可以说，钢琴旋律的自由流动，背后是日复一日的枯燥练习的沉重，这就可以引入这样一个主题，每一种自由的背后都有着沉重的过往，如同飘着墨香的文字背后，往往是血腥的杀戮。这么想，我觉得钢琴是不是又可以往历史上面去引呢？如果你喜欢历史的话。

也可以说，窄如手指般的钢琴琴键，是如何让你进入宽若大地般的精神世界，用一宽一窄的矛盾统一，来诠释自己的人生态度，这样的对立统一肯定会让人印象深刻。我突然想到圣经里说的：不要走宽门，因为走那个门的人多，所以通向死亡；你要走窄门，因为那里人少，所以通向永生。我们是不是也可以把钢琴和你的人生，以及这个宽门窄门联系起来写呢？

甚至，我就写我凌乱不堪的人生经历，在此混乱之中，钢琴的世界如何拯救了我，这也可能是一篇情真意切的好文，让人顿生怜爱，因为它有关人生的苦难，有关救赎，有关灵魂的解脱。

总之，如果我们坐下来，一起好好谈你的钢琴（不是弹你的钢琴），谈你的人生，我相信，我们总会在钢琴和你的主文书之间架起一座桥梁，不管这样的桥梁摇摇晃晃，还是固若金汤。我相信，有无数个钢琴爱好者，就一定有无数个热爱钢琴的原因。而你热爱钢琴的原因，可以结合你自己的生活经历来做深度剖析。闭上眼睛，回想你这十几年坐在钢琴前的点点滴滴，你总会找到一些只属于你的原因，哪怕这些原因不是那么地高大上（也不一定非要高大上），但它们属于你，定义了你，因此就值得你去写。

如果你只学了几天的架子鼓，虽然你可以找到促使你学习架子鼓的众多原因，但在这么短的时间内，你能横生如此丰富的感想，我想招生官也未必就相信。

你不要试图创造一个陌生的主题去讨好招生官，你就写你深刻热爱的东西，不管它多么普通，因为它就是你人生重要的一部分啊，它就是你啊，你为什么不写？

如果你是个乐于助人的人，你可以写你如何帮助一个自闭症儿童，但招生官感兴趣的是，你为什么会几年如一日地帮助一个陌生的自闭症儿童，你要在原因上做深度挖掘，这个原因，可以结合你的人生，可以结合你的专业兴趣，也可以结合你研究的一个社会学话题，甚至可以结合历史，谈谈历史上那些温暖的瞬间是如何改变历史进程的。

就像写你对蜘蛛侠的兴趣，你可以剖析电影的艺术特色带给你的启发，如果你是画画的，你可以分析蜘蛛侠的那套美轮美奂的战衣，你也可以结合你的人生经历，你的所见所闻，来理解蜘蛛侠叔叔的那句话：能力越大，责任越大。当然，你可以写蜘蛛侠的无私壮举，再结合去谈人类历史上，那些常人或伟人的无私，如何拯救人类于水深火热之中。

你甚至就写几个版本的蜘蛛侠的女朋友，哪个更适合蜘蛛侠，就此谈谈你的个人见解，我相信这也可能是一篇很有意思的文书。

我知道你要问，要是文书写蜘蛛侠的女朋友，那我的影子又在哪儿？又能反映我身上的什么性格特点呢？

我先承认这样写可能会有一些风险，毕竟你的影子只是在字里行间若隐若现，但如果我是招生官，在我看了一堆雕刻痕迹明显的表面文章后，突然间看到你有理有据、丝丝入扣的分析，我会产生共鸣，会觉得你这个人挺有意思，观察得挺仔细，分析得挺到位，我会很好奇你到底有一个什么样有趣的灵魂，我暗下决心：

管它呢，先把你录取过来让我见见本尊再说。

哇哦，恭喜你。

### ⑥ 8. 美本文书里的大惊小怪

准备美本申请材料，是一个系统工程，在这个纷繁复杂的工程里，申请文书无疑占据着一个非常重要的位置。说实话，到了申请季，你的硬性条件都已经是板上钉钉的事了，如果想给申请增加点砝码，一篇漂亮的申请文书尤为重要。

因为大家都知道文书的重要性，所以，这些年来，我看到过很多家长和学生为了文书绞尽脑汁，殚精竭虑，好不容易对辛辛苦苦弄出来的文书比较满意了，但拿给别人一看，对方提出一堆貌似有理的建议，让家长和学生又慌了神。

我是觉得，对很多中国学生来讲，能写出一篇符合要求、相对出彩的文书就谢天谢地了，遑论一篇激动人心的文书。说实在话，Common 主文书，还有一些类似芝加哥大学的补充文书，它们大部分就是要你中规中矩地按要求来写。你能写得很切题、很有内容，如果语言风格还轻松活泼，那已经是惊为天人了。

不要总想着激动人心，不要总想着催人泪下。一是因为你自己的东西你比较熟悉，而熟悉往往导致熟视无睹，遑论怦然心动。另外，由于文书的内容、目的比较单一，以及字数限制等原因，它们已经决定了你最后的成品。比如，你要让我写北约东扩对俄罗斯战略调整的影响，我可以写个五千字，但你看完了不打我已经是万幸了。再比如，你要让我用 650 字把你写哭了，我觉得很难，因为那些感人的文学作品，在把你的眼泪勾出来之前，已经做了大量的铺垫，在你的情绪随着人物的命运不断起伏的时候，你的眼泪也在有意无意地酝酿着。

我前几天改文书把自己改笑了。有一个学生，题目让他用三个词形容自己，他的第一个词就是"handsome"（帅气），我只能感慨年轻人的自信让我自愧不如。还有个学生，写 why school 文书，他咣咣咣三大段，大谈特谈学校的食堂和周边琳琅满目的餐馆。

更绝的是有个学生写 why school 文书，居然说因为他上网查了，那个学校考试的时候不监考。我能想象，当招生官满心期望地打开那篇文书的时候，他仰天长啸、口吐鲜血的样子。

写出这样的文书还敢心安理得地交上去，我觉得除非你碰到个非主流的招生官，否则肯定 game over（游戏结束）了。家长也好，中介也好，这样的文书，确实需要好好地把把关。

但在文书方面，有些家长和学生大约是太紧张了，动不动上纲上线，大惊小怪，这就有点过分了。

比如，有个学生的主文书，是我亲手改的，他在文书里提到一本书，但写书名时漏掉了一个"the"，我当时也没有发现，等提交上去后才发现，然后这个学生就寝食不安了，学生和他妈妈讲了后，妈妈简直要疯了。她说，一个学生把书名都搞错了，招生官一定会认为这个学生做事没有责任心，甚至会认为这个学生根本没有看过这本书，那么他就认为你在这个问题上撒谎了，那你就是学术不诚信，而美国大学又是如此看重一个学生的诚信。

在她看来，她的儿子要完蛋了。我实在没有力气和她去解释什么，我每年都会碰到个别极度焦虑的家长，和这样的家长解释不通，因为他们已经不是正常人的思维了。我说任何解释都是多余的，我们等结果吧。最后孩子 ED 录取了，EA 也录取了，家长又正常了。其实，如果没有录取，她一定会认为就是那个"the"导致她孩子没有录的。

　　说实话，我现在越来越不想干美本这个行业了，唯一的原因就是：我承受不了你们一股脑儿地把焦虑全倾倒在我这里。我不年轻了，还想再多活几年，再多看看这个世界。

　　有个爸爸也是，孩子的文书提交上去的时候，有个地方因为系统问题或是其他不明原因，导致两个单词之间没有空格，当然如果顾问细心一点儿应该是可以检查出来的，但当时就是没有检查出来，然后爸爸焦虑了，开始上纲上线了，最后抱怨到我这里来了。我哈哈一笑说，我不会因为一个美女在我面前一不小心放了个屁而厌恶她的。

　　文书是很重要，但它的重要性体现在一个申请者是否能够按照要求写一篇切题的文章，就一个话题有条不紊、不疾不徐地开展下去，且行文流畅，逻辑严密。至于，个别小的文法错误，个别笔误，绝对是瑕不掩瑜，更何况，日理万机的招生官大人自己都未必能看出来，你在那里穷着急什么？

　　假设你是北大的招生官，你会因为一个非洲学生的文书里的某句话"的"和"得"用错了而拒绝他吗？

　　去年我有一个学生 ED 被排名前 20 的大学录取，他的文书提交上去后我重新看了一下我修改的主文书，发现把"further"误写成了"farther"，其实我把定稿发给学生之前都会认真校对两遍，但那天就是没有发现这个 bug（小问题），但学生最后也照样录了。说实话，我今年看去年给学生改过的文书，都能发现点小问题，但偶尔的 bug 不会影响到你的录取。我去年的学生 ED 除了一个没有录取，剩下的全部都录了，但你能说我修改的文书就没有任何 bug 吗？一定有！

连我写的那套 SAT 丛书，我自己校对了几遍，还经过上海译文出版社编辑专业的三审三校，但出版后还是会发现个别 bug。我们都是人，不是机器。

所以，如果时间充裕，好好看看你的文书思路是否有问题，能不能把故事讲得更好点，而不是拿着放大镜去找一些无关紧要的小瑕疵。我倒不是说你不能找，在申请这个问题上，细心点总是对的，我的意思是万一提交上去后发现个别 bug，千万不要大惊小怪，不要逻辑滑坡，不要多米诺骨牌式地崩溃。

有个家长看了孩子的文书后问我个问题，说孩子文书里有一句话说某天天气不好就没有去打球，这会不会让招生官觉得孩子没有坚持精神，没有恒心和毅力，会不会让招生官联想到孩子在学习上也缺少坚韧不拔的精神呢？

我看着她发给我的一大段文字，陷入了深深的沉思，久久不能自拔。

照着这个思路，你文书里写到"2021 年 1 月 26 日，星期二"这句话也有问题，招生官会认为，2021 年 1 月 26 日肯定是星期二啊，你干嘛要加个星期二在后面，你这就叫 redundant（多余），是 superfluous（累赘），是 female girl（女的女孩），是 red in color and big in size（颜色是红的，尺寸是大的），总之你这就是废话，这就从侧面证明了你平时就是个啰里吧嗦的人，你讲话拖泥带水，那你干事也不会雷厉风行，事业上肯定也不会成功，你不成功就没钱，没钱就不会给母校捐赠，然后，我要你何用？

我只能说，很多处于申请季的家长和学生，因为神经绷得太紧了，以至于变得有点 fastidious（过于神经质）了，有点 make a fuss over nothing（大惊小怪）了，我干这个行业这么多年，你们的心情我都能理解，但还是希望大家看完本书能减轻点毫无必要的焦虑感吧。

最后，我还是想重复一下我的观点：不管是文书还是申请材料，用心多校对几遍，这绝对是要鼓励的，但万一提交上去后发现个别 bug，千万不要如临大敌、神经兮兮的，这对你的录取不会有什么影响的，没有必要上纲上线。

我突然想到我看过的一组照片，介绍某大型集团公司为开展某次大会一丝不苟的筹备工作，说工作人员把每张桌子上的茶杯把手全都转到右手边以方便参会者，并且每一只杯子和桌子四边的距离都是用尺子量好的，一眼看过去，白花花的杯子就像三军仪仗队那么整齐划一。

我就不明白了，这么大的公司，就不能好好想想怎么把企业发展得更好点，解决点当地老百姓的就业，给国家多纳点税，给社会多做点贡献，干嘛非要和这些杯子较劲？你这又不是开什么国家级的隆重大会，那是得一丝不苟，毕竟有关国家形象的问题，可你就是个企业会议，有必要这么兴师动众吗？

说来也是，这就是我们一直以来的的通病：

在该扯淡的事情上非常认真，在该认真的事情上却又非常扯淡。

## ⑨ 9. 这世上哪有什么完美的文书

我承认，一篇好的文书确实需要时间打磨，那种一蹴而就式的写作对很多学生来讲是危险的，也是对申请不负责任的表现。但凡事都有个分寸，而很多人就在文书打磨这个问题上走了极端，总想着打造一篇毫无瑕疵、至臻至美的文书。

姑且不论招生官是否真的喜欢那些看上去完美无瑕的文书，首先要写出一篇完美的文书，这从实际操作上看也是很难办到的。因为，就文章来讲，从来就没有一个统一的关于完美的标准。一篇文书是否完美，一百个人会有一百种看法，因为在每一个人的心中，完美文书的标准都是不同的，甚至是方枘圆凿。

学生和家长因为总想着要完美，于是把文书拿给不同的人看，征求各方的意见，然后在原来文书的基础上，再进行加工。

这些看文书的人，他们有的对英语不过略知皮毛，有的可能英文水平还不错，但他们统统对美本申请文书该怎么写是没有概念的。因为写文书不等于写文章，一篇优秀的文书可能不是一篇优秀的文章，同样，一篇妙趣横生的优秀文章，也可能不是一篇优秀的文书。

很多人提建议时，更多地是在谈文章写作，而不是申请文书写作。它们并不是同一个概念。

学生和家长都忘记了一条基本原则：听取和采纳了太多别人的意见，最后的文书就是个百衲衣，是个大杂烩，却独独没有了自己的影子。

假如说你的文书征求了 100 个人的意见，修改了 100 稿，应该很完美了吧，但当你拿给第 101 个人看，他一定会给你第 101 个意见。每个人的英文水平、生活经历、阅读喜好等都是不同的，他们的意见就是站在自己的角度的一种解读，你千万不要把所有的意见都当回事，不要对你的文书做一次又一次的大手术。

打个比方，建筑师们辛辛苦苦弄出个中国第一高楼的设计模型，要是公开征求社会意见，并想着采纳部分意见，那这个高楼可能就永远都建不起来。我在建筑方面是个彻底的外行，但依据我这么多年的审美沉淀（如果我也有的话），我也可以对这个模型提出一堆意见：比如大楼的外部弧度可以再弯一点，大楼外层的玻璃颜色还可以再沉重点，大楼的尖顶建议取消，以保证整体的庄重性，等等等等，不一而足。

中华人民共和国成立的时候，大家就国旗的设计有过一番激烈的争论。有关部门从一堆备选方案中正式挑出其中的 8 个拿到会议上讨论，最后由毛主席敲定，选择了我们现在熟悉的五星红旗样式。但其实，那落选的 7 幅作品也有各自的优点，甚至有很多人认为其中的有些作品也许比五星红旗更适合。大家可以看看《建国伟业》这部电影，其中就再现了当时为国旗国徽的设计定稿争论得热火朝天的场景。

其实，人的审美的多样性是上天的一种恩赐。你想想，要是大家的审美观出奇地一致，那这个世界就太无趣了。

不过，无论大家的想法有多么不一致，在文书这个问题上，你最好还是要听专业顾问的意见，或者说，在这么多给你提意见的人当中，选择一个你最信服的人，以他的意见为准。其他人的意见，只能仅供参考。

专业的事情交给专业的人做，是因为专业人士积累的经验和业务的熟练程度，是业余爱好者无法想象的。就像我改一篇文书，有些人以为就改改语法，调整一下结构，完全小看了我在修改每一篇文书时的复杂心思，以及在其他方方面面的考虑。

前一段时间，一个美高学生把我改过的文书给他学校的老师看，他的老师出于一片好心，大约在我那稿的基础上改了有二十多个地方。我拿到修改稿，认真看了一遍，然后我很平静地跟这个学生通了一个多小时的语音电话。我从第一段第一句的第一个修改开始，一个一个地捋，一个一个地解释，最后，他几乎全部听取了我的建议，除去一两个笔误外。他说没有想到原来我的每一个改动都包含这么多想法在里面。

不是说我多厉害，但是既然我改了你的文书，那么每一处的改动自有我的考量。

曾经有个加拿大的普通中学老师，她在我修改的文书上改动了两三个地方，但是改得我心服口服。我想这个老师也许也是个文学爱好者，和我这种同样热爱文字的人其实是心心相印的吧。

同样是英语国家的中学老师，水平差别咋就那么大呢？

不过这也不奇怪，就像中国的中学老师，他们的文学水平和写作能力的差别也是很大的。有的老师确实喜欢读，喜欢写，文学底蕴很深厚，出手的东西肯定也不一样。同样，英美国家的中学老师，他们的英文写作水平也有巨大的差别。不要一见到是老外，就觉得他的英文写作厉害得不得了，这和不要一见到是中国人，就觉得他的中文写作同样厉害得不得了是一个道理。

确实有一些美国人非常爱好写作，也很有想法，他们写的文章也很耐看，比我老张写的强一百倍。在留学这个行业，有一些美国顾问水平确实很高，他们也很能理解中国人的思维方式，无论在选校还是文书方面都能给学生一些非常棒的建议。曾有家长给我看过几篇美国顾问定稿的申请文书，也确实不错。只是，在这个圈子里，这样的美国顾问并不多。

所以，我认为，你在写文书时，可以去征求别人的意见，但最后一定要听专业人士的意见。

前一段时间，有一篇文章在网络上流传甚广，讲的就是不要用自己的业余爱好去挑战别人吃饭的本事。别以为学了几招花拳绣腿，就可以去挑战李小龙、霍元甲了。

某些品牌的时装走秀，那些模特穿的衣服我是欣赏不来，所以你要让我去当服装大奖赛的评委，那我选出的获奖名单估计和专业人士选出来的获奖名单会大相径庭。但是，假若我老张哪一天混出头了，出去 social（社交）时需要有形象顾问把关了，那我一定无条件听从他的意见，毕竟人家才是专业人士。

还有，位于北京的中央电视台总部大楼，别称"大裤衩"，记得刚完工的时候网上充斥着嘲讽和叫骂，但说实话，我真心觉得大楼很好看，很前卫，很有个性。央视也是想通过建筑的个性来彰显自己内容的个性，这有什么不好吗？

要是当初央视就这个"大裤衩"设计在网上进行投票表决，估计，央视现在还在原来的地方办公呢。

说到央视，我不禁想到了一年一度的春节联欢晚会。近些年，晚会直播一结束，网上就有很多骂声。我个人觉得春晚办得挺好的，我基本每年都看，乐一乐，感受下歌舞升平、祖国形势一片大好的氛围。觉得不好看的人，关上电视机不就得了。

但回头想来，春晚总导演的活儿真心不容易，就像做一桌子菜，八个冷盘，八个热盘，要让十几亿人都爱吃，那是不现实的。

所以，我希望，今后我修改的文书请不要再拿给第三方去征求意见了。太多的意见会让你无所适从，也会给我老张凭空添堵。

说来说去，奉劝各位，不要总想着打造一篇完美的文章，天下公认的完美文章并不存在，何况是一篇带有强烈目的性的申请文书。

很多时候，过于完美反而是一种灾难。

我在修改有些学生的文书时，会故意在语言表达上表现得稚嫩点，以保证和申请者的 SAT 分数等硬性条件相吻合。所以，有些文书看起来并不完美，但和申请者的标化成绩是匹配的，至少保证了文书的真实性。从这个角度来看，这种刻意的不完美恰恰是完美的。

最后，请记住：维纳斯之所以美，恰恰是因为她的断臂，美得让人惊心动魄。但非常不幸的是，很多学生和家长，总是想给维纳斯安上个胳膊、做个指甲、套上个手镯，并且，还在冥思苦想：是给维纳斯穿上阿玛尼呢，还是香奈儿？

## 🌀 10. 你的文书上是不是爬着几只毛毛虫

我自认为有个优点，就是很多事情我能站在对方的角度来考虑问题，当然不是因为我很高尚，一定程度上也是出于私心。因为我只要站在对方的角度想问题，什么都能想明白，人会很快乐，可要是老从自己的角度想问题，想到最后也想不明白。

在写作的时候，我也会尽量考虑阅读者的感受。当要写一些稍微有点专业性的内容时，我也尽量写得接地气点，让人一目了然，最好让没有赴美留学经验的人看了，也能大概知道我在说什么。

回到正题。我们写出来的文书，阅读对象只有一个，那就是我们的招生官。因此，我们写文书时，必须要考虑到招生官的阅读感受。

大家看我润色过的文书，勤标点，多分段，不仅使文章显得干净利落，还有助于把文章内容条理化。相反，如果把不同的内容放在同一段纠缠不清，那招生官的阅读体验即使谈不上糟糕，也不会太美好。

我见过有的文书，全文就只有三大段，挤成一团。这样的文书，一眼扫过去，谁不会眉头一皱，心头一紧？

勤分段，不仅可以突出文书的重点（比如，重要的转折句和总结用语可以一句话成段），也可以放松招生官的眼睛和思绪，缓解他们因阅读而引起的疲劳和紧张，让他们阅读时不至于慌慌张张，呼吸急促。但如果在一个段落里，文字挤得密密麻麻，再大量使用复杂句（我改过的文书很少使用复杂句，也很少使用big words，即复杂的词汇），甚至一句话五行以后才出现一个句号，很容易让招生官读得上气不接下气。

还有，很多同学的文书里，充斥着一些毫无必要的中国人名和地名，这些人名和地名，也会严重影响招生官的"用户体验"。这些人名和地名，就像是一幅大美油画上的毛毛虫。

作为中国人，我们看这些人名和地名没觉得有什么问题，但招生官基本上是美国人，他们看到这些聱牙戟口的人名和地名时，估计会难受得龇牙咧嘴的。

我举个例子，很多学生在文书里写支教的经历，很容易出现如下的句子：

去年夏天，我们去云南丽江的一个乡村小学支教了一个月。那天傍晚我们在抵达目的地赵家村时，村长赵大军早已经在村头等着我们了。

你看了是不是觉得很清楚？肯定清楚，因为你是中国人。

但在美国招生官看来，他读上面这几句话，应该和一个北大招生官读下面的句子的感受差不了多少：

去年夏天，我们去阿布拉伊赛米基拉（省）拉库拉里嘎西瓦（市）的一个乡村小学支教了一个月。那天傍晚我们在抵达目的地普鲁斯普塔皮瓦时，村长普拉卡阿布拉莫早已经在村头等着我们了。

不知北大的招生官看到那一连串人名和地名的时候，会做何感想，心情是否如龙卷风下的满头乌发一样凌乱？

这里，我还区分了省和市，上面那个例子中的"云南丽江"可没有写成"云南省丽江市"，如果这里也把那个省和市去掉，你再读读这句话试试？

事实上，你完全没有必要在文书里这么详细地交代这些人名和地名，这对你文书里的故事情节没有任何作用。你不是马尔克斯，也不是托尔斯泰，你的文书里用不着出现上百个有名有姓的人物。

前面的例子，要是写到文书里，你大可以这么写：

去年夏天，我们去中国西南边陲的一个乡村小学支教了一个月。那天我们到达目的地时已是傍晚，而村长已经在村头等候多时。

你看看，省去人名和地名，是不是读起来轻松多了？

有的同学写到去新疆支教，他把新疆的英文全称"Xinjiang Uygur Autonomous Region"（新疆维吾尔自治区）写出来，然后文书里只要出现新疆，他就把"Xinjiang Uygur Autonomous Region"再写一遍，看得人怀疑人生。请问，这是在凑字数吗？

还有，为了使故事线条更清晰，尽量不要在文书中出现太多的人物，要记住，所有出现的除你之外的人物都是功能性人物，他们的作用是和你互动，但互动最后的落脚点还是你，因此，功能性人物在文书里出现得越少越好，除非是有特别需要。

比如，一个学生写他这些年去不同的地方旅行，其实写自己一个人去就可以了，如果年龄很小，需要监护人陪同，那只要妈妈出现就可以了，别一会儿是妈妈带着去西藏，一会儿是爸爸带着去新疆，奶奶还不顾高龄陪着去乌镇、周庄，这些细节描述毫无必要。或者写你去参加一次比赛，用不着写爸爸开车送你去赛场，妈妈把你接回家，奶奶还全程提着开水瓶陪着你。照我说，一个功能性人物足以，甚至一个都不需要，你自己直接去比赛就好了，谁管你是爸爸送去的，打的去的，还是坐地铁去的？

但很多同学写作的时候，老是抓不住要点，总是在细枝末节上费口舌，还美其名曰追求真实。

大家应该还有印象，我前面讲过一个例子，有个女生写她们宿舍 6 个人的故事，从老大写到老六。如果，文书里再给老大取个名字叫王春来，老二叫李秋归，老三叫夏常在，那这文书招生官读起来就是个绕口令了。

虽然生活中发生过的故事确实如此，但在写文书时，还是要简化人物，拼凑嫁接，使故事的线条不要受一些无关紧要的细枝末节牵扯。话说回来，谁会关心文书里除你之外的人物姓名，或是性别？我曾问过一个学生为什么要在文书里用这么多具体的人名和地名，她用天真无邪的大眼睛看着我说：我觉得加点具体的人名和地名，可以增加故事的真实性。

我瞅了她半天，一时语塞，然后急中生智，很认真地告诉她：我昨天晚上和安妮·海瑟薇在上海余姚路的 Muse 酒吧喝红酒了。

她用惊奇而疑惑的眼神看着她熟悉而又陌生的老张，摇着头说：啊，不会吧？

我强忍欢颜补充了一句：怎么不会？哦，对了，后来我们红酒喝完了，还一起喝掉了一瓶 82 年的雪碧。

## ◎ 11. 美本文书：光明阴暗，全在自己

很多申请者文书定稿后，无论自己多满意，总忍不住要拿给别人看看，让他们提提意见，于是问题来了。

你的文书不管怎么好，只要你请别人提点意见，人家基本上都会给你提上一两条，因为不提点意见，人家总觉得有点敷衍你。但要是每个人都提上一两条意见，很多同学又会不淡定了：难道我的文书有大问题？

于是，很多同学纠结了，焦虑了，自我怀疑了，痛不欲生了。

就像你诚惶诚恐请人家讲讲你有什么缺点，关系稍微铁一点儿的，大约都会先肯定你身上的一堆优点，然后来个但是云云。

别人讲你的缺点，是基于他和你交往的点点滴滴的画面，这个画面是你们之间的互动在他身上的投射，同时，对这个画面的解读，也反映了他自己的人生经

历，他因此得来的世界观和认识论。因此，不同的人，对你的性格的解读，一定会有看法不同，甚至完全相左的版本。

比如，你是个说话做事谨慎的人，这本来是个优点，但一个大大咧咧，人生过得顺风顺水的人会对你说：小王啊，你这个人什么都好，就是不够自信，做事不够洒脱。而在一个一辈子更加谨小慎微，走路都怕踩死蚂蚁的人看来，你的缺点可能就是过于大大咧咧了，他认为你讲话做事还得把尾巴夹得更紧一点儿。

他们的意见，完全相左，你到底听还是不听？要听的话，你又听哪个的？

我知道，要是给你提意见的是一个成功人士，或是所谓的权威人士，你很难不被他的意见所左右。但是，他的成功经验是他的，是属于他那个时代的，不是放之四海而皆准的。如果完全照搬成功人士的经验，你也能一样成功的话，那这个世界就没有失败者了。

在修改美本文书时，我很反感学生说，提某个意见的人是藤校招生官，是哈佛大学英文教授。我认为作为申请者，你要尊重自己内心的感受。一个北大中文系教授写的诗歌，不一定就比幼儿园小朋友写的充满童趣的诗歌更让人心动。同样地，我也不觉得一个哈佛大学教授提的文书意见，就一定比我老张提的高明多少，虽然我不知道哈佛大学有几个门，每个门都朝哪个方向开。

哈佛大学招生官的意见只能代表哈佛大学，甚至有时候连哈佛大学都代表不了。同一篇申请文书，极有可能在某些人看来平淡如水，而在另一些人看来就是此曲只应天上有，人间哪得几回闻。这让我想起在某年的《中国好声音》节目里，我超极喜欢曾溯恕的《Baby don't cry》和王靖雯的《讨》，我曾单曲循环无数遍，甚至一度认为曾溯恕要拿冠军，但当我把这两首歌推荐给朋友听时，他一脸愕然地问我：到底哪里好听了？

我没有和他就此绝交，因为我知道，对一篇文章、一首歌的看法，说到底是非常私人的感受，和当事人当下的经历有关。我修改出来的文书，一定是我满意了才会发给学生，如果学生也满意，那就很不容易了，说明我们的人生感受在这篇文书里合而为一了，那到底是否有必要再求得一个第三者，奢求他也和我们"琴瑟相和"？

这些年来，我听过很多人给文书提的意见，但大多不痛不痒，没有什么用。

你写得活泼点，他觉得你不深刻，你写得够深刻了，他觉得你没动感；你写弹钢琴、学游泳、参加运动会，他说你题材太普通，你写小鸡过马路、用手术刀解剖小鸭，他觉得你为了新奇而新奇；你举了好几个例子，他觉得你是思想不够、例子来凑，你只举一个例子，他觉得你的特色过于单一，好像除了这个别的啥也没有；你平铺直叙，他说你没有悬念，你正序倒序插叙一起运用，他觉得你七弯八绕，不够直接。

总之，你运用任何一种写法，他都可以说出与此相反的写法的优越性，而且还振振有词。当然，他也不是要找茬，我再强调下，他只是从他自己的角度出发，从他脑子里的画面来看你的文书。

写作没有一个绝对的公式。好比文书，你说到底是深刻点好还是简单活泼点好，还是平平淡淡才是真好？恐怕也没有定论。不要别人说文书要活泼点，你就嬉皮笑脸，同样，不要别人说文书不够深刻，你就立马故作深沉，为赋新词强说愁。

说实话，改了这么多年美本文书，我反而越来越喜欢那些平淡从容的文书。它们真实，不做作，在平淡的字里行间显示出真性情。但要是我修改出来的文书平平淡淡，家长会说不够刺激，不够惊心动魄。在这点上，我只能选择部分妥协。

写作的那些套路，对我这样一个喜欢写写画画的人来讲，几乎可以一眼看穿它们的行文逻辑。我也可以从一篇文书的遣词造句，大约看出作者写作时的状态，以及他的那点小心思。

因此，我反而喜欢一个叼着烟卷的农民，用不加修饰的语言和我讲他的人生。虽然故事讲得很粗糙，但就是因为粗糙才显得真实。与此相反，一个训练有素的讲故事高手，知道埋伏笔、抖包袱，知道应该先扬后抑，还是先抑后扬，知道什么时候该停顿，什么时候该煽情，也知道控制节奏，让听者保持适度的耐心而又满怀期待。当然，这两种讲故事的方式，孰优孰劣，就仁者见仁了。

回到正题。我不是禁止你找第三方提意见，因为不管怎么样，无论是你中学升学办的老师，哈佛大学的教授，还是你周围的同学朋友，大家都是出于一片好心才给你的文书提意见。但是，我要再强调一下，旁人对一篇文书的看法，永远是基于他自己的人生经历和世界观，以及他的个人喜好，你到底要不要听，决定权还是在你。

如果非要找第三方提意见，那就请提意见的人尽量具体点，那种笼统的下结论式的意见是很要命的。别人问你一件衣服好不好看，你不能直接用"不好看"三个字打发人家，你要告诉他哪里不好看。是领口大了？袖子长了？颜色淡了？纽扣多了？如果是纽扣多了，那几颗合适？纽扣具体要选什么颜色，什么尺寸，分别放在什么位置？

这才叫提意见。

别人的意见，涉及文书主题的，先反思你的主题是不是真的不行，他的主题是否就更好。如果确实是他提出的主题更好，你要先盘算盘算你能否将它发展成一篇650字的文书，你的素材是否还能与新的主题吻合。毕竟，你不能为了一个好的主题去胡编乱造自己的人生经历，因为你不是高手的话，也很难编好。

别人的意见，涉及到文书结构的，你可以问问他具体要怎么调整，如果照他说的调整，你又是否能接受。涉及到文字语言的建议，你要考虑你的英文实际水平，不要一味追求语言的高大上，也没有必要一味追求文风活泼。文书可以感人也可以不感人，可以幽默也可以不幽默，没有什么标准。何况文书的目的是让招生官了解你，而不是炫耀你驾驭文字的能力，炫耀你高深莫测的思想，或是你对文学修辞手法的驾轻就熟。

但别人提出的对文书逻辑的修改，就要引起足够的重视。逻辑混乱，是中国学生文书的一大通病。因为你是在写你自己的故事，前因后果你自己最清楚，即使你的表达稀里糊涂，由于有很多隐藏的原因你自己清楚，所以你很难看出其中的逻辑漏洞或是混乱之处，但读者不一定能根据你的文字得出相应清晰的逻辑。

另外，若是你觉得给你提意见的人经验丰富，加上你们关系也不错，你就请他在你原稿的基础上，结合他提出来的意见，修改出一个他的版本，然后你再比较，孰优孰劣。到了提交文书的时候，不要纠结，不要彷徨，喜欢哪个版本就提交哪个，尊重自己的内心。

但不要再把他提供的版本给另外的第三方看了，不然，另外的第三方也会提出一堆意见，这样下去就子子孙孙无穷尽也。所以我强烈建议那些有选择恐惧症的，那些能为一条裙子到底选哪个颜色纠结一天的同学，在你和升学老师就文书达成一致意见后，别再去找第三方提意见了，那只会徒增烦恼而已。

如果一篇文书能让你纠结得寝食难安，那你就要反思自己是否有性格缺陷了。如果自认为有缺陷，那就把申请季当作一次机会来试着改变那些性格小缺陷吧。

别人拿文书给我看，我一般都会口下留情，因为必须尊重别的机构辛辛苦苦琢磨出来的成果，所以小毛病我不提，有大毛病我也会很含蓄地谈谈我的看法。况且我提意见之前会琢磨人家这么写，一定有人家的道理。提那么多不痛不痒的小问题，讲那么多一二三四五，容易使申请者在申请季成了惊弓之鸟，而且那些小问题并不会对录取有多大影响。如果你非要让我给你的文书按极端的方式挑毛病，我能挑得你痛不欲生，挑得你肝肠寸断。

说来说去，还是劝你别再纠结了。你如果为一篇 Common 主文书能纠结一个月，那接下来那么多文书怎么办？还要不要写了？还能不能好好过了？生活还要不要继续了？

之前遇到过一个美高的学生，本来我们的定稿已经很好了，但她的高中老师觉得文书可以再深刻点，她因为这句话重新写了一稿，以下是我看了她新的一稿的回复，个别涉及隐私的地方已略做改动：

首先，我的意见仅供参考，你目前这一稿，我相信怎么改最后都是不伦不类的。我仔细看了你这一稿，还是强烈建议用我们本来的定稿。新稿中增加的例子篇幅太长，并且和全文的主题牵强附会，有生拉硬套之意（相信你写的时候有感觉，所以你觉得你写得很痛苦）。况且这个例子的文风和前半段很不协调，有强行深化主题之嫌。还有一点就是文中用了很多概述性的句子，使得文章更像论文而不是申请文书。

你问我爱你有多深，月亮代表我的心。这么一句朴实无华的话就足以表达内心的爱，你为什么非要使用弗洛伊德的精神分析说和叔本华的意志论来阐述你爱的深刻呢？这不是把简单的事情复杂化吗？文书的形式多种多样，如同女人的美，千姿百态。一个十几岁的小姑娘，有点幼稚呆萌，但干净可爱，可你非要让她描眉画唇，浓妆艳抹，假扮成熟，故作深沉，那就有点画虎不成反类犬了。

这样刻意为之的成熟，生拉硬拽的深刻，就是在糟蹋自己，糟蹋自己天然去雕饰的纯洁质朴之美，如同在一朵娇艳欲滴的玫瑰上，镀上一层俗不可耐的黄金。

# 12. 美本申请季，文书奇葩事

我坚持认为，一篇文书的流畅性和逻辑性是保证文书可读性的首要条件，因为招生官就只有那么两三分钟看你的文书，你要保证他能一口气看下来，对你有个大致的印象。

重要的东西一定要在文书中强调突出。打个比方，你要让人家看一朵花的花蕊，不要绕着让人家先看条小溪，再看小溪边的花园，再看到花园里那些姹紫嫣红的花朵，之后找了半天才找到你要让人家看的那朵花，还非要让人家先看看花茎，再掰开花瓣，一掰还好几层，把人家搞得七荤八素了，才让人家看到花蕊，这个时候，估计人家肚子都饿得不行了，也没有心思去欣赏那花蕊了。

有很多学生喜欢对话式开头，也爱在文书里用，我个人不是非常建议。如果这种开头和下文的承接比较顺畅，那你可以这么写，但千万不要绕了半天还没有进入主题，那就有点得不偿失了。

就我个人而言，我越来越喜欢直白的开头，这种开门见山的写法能让招生官从一开始就明白你的写作目的。很多人觉得，要是一篇文书看到开头就知道结尾，那一定不是一篇好文书。对此，我想说，我们这是在写文书，不是在写小说，小说创作需要 suspense（悬念），需要 surprise（意外），需要 climax（高潮），但文书应该直奔主题，旗帜鲜明地把主题亮出来，让繁忙的招生官一目了然。

在知道文书需要创意后，有些学生一心埋头苦想创意，恨不得要弄出个好到可以去参加中国微型小说大奖赛的创意。拜托，我们这是文书写作，不是文学创作，一方面你只有 650 个字可以用来表达，另一方面招生官也知道你就是个普普通通的在校学生，不会有什么惊天地、泣鬼神的人生经历，所以，我是觉得，平平淡淡也是文书写作的一种方式。

不要觉得主题平淡，文书就无法出彩，其实关键还是看你怎么写。爱情这个主题够平淡了吧，可是写了几千年，每年关于爱情的作品依然层出不穷。

因此，请你在写文书前一定牢记：你就是个普普通通的人，别老是想写出一篇让人拍案叫绝的大作，你就从你平凡人生的某一个方面切入，写某件事或某样东西带给你的独特感悟。

每一个人的生活都包含很多个方面，那到底该写哪些方面呢？或者说，哪些方面又不该写呢？

我入行的时候，看过一些美国人写过的书，他们在这个问题上也是众说纷纭。但依据我20年的经验，我是觉得除了宗教和政治这两个话题最好别碰，剩下的就没有不可以写的了。

一些美国人写的书里说文书中不要写与死亡有关的话题，但我们这几年一直有学生写到亲人逝世的经历，照样被录取了。我不觉得死亡不可以写，写死亡照样可以写出向死而生的精神，照样可以写出温暖人心的情感。前两年我有个学生写到了死亡这个话题，他的美国顾问老师居然对他说：招生官一般都是晚上看文书，写死亡会吓到他的，要是他被你吓到了，那他还会录取你吗？

首先，谁说的招生官都是晚上看文书的？不排除个例，我想大多数招生官都是工作时间看文书吧。另外，要是写个死亡话题就把招生官吓到了，那我觉得这招生官早应该放下工作去看心理医生了。

还有的老师建议学生，文书里不要写运动类的话题，也不要写课外活动等话题。我不知道他们是根据什么得出这些结论的，而且，你在谷歌里搜索文书里是否可以写活动，有一堆人建议你不要写，也有一堆人说可以写。我还看过有大学官方渠道推送过文章，介绍他们录取的学生写的sports essay（写运动的文书）。

所以他们说活动不可以写，依据到底是什么？如果一个活动让你得到很重要的人生启迪，为什么不可以写？我这些年进入藤校的学生中，写运动和活动主题的不在少数。我不能说他们进藤校是全靠文书的功劳，但至少文书没有给他们拖后腿。

在前面的章节，我们提到很多学生喜欢把自己写好的文书拿给七大姑八大姨去看，征求大家的意见。我也表明过我的立场，在此处重申一下，不是说你不可以把你的文书拿给别人看，但有些不是很专业的人看了后提的意见实在有点儿奇葩，对此你要学会甄别这些意见的价值。

比如：你写得太直接，他们建议你可以七拐八弯一点儿；你写得太复杂，他们告诉你简洁是一种美德；你要写得太平淡，他们又会说生活需要加点油盐酱醋；你的文字简简单单，他们觉得不够典雅；你要写得太雅致，他们又觉得这不是个中学生能写出来的水平。

这些建议听多了，我觉得你根本就没有办法把文书继续写下去，你也不想想，任何一种观点都会存在一个与它针锋相对，但又完全站得住脚的对立观点。

今年有个学生写自己从小观察力很强，文书开头写到他小的时候看父母眼色行事的一些事例，然后他把文书给他的大姑大姨看了，她们就提意见了：你这么写会让招生官认为你成长的家庭环境不正常。为什么呢？因为你要看父母眼色行事啊。

然后她们的思维开始滑坡，认为要是招生官觉得你的家庭不正常，那你的性格和心理也不会正常到哪里去，大学也就不敢录取你了。

我听了之后，一口老茶喷涌而出，如果这样想，你的文书就没有办法写了，你的任何一句话我都可以过分解读。

你说今天阳光灿烂所以我去打球，那我说：你只有天气好才去打球，下雨天你却不去，说明你是个没有恒心、没有毅力的人。

你说我很感谢我的生物老师，她带我走上了探索植物世界之路。那我说：原来，你的感恩是有针对性的，人家帮了你，你才感恩，没有帮你，你就不感恩，你对这个世界缺少大爱啊。

有一个学生写自己乐观，他在文书里写有一次篮球比赛，离比赛结束还有 3 分钟，自己的队伍落后对方大约 30 分，大家都觉得必输无疑了，一个个垂头丧气的，只有他还在啦啦队坐席上摇旗呐喊。我是觉得这个例子很有意思，但他的一个朋友说：你这样写，会让招生官认为你大脑缺根弦，只有 3 分钟了，落后这么多分，必输无疑了，你还这么瞎起哄，不就是大脑缺根弦吗？

那应该怎么写呢，同学？什么叫 special（特别）呢？就是和大家不一样才 special 啊。

还有的奇葩建议，说文书里不要用"I"，这样显得太自我。这个建议真不知道是依据什么得出来的，我写我自己的人生故事，不用"I"，难道用"he"，用"she"啊？

我手边刚好有一篇今年被哈佛大学录取的一个亚裔学生的主文书，我百忙之中特地抽出时间数了一下，600 多个字中用了 52 个"I"（包括 me），占全文近十分之一，但我相信有更多的文书，因为内容的不同，"I"的数量远远超过 52 个。

但就是某些公众号文章给出的乌七八糟的建议，让广大学生在写文书的时候畏首畏尾，无所适从。每年申请季，还有些家长会把类似的文章转给我，我基本上无视。不是说他们讲的完全没有道理，而是他们讲的任何有道理的地方，我都可以找到完全相反，但又非常言之有理的说法。

今年有个学生申请某大学的某个专业，他在补充文书里写到他希望和这个专业的某个教授学习某项具体内容，我觉得很好啊，因为他能在文书里提到具体的课程，具体的某个教授，并且还知道他的研究方向和自己的兴趣吻合，招生官至少觉得他是下了功夫研究的。但他的老师给出的建议是：你不能写到具体的某个教授，因为万一这个招生官和这个教授关系不好，那你就完蛋了。

这一次，我不是一口老茶喷薄而出了，我直接"口吐鲜血"，仰天长啸，倒地不起，几欲一命呜呼也。

先不说招生官会不会这么小心眼，我觉得就算以一般的美国人的胸怀，他们还不至于拿一个无辜的申请者开刀。即便如此，这样的巧合让你碰到的概率有多大？恐怕不会比在同一个地方被雷连劈三次，并且次次都是在礼拜三下午三点的概率高多少。

## 13. 有一百个玩家，就有一百种乐高玩法

关于主文书的创意，很多家长和学生越来越走火入魔了，老是想琢磨出一个空前绝后的创意。他们迷恋创新，执念于奇妙，最好是奇妙得有猎奇之嫌了，方才觉得过瘾，方才觉得自己的文书可以鹤立鸡群了。

拜托，一个十七八岁的孩子，面对一篇只有650字的文书，难道还能整出一个茅盾文学奖？

很多家长的口头禅是：这不就是在讲孩子的乐观吗？这不就是在讲孩子很有毅力吗？说罢还一个劲儿地摇头摆手，连连表示不满。

按照这个思路，那《泰坦尼克号》这个电影不就是讲了一个爱情故事吗？《肖申克的救赎》不就是讲一个人身处大牢但依然追求自由的故事吗？我要是被

关在监狱里，我也渴望自由啊，那这电影有啥好拍的？

他们还有一个貌似很有道理的说法是：这篇文书换个名字，套到谁身上都是适用的。

那把《肖申克的救赎》里的主人公安迪换成任何一个人，这个电影都是适用的，因为渴望自由是人的本性。照这么说，这部经典作品是失败的？

还有，把盖茨比换成我老张，我大约也会在黛西的对面盖一个大房子，然后夜夜笙歌，纸醉金迷，并在曲终人散之后坐在花园里，望穿对岸黛西的房子里透出的一束绿光。所以，《了不起的盖茨比》也是失败的？

一部作品若是放到任何人的身上都是适用的，不见得就是坏事。莎士比亚的作品之所以被世界各个民族喜欢，就是因为它们超越了种族和国界，展示了人性中那些普遍存在的坚强和软弱，黑暗和光明。

因此，与其整天琢磨如何让主题惊天动地，倒不如找一个你最有感觉的主题立马开工。有些同学，总是整天空想如何标新立异，却迟迟不见动笔，让宝贵的时间在愁眉苦脸中悄悄溜走了。

一言以蔽之，文书的主题无疑很重要，但比这个更重要的是，你如何在确立主题后开始属于你自己的独特叙述。

不要一听说写乐观、坚强、幽默这样的主题你就眉头一皱，也不要一想到写画画、游泳、打羽毛球这样的活动就嗤之以鼻，更不要提到写去儿童福利院、敬老院等经历就双肩一耸，翻着白眼，来个"Oh，my God"（得了吧）。

这些主题我的学生都写过，而且我摸着良心告诉大家，他们录取的学校都非常不错。

如果你硬要和我抬杠，那我跟你讲，那些所谓的"哈佛50篇"，还有各类公众号上的优秀文书，我都可以嗤之以鼻地给其中任何一篇套上一句：切，这不就是个写什么什么的嘛，哪有那么好。

不过说实话，某些所谓的优秀文书，我是真心看不上，但我看不上不代表它们就不好。说到底，文无第一，武无第二，同一篇文书，带给不同人的感受肯定是不一样的。就算是同一所大学的招生官，他们对同一篇申请文书的评价也会不一样，甚至差别很大。

但我不是说主题创新不重要，而是说你如果没有创新的主题，那就找你最熟悉、最有感觉的去写，注重表述和事例的创新，依然能写出一篇不错的文书。

你若非要为了主题创新，而找个自己不熟悉的内容去胡编乱造，我估计你最后也编不下去，或者编出来的东西自己看着都很假。在这个问题上，不妨想想赵本山在《一代宗师》里的那句经典台词：人啊，有多大的屁股就穿多大的裤衩。

举个例子，这些年，我有十多个学生写过玩乐高的故事。

有的写通过玩乐高培养自己的动手能力，有的写玩乐高怎么培养自己的耐心和专注度，有的写玩乐高怎么培养自己的想象力，有的写自己从一开始按照说明书拼乐高到后来全凭自己的想象去拼，还有的写乐高本身的发展，它怎么从一个儿童玩具变成了成年人也津津乐道的成人玩具，并且自己从中得到了哪些启示。

当然，也有的写玩乐高带给自己对人生的认识，比如即时回报（instant reward）的问题。有的写乐高中单独的每一个小块是无意义的存在，但组合在一起就是世界的一部分，不禁让人联想到个体和整体的关系。再比如，每一块乐高本来都是一块平等的塑料，但组合起来之后，不同的小块就会处在不同的位置，同比我们的人生，如果上天把你放在一个并不重要的位置，你的内心是否会失衡？失衡后是否会选择抗争？等等等等。这样发挥下去，一个小小的乐高玩具，可以挖掘出无限的可能。

大家一定想，在前面讲的内容里，似乎后面那些有关即时回报，或是个体与整体的关系，或是内心失衡之类的话题，更高大上一点，但说实话，我倒没有觉得哪个更高大上，我最关心的还是怎么写的问题。

因此，我帮学生做文书创意，会附带着解决怎么写的问题。我们会在充分挖掘素材后，形成第一稿的相关要点。

比如，文章怎么开头，怎么过渡到第二段，中间的主体部分具体引用哪些事例，哪个在先，哪个在后，每一个事例如何从不同的角度来写，它们分别要突出什么，收尾前怎么为升华部分进行铺垫，当然也要考虑是否有必要进行升华，如果文书的主题需要升华，那到底该怎么升华，要不要加上和主题吻合的金句，或是名人名言，等等等等。

有人要问了，你一个人负责这么多，学生的能力还怎么提高？他们在这个过程中并没有得到锻炼啊。

其实，一篇文书到底怎么写，是我和学生共同探讨出来的，甚至，在这个过程中，我和学生的观点会有一些冲突，但我们会尽力说服彼此，或是互相妥协。同时，无论讨论得多么细致，还是要学生拿出初稿，虽然这个初稿是建立在我们讨论的框架上，但具体的一句一句的表达不还是要学生自己去完成吗？学生的初稿写出来后，我会在这个基础上进一步润色后定稿，学生拿到定稿后可以对照自己的初稿，看看哪些地方做了改动。所有这一切，难道不是能力提高的过程吗？

有些顾问光定下一个主题，又不和学生深入探讨怎么去展现这个主题，或是篇章结构到底怎么安排。学生一头雾水来问问题，他们就用一句冠冕堂皇的话来打发：be yourself（做你自己）。

做你自己！这句话没毛病，貌似高高在上，蕴含无尽的道理，但问题是，在焦头烂额的申请季，学生花了大笔的钱来找他们，难道就是为了让他们告诉自己这四个字吗？他们觉得自己是谁呀？吕不韦呀，一字千金啊。

做你自己！这四个字有它的积极意义，但也害死了不少人。人生很多时候，其实并没有资格去做自己，当你没有这样的资格还偏要做你自己，最终的结局，可能是你永远也做不了自己。因此，我想说：

智慧的人生，其实就是在做自己和不做自己之间来回切换。

这也是去年 3 月，我给一位学生的 Common 主文书定下的主题。

## 14. 横扫 8 所常春藤盟校的文书，到底牛在哪里

几年前，一个 18 岁的萧姓华裔女孩，以 SAT 1540 分的成绩斩获了美国 14 所大学的录取通知书，其中包括 8 所常春藤盟校，以及斯坦福大学、阿姆赫斯特学院等炙手可热的美国牛校。

网上广为流传的是她那篇 Common 主文书，一共 593 个字。我承认这篇文书写得不错，是我很欣赏的文风，但我也可以负责任地说，萧同学绝对不是仅仅靠这篇文书就可以横扫 8 所常春藤学校。

但这篇文书的选题真的非常精妙，值得我们很多同学借鉴。之所以说精妙，是因为这篇文书的主题和申请者的背景、活动，以及她申请的专业结合得天衣无缝。

萧同学当时就读于加州的一所艺术高中，学的是写作方向的课程。她申报了 14 所大学，申请的都是写作或是新闻类的专业。

一般来说，你报某个大学的特定专业，你的表格系统得有相应的支撑内容，那萧同学有什么可支撑的内容呢？

萧同学从小就立志成为一名记者或是作家，她的英文写作功底自不必说。她

小小年纪就当上了校学生会主席和校杂志主编，经常出现在好莱坞的红地毯和记者会上，采访一些熠熠生辉的明星大腕，同时她还在多家青少年网站和报刊任兼职记者。

12 岁，她就做了好莱坞的记者，曾获得专门表彰影视媒体行业杰出女性的格雷斯（Gracie Awards）最佳学生记者奖，先后担任 Crixit.com 和 Fanlala.com 等网站的青年记者，因常常采访好莱坞红毯明星而渐渐成为青少年网络红人，同时她还是洛杉矶时报高中特约记者、BYOU 杂志特约记者和 BroadwayWorld.com 上的知名博主，专门从年轻人的角度撰写影评。

可以说，任何一个招生官看到这些信息，都会认为这是一个对英文写作和新闻记者职业有着高度热情的申请者。

其实，凭借这样的背景和这些辉煌的履历，就算她的主文书写得一般般，估计一些大牛校也不会"放过"她的。

而恰恰锦上添花的是，萧同学的主文书很巧妙地避开了自己这些令人咋舌的经历，反而从自己的移民家庭出发，描述自己学习英文，以及帮助妈妈学习英文的经历。这就非常巧妙地传达给招生官这样一个信息：

我能有今天的成绩，不是因为我出生于多么优渥的家庭，而是我自己一步一个脚印努力的结果。

我反复强调过，主文书应尽量避开大谈特谈自己的成就，而应多谈谈成就背后的辛酸和艰难。招生官固然会对你的辉煌成就有个深刻的印象，但他可能更好奇你是怎么一步一步走到今天的。

所以说，萧同学这篇文书的选题真的是非常棒。

我把这篇文书附录在本节末尾，大家用心读一下，可以看到她虽然出生于一个普通的移民家庭，却成长为一个坚强、乐观、自信，并且充满悲天悯人情怀的小姑娘。

萧同学这篇主文书的主题是讲自己学英语的故事，可以说，这个题材真的很不好写，弄不好会写得索然寡味。但萧同学毕竟是搞写作的，她知道怎么去抓读者的眼球。

文书开篇的第一句话就很吸引人：In our house, English is not English（在我们家里，英语不是英语）。这个开头很容易激发读者的好奇，接着她解释是因为她和妈妈的英语发音不是英语应有的样子，并且举了个例子：她们会把"snake"发成"snack"。但是，就着这个糟糕的发音，作者和妈妈却能理解彼此要表达的意思，暗指她们两个人的英语发音都很糟糕，特别是她妈妈会把"film"发成"flim"，让人忍俊不住。对于美国某些东南亚移民的发音，我想招生官一定也是不陌生的。

接着，作者又举了一些让人哑然失笑的例子，但注意，此时她的笔墨开始向自己转移。比如，她分不清"cast"和"cash"的发音，所以本应该是"cast out demons"（把魔鬼驱赶出去），被她发成了"cash out demons"（把魔鬼兑成现金），她也为此经常被人取笑。作者进一步补充细节，说明自己的英语发音有多么糟糕。比如她把"accept"发成"except"，把"success"发成"sussess"，直到老师纠正她的发音，她才知道她们家讲的英语和地道的英语有着巨大的差异（glaring difference）。她还补充说到，在英文写作课上，她也经常会为自己词不达意而感到力不从心。这句话其实也从侧面说明了她英语不仅发音糟糕，而且写作也很蹩脚。

接下来的故事，又回到了作者的妈妈身上。妈妈因为英语发音被人嘲笑，立志要学好英语，所以作者开始教妈妈英语，在这个过程中，她自己的英语水平也在不断提升。

文书的正能量部分说自己随着英语水平的提升，开始关注和融入社会，以及服务社会。比如，她在全校 3000 名师生面前朗诵诗歌，写舞台剧，采访各行各业的人，为无家可归者和难民发声，用流利的英文与那些嘲笑在纽约地铁站表演的亚裔人士的人做抗争，以及帮助那些 ESL（英语作为第二语言的）学生用英文讲述他们内心的故事等等。这些例子都充分表明，作者学习的英语是用来服务社会大众的，是用来和社会不公平现象做斗争的有力武器。

写到这里，我们看到看似普通的语言技能，作者一旦掌握了，就成了一把利剑，直指社会的阴暗面。这足以让人相信，这个申请者已经具备一个新闻记者的最基本素质：以文字为武器，助无力者前行。

文书的结尾，萧同学也写得很精彩，和第一段首尾呼应。

她说，在我们家，我们讲的英语蕴含着美。在我们家，语言不是破碎的，而是充满感情的。我们家似乎就是由这样的单词构成的，比如碗橱里有 friendly snakes（"友好的蛇"，snakes 本应是 snacks，即小吃，作者故意这么说是为了和第一段呼应），水缸里有 snacks（"小吃"，应该是 snakes）。这样的家有点不自然，并且有些 messy（混乱），但这就是我们打造的家。

非常平实的结尾，和第一段遥相呼应，让人不禁更加心疼这个小姑娘，她在这样的环境下，却能获得如此傲人的成绩，试问哪个大学会不心动呢？

总之，萧同学这篇申请文书，确实是篇不可多得的佳作。

最后，我还是想说，在文书里，你尽管放心大胆地去展示真实的你，不管是什么题材，也不管这个题材看上去多么平庸，只要你能写出动人的细节，让人身临其境，同时文笔流畅，立意高尚，并且和你的表格系统完美契合，它就可能成为一篇帮你拿到美国牛校入场券的完美文书。

In our house, English is not English. Not in the phonetic sense, like short a is for apple, but rather in the pronunciation — in our house, snake is snack. Words do not roll off our tongues correctly — yet I, who was pulled out of class to meet with language specialists, and my mother from Malaysia, who pronounces film as flim, understand each other perfectly.

In our house, there is no difference between cast and cash, which was why at a church retreat, people made fun of me for "cashing out demons." I did not realize the glaring difference between the two Englishes until my teacher corrected my pronunciations of hammock, ladle, and siphon. Classmates laughed because I pronounce accept as except, success as sussess. I was in the Creative Writing conservatory, and yet words failed me when I needed them most.

Suddenly, understanding flower is flour wasn't enough. I rejected the English that had never seemed broken before, a language that had raised me and taught me everything I knew. Everybody else's parents spoke with accents smarting of Ph.D.s and university teaching positions. So why couldn't mine?

My mother spread her sun-baked hands and said, "This is where I came from," spinning a tale with the English she had taught herself.

When my mother moved from her village to a town in Malaysia, she had to learn a brand new language in middle school: English. In a time when humiliation was encouraged, my mother was defenseless against the cruel words spewing from the teacher, who criticized her paper in front of the class. When she began to cry, the class president stood up and said, "That's enough."

"Be like that class president," my mother said with tears in her eyes. The class president took her under her wing and patiently mended my mother's strands of language. "She stood up for the weak and used her words to fight back."

We were both crying now. My mother asked me to teach her proper English so old white ladies at Target wouldn't laugh at her pronunciation. It has not been easy. There is a measure of guilt when I sew her letters together. Long vowels, double consonants — I am still learning myself. Sometimes I let the brokenness slide to spare her pride but perhaps I have hurt her more to spare mine.

As my mother's vocabulary began to grow, I mended my own English. Through performing poetry in front of 3,000 at my school's Season Finale event, interviewing people from all walks of life, and writing stories for the stage, I stand against ignorance and become a voice for the homeless, the refugees, the ignored. With my words I fight against jeers pelted at an old Asian street performer on a New York subway. My mother's eyes are reflected in underprivileged ESL children who have so many stories to tell but do not know how. I fill them with words as they take needle and thread to make a tapestry.

In our house, there is beauty in the way we speak to each other. In our house, language is not broken but rather bursting with emotion. We have built a house out of words. There are friendly snakes in the cupboard and snacks in the tank. It is a crooked house. It is a little messy. But this is where we have made our home.

# 15. 你就老老实实写，别整那些有的没的

Common 主文书，几乎是申请每一所大学都需要的材料，对你的申请结果至关重要，这点我已经在本书里重复得够多了。但也正因如此，不少同学在 Common 主文书的写作上，总是绞尽脑汁想写出花样，写出血染的风采，却忘了，文书的本质是让招生官了解你是一个怎样真实鲜活的个体，而不是一个让你炫技的舞台。

你可以在写作手法上做创新的尝试，但撑起文书的还是你的内容、你流畅的逻辑和你清新的文笔，而不是那些有的没的、虚头巴脑的新奇点子。

有的同学总喜欢在文书开头先设定一个场景，比如在凌晨的街头，驶过一辆飞速奔驰的汽车，此时，文书的主人公，也就是申请者，表情严肃，隆重登场，接着他的脑海飞速旋转，时空交错，一下子穿越回小学甚至幼儿园。

没有必要弄这些花头。你想干嘛？如果是写你的某个兴趣爱好，比如写自己的动手能力强，没问题，你不妨从幼儿园写起，因为这可能是你兴趣的缘起，但这不是重点，你的重点应该是，按照时间顺序，写这些年你动手能力的进步，即文书的核心应该是你如何 develop 这个兴趣的。

有人喜欢在文书开头写一个宏大的颁奖仪式，比如全国组装电脑大赛，他拿了一等奖，站在颁奖台上百感交集、思绪万千，脑海里浮现了一个天真无邪的小学生手上拿着螺丝刀的情景。然后，经过这么一番描绘后再开始讲他的兴趣的发展过程。

说实话，在这种情况下，你大可平铺直叙，没有必要使用倒叙。小说里使用倒叙，是因为它有足够的篇幅来讲故事，但 Common 主文书就 650 字，你得讲点干货，讲点实在的，没有必要让这些假大空的内容占据你原本就捉襟见肘的文书篇幅。

我年轻时很喜欢杜拉斯的《情人》，小说好看，据此改编的电影也好看，虽然有些少儿不宜的内容，但那些香艳的画面看得人压抑得想哭。小说的开头大约是：我已经老了，在一个大厅里，有个男人走过来对我说我认识你，我永远记得你，我是特地来告诉你，和你那时的样子相比，我更爱你现在备受摧残的面容。

我第一次看时，这个开头一下子就把我抓住了，让我迫不及待地想读下去。但要你用 650 字来写这个故事，这样的开头显然不合适，你必须开门见山地叙述在湄公河边，年近 40 岁的男主和年近 16 岁的女主不期而遇。

字数限制压缩了你发挥的余地，限制了你想象的空间，所以你必须单刀直入，把故事讲完整。在《情人》里，虽然故事的主线是讲主人公 16 岁到 18 岁的事情，但事实上整个故事延续到她 70 岁的时候，现实和回忆来回交错，让人对深刻的绝望和无疾而终的爱唏嘘不已。显然，这种写法会占据大量篇幅，在文书里是不适用的。

还有的申请者，喜欢用对话式的开头，乍看上去很活泼，但仔细看的话，你会发现对话的内容和接下来的故事叙述脱节，联系没有那么紧密，或者说对话太长，拖泥带水，严重影响叙述的节奏，也影响招生官阅读的心情。其实，如果删掉对话，对故事的讲述并没有影响，那这样强行安排的对话意义何在？

因此，我不太建议用对话来开始你的文书。我看到的很多对话式开头，都是可有可无的，或者其实用一句话就可以讲清楚，根本没有必要强行塞进一段对话。如果没有把握能让对话做到干净利落，和下文无缝对接，那么能不用就尽量别用了。

有的申请者为了体现文书的思想深刻，喜欢用很多感想类的 generalization（概括性句子）。不是说不可以用，只是一般来说，使用 generalization 是行文至此有感而发，或是为了逻辑清晰用来承上启下等等，但有的申请者非要在一件普通的小事上，大量使用 generalization，而且这些所谓的感想，大多是"无感而发"的，和故事本身并没有什么关联。并且，大量的 generalization 也会冲淡文书的故事性，使得文书偏向了论文的形式。

当然，有的同学为了使自己的感悟显得更深刻，会频繁使用金句，即一些名人名言和一些让人印象深刻的句子。我不反对使用金句，我认为适当使用金句确实可以提升文书的档次，但大量的金句堆砌会导致文风做作。若是感情没有到那个地步，就没有必要为赋新词强说愁，或者说你的经历配不上那些发人深省的金句，那也没有必要为了深刻而深刻。

金句如内裤，你出门在外确实该穿着，但不应该见到人就展示，还大声宣告你的内裤是名牌的。

总之，如果你的写作技巧不娴熟，我还是建议你老老实实按照时间顺序来写故事，按照时间顺序写你个性的发展或者兴趣的发展，不要折腾那些有的没的。你要相信，招生官最感兴趣的还是你的内容，而不是你的文学造诣。

前段时间，我无意中读了刘震云的《吃瓜时代的儿女们》。书中，四个素不相识的人，来自社会的不同地方和不同阶层，有普通的农村姑娘，也有位居高位的省长。刚开始这四个人的故事是独立发展的，看上去毫无关联，但渐渐地有了细若游丝般的联系，最后，书中不同人物的故事线完全合并成了一条线，如同几条曾经各自奔流的小河，从天南海北，最终汇聚成一望无际的大江大海。

小说这么写，让人看了大呼过瘾。文书却很难这么写，除非是高手，能轻而易举地用 650 字，一条主线，串起生活中看似毫无关联的片段，甚至最后的成品还能给人一种空灵飘逸之感，但对大部分申请者来说，挑战这样的文书写作方式，弄不好最后的定稿会不伦不类，甚至死路一条。

## 16. 我把我的人生借给你了

他沉默着，还有点局促不安。

他低着头，一动不动地盯着自己的双手，右手的拇指抠着左手食指的指甲缝，似乎，他想从指甲缝里，找到可以和我把谈话继续下去的话题。

他偶尔抬起头看着我，目光有些躲闪，他觉得他的人生太过平凡，每天就是重复着一个学生应有的日常，甚至，在他看来，他十几年的人生的主旋律就是两个字：重复。

他还说他的人生就是一张白纸，上面没有一点儿色彩，甚至连黑色都没有。

我说那你说说你今天早上吃了什么，再告诉我你最爱吃什么，最不爱吃什么。然后我问他你们家谁做饭，你觉得是你爸爸做的好吃，还是你妈妈做的好吃。

这些问题听起来是非常无聊，我也知道问这样的问题毫无意义，但我的目的是要让他开口说话，说一些可以不用过脑子的话。一旦他打开话匣子，我相信我总会从他的只言片语中，找到可以继续下去的话题。

无论如何，沉默总归是个很危险的信号。

我们从饮食习惯，谈到了他的爱好。对于爱好这个话题，他一开始也不愿意开口，因为他觉得他的那些爱好，和别人的差不多，而且他也没有在哪一个爱好上有过什么深入的研究，都是蜻蜓点水式的。并且，他的爱好也似乎一直在变化。

但是，在讲到他放弃书法的时候，他的眼睛里掠过一丝不易察觉的悲伤。我注意到了这个细节，我心里觉得有戏，因为我相信 sadness would make a good story（悲伤的素材容易写成好故事），但我没有马上让他讲太多关于书法的事情，相反，我把话题引向了别的方向，继续扩展。

我和他对话的时候，我只用余光看着他，我不想我们的目光对视扰乱他的思路，但同时，我就像个猎手，嗅着周围的空气，等待着我的时机。

一个优秀的文书创意老师，在和学生面谈时，他应该是个狩猎者，同时也应该是个挖矿者，他能从学生漫无边际的叙述中，感受到哪一种题材在对他"暗送秋波"，他也能凭直觉判定到底哪一个题材下面，物产丰富，美不胜收。

他讲得差不多的时候，又突然低下头来，右手又开始玩弄左手的指甲。

就在他情绪放松的时候，我出其不意地问到：你当时那么爱好书法，为什么会想到把它放弃了？

他猛地抬头，看着我，我看到他的眼睛似乎有点儿湿润。

我说人的一生，多多少少都会放弃一些东西，但其中有一些东西注定无法舍弃，如同时间永远带不走光阴的故事。

他的眼眶开始泛红。

他开口了，讲他的爷爷从幼儿园开始教他写毛笔字，回忆起他和爷爷一起练毛笔字时的美好时光，他还想起春节回到老家，怎么帮爷爷一起给乡亲们写春联，那些节日的温暖一直留在他的记忆里。但是后来爷爷走了，他因为学校的功课繁重，父亲也很少带他回老家了。

说到这儿，我明白了，在他的心里，书法不仅仅是一个爱好，而是他和爷爷之间的情感纽带，是他对亲情的一份寄托。

我们继续谈下去，谈到他为何放弃书法，谈到他在练习毛笔字时的感受，谈到他因为写毛笔字，对中国文化多了一份理解，也谈到练毛笔字带给他的人生启迪。比如，用柔软的毛笔写出来的字，是如何地苍劲有力。又比如，看似汪洋恣肆的草体背后也是规规矩矩的一笔一画。

我回到我的办公桌前，拿出一张白纸，在洁白的纸上，奋笔疾书，一气呵成，写成一篇关于毛笔字的文书框架。

我写的时候，想象着他们爷孙俩每人手上拿着一只毛笔的样子，想象着爷爷握着他的手，教他写一撇一捺，想象着万家灯火的除夕夜，贴在门上的对联，墨迹未干，年夜饭在桌子上热气腾腾。也想象着，他一天一天地长高，他的毛笔字一天一天熠熠生辉，笔走龙蛇，他的思想也一天比一天更悠长深邃。

我把文书框架放在他的面前，又一次和他倾心交谈，在框架上修修改改，不断和他交换意见。

我说，你还觉得你的人生是一张白纸吗？他腼腆地笑了起来。当然不是，因为这张白纸上，写满了字，每一个字，都是他的故事，但每一个字，也融合了我的想象。

因此，不要觉得你的人生是一张白纸，这世上没有谁的人生是一张白纸。其实，当你开始讲述你的人生为何是一张白纸的时候，那张白纸上就已经开始有色彩在"奔走相告"了。

所以来吧，把你的故事讲给我听，我把我的想象力借给你用，让我们一起编织你的故事，一起拍摄关于你的电影，一起酿造一壶足以告慰风尘的好酒。这壶酒里，包含了你十几年的"五谷粗粮"，你的喜悦和悲伤，当然还有你的梦想。但同时，它也包含了我几十年来读过的每一本书，看过的每一场电影，走过的每一个地方，以及我深深爱过的每一个人。

从这个意义上讲，我把我的人生暂时借给你了，我们彼此的人生在这一壶酒里，久别重逢，又只如初见。

# 第六章

## 12篇Common主文书的成形和点评

· · ·

收录在本章的12篇主文书

均由我亲手润色定稿

希望每一篇都可以给大家带去一点启发

这些文书并不是我精心挑选之稿

我只是借助每一篇文书讲一个观点

刚好，这篇文书有代表性而已

同时，考虑到学生的实际英语水平

部分文书的语言表达并未大肆美化

## 1. 在一座桥上仰望星空

康德说：有两种东西，我对它们的思考越是深沉和持久，它们在我心灵中唤起的赞叹和敬畏就会越来越历久弥新，一是我们头顶浩瀚灿烂的星空，一是我们心中崇高的道德法则。

人类所有的伟大成就，现代科学的起源，似乎都是从仰望星空开始的。

在爱琴海上，诸如泰勒斯和苏格拉底的古希腊圣哲们在探讨人与自然的神秘，同时代的东方诸子百家们在战火纷飞的中原大地上仰望星空，并著书立说，践行他们的情怀。

所以，对星空的仰望，只会让人类更关注现实，这是推动人类进步最伟大、最持久的原动力。

黑格尔也说过，一个民族，如果只是专注于脚下的事情，这个民族没有未来。

因此，在一篇出彩的大学申请文书里，那些仰望星空的主题总是会让人感慨不已。

仰望星空的主题，能让招生官看出一个少年的情怀，以及他的担当，他的责任感，他对未来的忧患意识和对人类整个群体的深度思考。

哪怕他什么也没有做，这样的思想光芒，已经足以令人震撼，让人难忘。

写下面这篇文书的同学，因为条件限制，她做过的课外活动不多，但是在交谈中，她无意中提到她们老家的小城市，在到处盖房子，而她自己从小住过的房子早已经找不到影子了，还有那个城市的一座很有历史底蕴的小桥也在城市化进程中被拆掉了。

这座桥，触发了我的灵感。在和这位同学反复头脑风暴后，一篇 Common 主文书的主题就形成了：聚焦城市化进程和保护城市的历史遗迹之间的矛盾。为使得这座桥更有底蕴，我们决定把乾隆皇帝下江南的故事也诌进去，算是融入点中国元素。

我想提醒各位注意的是，在这篇主文书里，你看到作者做了什么吗？她似乎什么也没做，但好像又做了很多，并且更重要的是，她思想的光芒闪耀于字里行间。

文书通篇展示的是她对城市化进程的深度思考，她对无节制的城市开发的担忧，她对我们的下一代以及下下代的历史责任感等等。她没有"脚踏实地"，但是她用一个 18 岁少年的眼睛，一直在"仰望星空"。

最后，这位同学被一所与"大藤"同级别的学校录取，那一届，中国共有690 人报考该校，只录取了 3 人。有一年的圣诞节，这个同学特地来看我，她说开学报到的时候，教授还当面对她说：你的申请文书让人印象非常深刻。并且，她是那一届仅有的几名获得招生委员全票通过的学生之一。

我还想特别说明的是，这个同学当时也在跟我学 SAT 和写作，所以总想在文书里运用一些复杂句型和高大上的词汇，这个可以从她的文书初稿里看出来。初稿交给我后，内容通过，但结构和遣词造句被我打回去重新回炉。我反复提出修改意见，要求她使用简洁有力的句子。她写了一稿又一稿，最后成稿的样子和初稿已经大相径庭，虽然核心的东西没有改变。

　　这里也提醒一下各位同学，如果你没有实实在在做过一些拿得出手的活动，没有写实的素材，那在主文书里展示你仰望星空的情怀也许是个不错的选择。

———— ⋙⋘ ————

*学生初稿*：

It isn't the impulse to see the new, nor the urban prosperity and clamor that allured me to come to the river bank and stand on the bridge. A rainy afternoon witnesses me come close to the gloomy hub of town with a bridge, which has long hovered in my mind, Bridge Qianlong.

Standing on the bridge, I am a passive observer of the bustling downtown. Buildings and automobiles sing the monotonous symphony day and night with the powerless pedestrians crowding in the available narrow space. Everyone looks busy, hurrying to place after place. Life is dumb, numb, and down.

Among the hasty and robust city center, the bridge Qianlong is a definite exception of relative tranquility and oldness. How long has it been here? I'm not sure. I used to stubbornly ask my parents and the senior about it. It seems the bridge has existed from a time earlier than people can count. Or to be more specific, it is at the beginning of every old man's memory. The story from the old usually starts with a poetic description of the past panorama of the town, a place so serene and idyllic that stuns my imagination. For unknown reason, I have developed a maniac and sentimental sensation towards the past represented by the bridge Qinglong, a history of the southern China, which was called Jiangnan, like any typical Jiangnan person may do. I love to listen to the eloquent raconteur devoted to the narration of the distinct life style of the town in the past, while we are in a modern flat, enjoying the result of urbanization.

The reason why I come to Bridge Qianlong at this spot is beyond my reasoning. Now I simply look around, caressing the seemingly ancient bridge rail in an effort to do what a gentle and quiet Jiangnan girl would do. With the drizzle becoming big drops, the vision is as if veiled. In myopia, I seem to catch a glimpse of a street, extending from one side of the Bridge Qinglong. Is the street kids of the past hanging out there? Despite the unclear image, I was able to hear precisely the frolic laughter and chatters from them: little boys and girls in deep blue shirts with white patterns, are engaged in a game of a sort that I have faint idea. Jump, jump, fly! Girls are showing different kinds of jumpingrope tricks, which work passengers' nerves. Their faces glow with a beam of delight and content speakable to me but impossible for me to find. "Hey!" I lean in, struggling to grasp something. I am about to walk a step when the crowd, all of whom have cellphones or other weird gadgets in their hands, relentlessly knock me from my unbridled reverie.

I am once again immersed in a constant restlessness and struggle. Every time I try to envision the quiet and unpretentious town that the old generation described, I have to balance the infatuation with the disbelief deep rooted in my heart. How can the two statements be so different that I hardly recognize the town from the recount? How can I put faith in the elder's words when everything I see is just the polar opposite? I was still amazed after I got to know the transformation the city had undergone, which replaced the genuine peace and harmony by listlessness for the present and sighs in nostalgia for past times. How many things are lost? How much is left? The question is hard to solve.

It occurs to me that the bridge under my feet, which carries all my dreams and imagination, which is told by generation after generation, and which sounds the last hymn of the past era, is actually a replica. According to the elder citizens, the real Bridge Qianlong was already destructed when the city initiated its urbanizing scheme, and this one in front of me is a rough imitation poorly made. The last link to the yearning past is now feeble. The loss is not only the bridge Qinglong, but also the streams and rivers winding under it, breeding the native habitants and their unique culture; the long and narrow streets that cultivate the flourishing spiritual heaven in spite of the lack of material resources; and the emotional sanctuary for generations of people to live the life they love and inherit the customs they are proud of. In a world plagued by urbanization, how will people of this age decide the spiritual path to follow?

The bridge was going to be demolished soon, making room for a real estate project. I could imagine that not long after, a high-rise building would stand tall here, with the bridge nowhere to be found.

Perhaps for the last time, I stood on the Qianlong Bridge, a bridge nestled in a small city in Southern China where I was born and where I grew up. My eyes were fixed on the busy scenario in the vicinity, and on the familiar city skyline that many Chinese will find in the process of urbanization. I suddenly felt so small and weak in a backdrop of grand high-risers and modern skyline, which dwarfed the bridge I was standing on.

The bridge boasts a long history, as long as nobody in town can tell. The mystery about the bridge is that Qianlong Emperor of Qing dynasty had once set his feet on the bridge during his south tour, hence the name of the bridge. And many stories about the bridge have been passed down from generation to generation, giving the bridge its cultural richness.

But for me, the bridge, which is not far from my home, had been my heaven since my memory began. It witnessed me growing up from a toddler into a teenager girl, and I witnessed its getting old and derelict due to the weathering.

In fact, I witnessed the frequent change of our small city in China's urbanization drive.

When I was small, I would hang out with kids around the open space of the bridge, with frolicking, laughing, and chit-chatting rocking our ears. Little boys in deep blue shirts were engaged in a fierce game that we girls were not interested in at all — jump, jump, fly! But we girls would show different kinds of jumping rope tricks, which also worked by-passers' nerves. Against the sunset, our sweating faces glowed with a beam of primitive delight and content that we can't find on the kids today, many of whom were just anchored onto computer games at home.

But the bridge would be gone, together with my fond memories about it eventually.

In fact, in the small city that I live in now, the bridge is not the only victim that falls prey to the urbanization.

Many alleys that once ringed with neighborhood warmth were demolished, many ancient walls that bear testament to the city's history were toppled down, and many farmlands were rezoned into commercial developments. A once pastoral city is vanishing quickly, coupled with the loss of the city's once flourishing culture and customs.

Witnessing the change and loss, I gradually developed a maniac and sentimental sensation towards the past embodied by Qianlong Bridge, and towards the past of the city as a whole. And for several years in the past, I have been haunted by a question: can we strike a balance between urbanization and cultural preservation?

If we are only focused on enjoying the benefits of urbanization without realizing its destructive force, then what a city will we pass down to our next generation, and next, next generation? A concrete jungle with fancy homes and upscale streets but with nothing to remind of its past, its culture and its history that once flourished? And as for Qianlong Bridge, how will I describe to my children and my children's children? Will I point to a high-rise building and tell them: well, your grandma once played there?

In this sense, we are not losing a bridge, not a city, but we are losing our home, our spiritual garden, our rich imagination and our emotional sanctuary that we can resort to when we are weak and fragile.

Perhaps for the last time I gazed upon Qianlong Bridge, and I left her with tears welling up in the corners of my eyes, and with a wish burning in my heart: to protect our bridge, and to protect the culture, for us, for our descendants, and for our future.

———————— ✎ ————————

修定稿译文:

这座桥很快就要被拆除了，让位给一个房地产项目。我可以想象，不久之后这里将耸立起一座摩天大楼，而这座桥，将再也无处可觅。

也许，这是我最后一次站在乾隆桥上了，它坐落于生我养我的南方小城的一隅。我的目光注视着周边的繁忙场景，注视着这熟悉的城市天际线，这样的城市天际线，是许多处于中国城市化进程中的人们再熟悉不过的了。置身于林立的高楼大厦和现代化的城市天际线里，我突然感到自己如此渺小，而我脚下的这座桥，也同样显得如此渺小。

这座桥有着悠久的历史，悠久到城里没有人记得它是从什么时候开始有的。但一直有个神秘的传说，那就是中国清朝的乾隆皇帝曾在下江南时走过这座桥，这也是这座桥为什么叫乾隆桥的原因。关于这座桥，有很多传说，这些传说通过一代又一代在这个城市里流传，赋予这座桥以丰富的文化底蕴。

但对我来讲，这座离我家不远的桥，是我从有记忆以来的属于我的天堂。它见证了我从蹒跚学步，到如今正值豆蔻年华，而我也见证了它因为岁月的风霜而破败不堪。

事实上，我也同时见证了在中国现代化进程中，我们这座小城市的风云变化。

我很小的时候，常常会和小伙伴们在这座桥的边上玩耍，我们的耳边，回荡着的是络绎不绝的嬉笑声和叽叽喳喳的拌嘴声。男孩子们穿着蓝色的T恤衫，玩那些我们女孩子不感兴趣的比较激烈的游戏，而我们女孩子们就展示各式各样的跳绳技术，经常会吓路人一跳。在落日的余晖中，我们的脸上流淌着汗水，也流露出原始的快乐，而这样的快乐，在现在那些整天耗在电脑游戏上的孩子们的脸上是找不到的。

但是，这座桥即将消失了，连同消失的是我那些美好的记忆。

事实上，在我居住的小城，这座桥也不是现代化进程中的唯一牺牲品。

许多散发着邻里温暖的小巷也被拆除了，许多见证这座城市历史的古城墙也被推倒了，许多的农用地也被重新规划给商业项目了。一座曾经拥有如此田园风光的城市正在消失，连同消失的还有这座城市过去薪火相传的文化和传统。

亲眼目睹了这些改变和消失，我慢慢地对乾隆桥所代表的过去以及我们整个城市的过去有了近乎疯狂的情感。这些年来，我的脑子里也一直萦绕着一个问题：我们能不能在城市化进程和文化保护这两者之间达到一种平衡呢？

如果我们只是一味地贪图城市化进程的果实而忽视它的破坏力，那么我们传给我们的后代，以及我们后代的后代，又是怎样的一座城市呢？一座堆砌着漂亮房子和高档社区的"钢筋水泥森林"，但没有任何东西能让人想起这座城市曾经繁荣的文化和历史吗？而对这乾隆桥，我又将如何对我的孩子，以及我孩子的孩子说起它呢？我能指着一座摩天大楼对他们说：嗯，你们的祖母曾经在这里玩耍哦？

从这个意义上讲，我们丢失的不是一座桥梁，也不是一座城市。我们正在丢失的是我们的家，我们的精神家园，我们丰富的想象力，以及当我们虚弱无助时，我们可以依靠的情感安放地。

也许，这是我最后一次这么仔细地凝视乾隆桥了。我要和乾隆桥告别了，我的眼里满含着泪水，但我的心里燃烧着一个愿望：

保护我们的桥梁，保护我们的文化，为了我们自己，也为了我们的后代和未来。

## 2. 那些没有仰望星空的温暖

在启发学生文书写作的实践中,我发现有这样一类学生:他们参加过的活动少得可怜,学术成就乏善可陈,似乎也没有对某一个领域怀有特别的兴趣,对周围的世界和人生也没有什么深度的思考,对未来也是一片迷茫,甚至性格上也是四平八稳,讲不出他们有什么优点,但是好像也找不到他们身上有什么致命的缺点。

如果你属于这类学生,我建议你从身边熟悉的人写起,从最熟悉的地方写起,甚至从你的平凡写起(当然,即使是一个非常优秀的学生,有很多可以大书特书的地方,也可以选择从身边的细微处着手)。

也许,当别人都在拼命地展示自己的闪光点时,你的一篇承认自己普普通通的文书倒会让人眼前一亮,格外怜爱。

从自己身边最熟悉的写起,不外乎是你的家庭,你的学校,以及你和他们的互动。

但要记住,即便是一篇展示自己普普通通的文书,你也要写出让人心动的地方,而要达到令人心动的感觉,一个是靠一种碎碎念式的文笔,一个是靠你对自己平凡之处的深度理解,或者说是升华吧。

我有学生就写自己和绝大部分的孩子没有什么两样,过着一个中国学生的典型生活,成绩也没有什么突出之处,但最后他写出了对自己平凡之处的理解:当舞台上有人在尽情表演,台下总要坐着观众给他们鼓掌。

无论表演多么精彩,如果台下没有观众,多么绚烂的舞台都是黯然失色的。

更多学生会在文书里写自己家庭的故事。有的写跟着在异乡打工的父母一起生活,曾经历过在炎热的夏天被房东赶出出租屋,一家人只好坐在路边,孤立无助(从侧面反映了自己来自一个弱势群体家庭)。

有的写因为父母工作性质的缘故，自己从小学开始跟随父母不断辗转于好几个城市生活学习，他的文书主题就是：我的生活的主旋律就是"在路上"。

有的写自己和父母因为代沟，产生激烈的冲突，但双方最后矛盾化解，重新找到了平衡。

有的写自己即将远赴美国读书，在出发前那个晚上的心理感受，写到离别的悲伤，对未知的恐惧中夹杂着激动和向往，写到在浦东机场，从来没有哭过的父亲满脸泪水朝着走向安检口的自己拼命挥手，并努力面带微笑。

有的写自己失去父亲或者母亲的不幸遭遇，这样的变故如何让他们更坚强，如何让他们重新看待父爱和母爱。

有的写父母离婚，当父亲离去的那个晚上，自己和母亲坐在沙发上的无助。那个晚上，母亲安慰儿子说：虽然我们离婚了，但妈妈给你的爱不会变少，我相信爸爸给你的爱也不会变少。儿子听后嚎啕大哭：但我从此再也无法同时拥有你们的爱了。

等等等等。

估计有人要问了，写这些心理感受，能突出自己哪些闪光点呢？

我一直说，文章无定论，如果能在一篇文书里展示你独特的闪光点，当然是个理想的选择，但当你没有这样的闪光点，或者你暂时未发现自己的闪光点，或者写闪光点缺少事例支持时，你不妨写一些心理活动，只要文笔细腻感人，也不失为一个不错的选择。

请相信，这些发自肺腑的心理活动，首先会让招生官深切地感受到你是一个人，是一个有血有肉、真真实实的人。

我们经常听说某大学喜欢什么样的学生，喜欢什么样的文书，这个说法有一定的道理，但大学招来的一届学生不可能都是一个模子刻出来的，被某大学录取的学生的文书也不可能只有一种类型。如果是这样的话，大学校园文化的多样性怎么体现呢？

如果大学是一架高速运转的机器，那它不仅需要主机和核心零部件，也需要螺丝钉和润滑油。

睁开你明亮的双眼，好好想想你的家庭、你的父母和你的兄弟姐妹吧，在你们十几年的相处中，一定有一些平凡而又感人的故事。

下面这篇文书，写的是一位姐姐和她的双胞胎弟弟的故事。作者在毫无心理准备的情况下，面对弟弟的出生，她内心五味杂陈，不过和他们相处一段时间后，她的心情也从纠结转为释然到最后的感恩。你仔细看，文中并没有突出作者自己的什么闪光点，但这样碎碎念的写作方式，配合一些对话以及作者自然的心理活动，我在今天看来，竟然有点村上春树的味道呢。

这里也顺便提个很有意思的建议：当我们缺乏充满戏剧化冲突的例子来充实文书的时候，可以考虑像这篇文书一样，用平淡而略显伤感的口吻来组织文章。

这个姐姐，最后以非常普通的 SAT 成绩被一所排名前 20 的学校录取，这大约也可以印证：不是所有的文书都要金光闪闪的。

我在润色这篇文书的时候，也考虑到了她的 SAT 成绩，所以通篇采用了非常简单的词汇和句式结构。当然，即使你的 SAT 满分，我也建议在文书里尽量使用简单的句式和用词。

我一直说，修改文书的难度在于，要随时根据学生的情况调整修改力度，并且在修改的过程中，这根弦，要时时紧绷着。对于一个 SAT 1300 分的学生，你千万别把他的文书改出来像加缪的荒诞文学，或是普鲁斯特的意识流文学。

并且，无论如何，你都要遵循原文的感觉。遵循原文，不代表你要拘泥于原文的形式，而是要在原文的主线和感觉 (feel) 的基础上，东添西补，或重新构建。

"What do you want for Christmas?" my dad asked me in a weird tone.

"I have no idea about it now, and it is still early!"

"So, how about a brother?" he looked into my eyes, wearing a flattering smile on his face.

"What?!" I sprung up, my mouth wide open.

"A brother."

"No way!" I replied impatiently.

"So how about two?" dad became serious, with a voice that really meant it.

All of a sudden, I began to realize that my mom's belly had been bulging unnaturally. I knew what's going to happen to me, but I was totally unprepared for it.

Obviously, my parents seemed to be completely prepared for it. And one day several months after the talk with me about the Christmas gift, my dad drove mom to a hospital nearby.

And I knew the special Christmas gift would be soon arriving, a gift that would trail after me all my life.

That was the first time I really felt alone. I knew somebody else would share my parents' lavish love on me.

I wanted to talk about it with my friends. But every time, the words seemed to get stuck in my throat in the last minute.

Or perhaps I was just too afraid to admit, that my family had changed overnight.

Anyway, I would become the sister of two little brothers! It is a new identity that was hard for me to accept, or even if I got used to it, how about my friends?

I imagined what they would say to me once they knew my Christmas gift. "You sure they are really your brothers?"

"Wow! Let's count how old you will be when they are at our age."

"How lucky you are. Maybe they can be the flower boys at your wedding!"

… …

And on a warm winter morning, they finally came after all.

I stole a glance at them, which looked like little monkeys, red and wrinkly. Out of curiosity, I held one of them up. He curled on my arms, smelling like formula milk. He was little, light and warm.

I looked at them, but they didn't return any response.

I felt weird, and actually, a little excited and fresh. Anyway, my original hostility somehow vanished instantly, once I touched their fragile and soft bodies.

I felt soft and warm too, deep inside. And I felt like a mom.

But I knew I'm not their mother.

So, who am I?

A mother or a sister? Or someone in between?

Whatever the role I would be, the two little things brought me many "first times" in my life.

For the first time, our home was not always silent after dinner. For the first time, I began to help out at home and be part of the family task. For the first time, my parents and

I had a consistent topic to talk about.

And gradually for the first time in my life, I began to have something to miss at home while I was away.

Sometimes I curled them onto my arms, wondering what they would be when they grow up, wondering if they would love music as much as I do, or if they would stay up late for their school work like I did. I was also wondering if they, when grown up, would go out with me for ice cream and movies, would tell me about their favorite subject and best friends, or would share with me their secrets about the girls that they like.

And sometimes when I looked at them playing, I got a strong urge to protect them from any potential danger. When I watched them learning to talk, I felt that I had to teach them to pronounce every syllable in a perfect way. And when I saw them cry out of no reason, I felt that I had to calm them down by making faces or waving hands before them in an exaggerated way.

After all, I'm their big sister, a big sister of fifteen years old. I wanted them to be good, I wanted them to be happy, and I wanted them to come to me first when they felt hurt in their life, anywhere and anytime.

Whenever my family go out together, people will always say to my parents that "You are so lucky to have both daughter and sons."

They will say to my brothers that "You are so lucky to have a big sister to take care of you."

But they never say to me anything starting with "You are so lucky..."

I know they have a pity on me as I have a big responsibility to carry on my shoulder.

Yes, I guess each one of us feels hard to accept something new, especially something burdened with responsibility. I received a Christmas gift loaded with responsibility, but it is also a gift that makes my life more fulfilling and enriching and, in some sense, gives me a chance to redefine me, and to reshape me.

So, in retrospect, how lucky I am to have such a Christmas gift, and what's more, buy one, get one free.

---

修订稿译文：

"今年圣诞节你想要什么礼物呀？"爸爸用一种怪怪的声音问我。

"我还没有想好呢？另外，这离圣诞不是还早着吗？"

"那送你个小弟弟好不好呢？"爸爸看着我的眼睛，脸上堆满了讨好的笑容。

"你说什么！"我一下子跳了起来，嘴巴张得老大老大的。

"一个小弟弟呀。"

"不要！"我不耐烦地说。

"那两个小弟弟呢？"爸爸突然严肃起来，听起来真的不像是在开玩笑。

突然之间，我意识到妈妈的肚子最近确实是不自然地鼓起来了。我知道要发生什么了，但我真的是毫无准备。

但显然，爸爸妈妈是早已准备好了的。在爸爸问我圣诞礼物后过了几个月，有一天，爸爸把妈妈送到附近的一家医院去了。

我知道，我的特殊圣诞礼物很快就要来了，而这个礼物，将跟随我一生。

我的人生第一次感到如此孤独，因为我知道有人将要和我分享爸爸妈妈对我的爱了。

我想和我的朋友们谈谈这个事情，但每次，到最后关头，话总是难以说出口。

或许是因为，我害怕承认，我们家一瞬间发生了改变吧。

我要当两个小弟弟的姐姐了，可是这个新的角色我实在难以接受，就算我慢慢习惯了，我的朋友们又会怎么看呢？

我想象着，如果朋友们知道我这个圣诞礼物，他们会说些什么呢？

"你确定他们是你的弟弟吗？"

"嗨，我们算算，你弟弟像我们这个年龄的时候，你有多大了。"

"你真幸运啊，也许他们可以在你的婚礼上给你当花童呢！"

……

在一个温暖的冬天的早晨，他们还是来了。

我偷偷地瞄了他们一眼，他们长得就像小猴子一样，红红的，皱巴巴的。出于好奇，我把其中一个抱了起来，他蜷缩在我的胳膊上，身上散发着一股牛奶味。小小的，轻轻的，但暖暖的。

我看着他们，但是没有得到任何反应。

在那一瞬间，我感到有点奇怪，但事实上，也感到有点新鲜和激动。不管怎样，当我触摸着他们柔柔软软的身体的时候，我原先的敌意不知怎么就消失了。

而我自己也感到心里暖暖的、柔柔的。我也感觉自己就像个母亲一样。

但我知道我不是他们的母亲。

那我是谁呢？

到底是一个母亲还是一个姐姐呢？或是介于二者之间的角色？

但不管我是什么角色，这两个小家伙还是带给了我生命中许多的第一次。

比如，我们家在晚饭后第一次不是那么地安静，我第一次在家里开始忙活着，承担着一部分家务，第一次我和父母能有这样一个永恒的话题可以持续交谈下去。

还有第一次，当我不在家的时候，我开始对家有个想头了。

我有时候会拥他们入怀，想着等他们长大后会成为什么样的人，想着他们是否也会像我一样热爱音乐，或者像我一样为功课而熬夜。我也想着等他们长大了，他们是否会和我一起去吃冰激凌或是看电影，他们是否会告诉我他们最喜欢的科目和最好的朋友，或者和我分享他们所喜欢的女孩子的秘密。

有时，我看着他们玩耍，我有种冲动要保护他们免受任何危险。我看着他们牙牙学语，就想着自己得好好教他们把每一个音节发得非常完美。而看着他们无缘无故哭起来的时候，我会想尽办法安抚他们，比如对他们做鬼脸，或是在他们眼前很夸张地挥舞双手。

毕竟，我是他们的姐姐，一个15岁的大姐姐。我想他们好好的，我想他们快快乐乐的，我想他们今后无论何时何地感到受伤的时候，第一个想到的是我的怀抱。

当我们出门的时候人们总会对我的父母说：你瞧你们多幸福啊，有儿有女的。

他们也会对我的弟弟说：你看你们多幸运啊，有这么个大姐姐照顾你们。

但是他们从来不对我说：你看你多幸运啊，你……

我知道他们有点同情我，因为我的肩上有个巨大的责任。

是啊，我想人们都是很难接受一些新的东西，特别是当这个新东西意味着肩上的责任的时候。我的圣诞礼物里就装满了责任，但也是这样的责任，让我的生命更加充实而丰满，并且这个礼物从某种意义上来看，重新塑造了我，让我对自己有了新的定义。

所以，回想起来，我是多么幸运能拥有这样的圣诞礼物啊，并且还是：

买一送一。

## ⑥ 3.好奇心并没有杀死一只猫

修改文书是件很消耗心血的事情。面对一篇稚嫩的初稿，你起码要来回看 3 遍以上（对有些带有意识流风格的初稿，也许要看 5 遍以上），才会对整体的内容有个彻底的理解。接下来，你就要开始"葛优躺"，为整篇文书的修改打腹稿，确定方向。

在修改过程中，你要决定原稿中哪些地方的细节要删掉，哪些地方为了主题的需要应该补充细节，哪些地方要极力渲染，而哪些地方因为字数限制要一笔带过。

说到字数限制，这真是个令人头疼的问题。比如，Common 主文书的字数限制是 650 个字，你就算全部定稿了，也很满意，但发现字数是 750 个字，你就要从头再来一次，看从哪里删减这 100 个字。如果第一次，你从头到尾删节后，发现还多出 29 个字，你就要再来一次。如此反复操作，直到字数过关。字数符合，主题符合，再从头到尾仔细斟酌后，基本就可以把定稿发给学生了。

这一刻的快感，和作家完成一部长篇小说的感觉别无二致。

因为字数限制的问题，我一直和我的学生们强调，文书写作，必须要一个主题，一竿子插到底。不要在主题之外，衍生出一些影响招生官阅读的枝枝节节，哪怕这样的衍生是情节使然。

每年都会有家长脱离文书的内容，盲目追求全面。比如：孩子文书的主题是在谈他如何用一杯水的纯净去面对世界，家长会问要不要在文书里再体现下孩子坚忍不拔的精神；孩子的文书在谈他持之以恒地做一件小事，家长又希望能在文书里体现孩子的思考能力；孩子的文书在谈微笑的力量，家长又会觉得这篇文书无法体现孩子的远大抱负。类似的情况很多，不一而足。

首先，我想说的是，一篇文书严格的字数要求基本上限制了你很多可以发挥的地方。比如，罗彻斯特大学的补充文书，要求连头带尾就只要 100 个字。100 个字，把一件事情交代清楚就已经很不容易，哪还有多少空间去谈认识、谈梦想，去展示你光辉的品质和卓越的人格。你是不改文书不知道这个字数限制有多么麻烦。

其次，我想，即使一篇文书不限定字数，也没有哪个招生官在忙得晕头转向的时候会对长篇大论感兴趣。我一直喜欢的一句话就是"Brevity is a virtue"（简洁是一种美德）。所以，我在修改文书的时候，凡是一句话可以讲清楚的，我绝对不会用两句话，一个简单句可以搞定的，我绝对不会用复合句或是复杂句。就算你的句子铿锵有力，气势恢宏，那又怎样？你是要给招生官讲故事，还是要讲修辞？

再次，一篇文书应该只围绕一个主题写，你的所有细节都是在为这个主题服务。所有的起承转合，都是为了让招生官更容易且迅速地看清这个主题，使整个文章的脉络清楚，逻辑流畅。不要衍生一些自以为可以反映你品质但与主题不相关的内容，小心聪明反被聪明误。很多时候，你所认为的"高大全"，在别人看来不过是一锅大杂烩。

就像做菜，如果你要做条鱼，是需要放点油盐酱醋更入味，但这些油盐酱醋在菜里是看不出来的，要是人家一眼扫过去油盐酱醋和鱼都分不清了，那你这个鱼还能吃吗？

所以，我挑的下面这篇主文书，作者全篇就是在谈自己的好奇心，它如何开始，如何发展，以及作者对它有什么认识。从一句西谚"好奇心害死猫"开始，作者从小时候的睡前故事，谈到长大后用自己的双脚去丈量世界，用自己的眼睛去发现世界，直到最后意识到"世界就是个等待探索的奇迹"。他这只"小猫"已经跨出了第一步，在这个世界上留下足迹。他虽然还是如儿时一样充满好奇心，但现在心里已经清楚，无论自己学到了多少，这个世界，永远有一些东西，值得他去好奇。

全文在不同地方都提到了"curiosity"（好奇心），使得整个逻辑链环环相扣。

虽然好奇心是个老掉牙的主题，但还是希望大家好好体会下这篇文书，用心感受下，什么叫全篇一个主题，一竿子插到底。

好了，来看这篇被美国排名前 20 的大学录取的学生的文书吧。

They say curiosity kills a cat. Well, I am that cat, but I was not killed by curiosity, but was forged into what I am now.

When I was a little kitty, mom would read bed stories to me every evening. A splendid stony castle where live a prince and his beautiful princess, a line of dragon-riding cavaliers in the gathering dusk, a crowd of talking animals in elegant suits and ties — all these magical, supernatural figures and places that would send me into my dreams.

Then, the little kitty grew up, and he began to sense the flaws in mom's bed stories. In bed stories, all animals can talk, but in real life, my puppy dog never talks in a way that I can understand. Finally, I found out that those bed stories are just fantasies that mom used to lull me into sleep.

But my curiosity toward this world stems from those bed stories. And I began to ask mom many, many questions about the world. I need answers to my urgent questions, from "why people die" to "why should I eat veggies." Mom was patient at first, but each of her answers incurred more questions from me, and the whole process would end with her shouting of "stop" or a nice spanking on my bottom.

She complained to dad that I was mewing too much, or just too curious for my age.

Then one day, mom bought me a few books to "help me learn more." (Or perhaps, just to shut me up.) I took instant interest in a seven-volume encyclopedia for teenagers, which covers the celestial bodies to the ants on the ground. In the book, a question is posed, then a simple answer is offered. The encyclopedia did clear much of my confusion, but ignited more curiosity about the world we live in.

In reading those books, I came across science fiction, and I immediately realized that science fiction was written perfectly for me, as it combines two elements I am pursuing: science, knowledge of the true nature, and fiction, imaginative tales.

From then on, I spent hours and hours beside my dimly lit wooden desk, on my unmade bed, in the crowded pubic library of the city, and on the floor of a humble book store at the corner of the street, carried away from reality into the supernatural realm where I could day dream. Each time when a story ended tight, I had to wake up to the reality, with my mind still lingering and wandering.

And I was curious that if the supernatural things may become reality, supposing technology develops in leaps and bounds.

The kitty grew into a young adult, and he began to measure the world with his own feet, his curiosity never getting waned. In the darkening sky of Australia, myriad stars winked on and off, casting their shimmering light onto the ground. While other visitors were marveling at the grandness of a clear, open nightsky, I was trying to locate the Polaris, the Big Dipper, and other constellations I had known in my textbook. Equipped with sunglasses and oxygen, I climbed up Mount Yulong of Yunnan, China, 4,000 meters above sea level, amazed by the reflection power of the brightly white snow covering the mountain range. In Canada's polar region, I beheld the magnificent scenery of aurora, the grand painting created by the sun through the agent of ionized oxygen particles.

Yes, the world is a miracle and there is so much awaiting my exploration.

A kitty has taken his first steps outside his nest, and is leaving his foot prints in the world. He is still as curious as he was as a toddler, but now bears in mind that however curious he is, how much he has learned, there is always something in the world that deserves his ever-lasting curiosity.

———◦◦◦———

修订稿译文：

人们说好奇心害死猫。好吧，我就是那只猫，但好奇心并没有杀死我，相反，它铸就了我。

当我还是一只小猫咪的时候，妈妈每天晚上都会给我读睡前故事。在一座华丽的石砌城堡里住着一位王子和他美丽的公主，暮色中一队骑龙的骑士，一群穿着优雅西装、系着领带、会说话的动物，我就是被这些神奇的、超自然的人物和场景带入了梦乡。

然后，小猫咪长大了，他开始感觉到妈妈的睡前故事的缺陷。在那些故事里，所有的动物都会说话，但在现实生活中，我的小狗从来不会用我能听懂的方式说话。最后我发现那些睡前故事都是妈妈用来哄我睡觉的故事而已。

但我对这个世界的好奇源于那些睡前故事。这样的好奇，让我开始问妈妈很多很多关于这个世界的问题。我迫切需要这些问题的答案，从"为什么人会死"到"为什么我应该吃蔬菜"。妈妈一开始很耐心，但她的每一个回答都会引来我更多的问题，整个过程最终会以她大喊"住口"或在我屁股上狠狠地打一下而结束。

她曾对爸爸抱怨说，我这只猫咪叫得太勤了，或者是，对我这个年龄的猫咪来讲，我的好奇心太重了点。

然后有一天，妈妈给我买了几本书好帮助我学习更多的知识，或者，她只是为了让我闭嘴。我立刻对一本七卷本的青少年百科全书产生了兴趣，这本书涵盖了有关天上的星体到地上的蚂蚁的知识。书中先提出一个问题，然后给出一个简单的答案。这本百科全书确实消除了我的很多困惑，但激发了我更多对我们生活的世界的好奇心。

在阅读这些书的同时，我接触到了科幻小说，并立刻意识到科幻小说是为我而写的，因为它结合了我所喜爱的两个元素——科学，关于自然的本质，和小说，关于想象的故事。

从那以后，我经常花上几个小时在昏暗的木桌旁，在我杂乱无章的床上，在拥挤的城市公共图书馆，和在街道拐角处的一个不起眼的书店的地板上，阅读科幻小说，超越现实到超自然的领域，无限梦想着。每当一个故事戛然结束，我不得不清醒地面对现实的时候，我的思绪依旧飘荡着。

我很好奇，如果技术突飞猛进，超自然的事物是否会成为现实。

当小猫咪渐渐成年了，他的好奇心也从未减弱，他开始用自己的脚测量世界。在渐暗的澳大利亚上空，无数的星星忽明忽暗地闪烁着，把它们的微光洒在地面上。当其他游客还在为晴朗开阔的夜空的壮丽而惊叹时，我却在努力寻找北极星、北斗七星和我在课本上认识的其他星座。戴着太阳镜和氧气罐，我爬上了海拔4000米，位于中国云南的玉龙山，被覆盖在山脉上的明亮洁白的雪的反射强度所震惊。在加拿大的极地地区，我看到了壮丽的极光，这是太阳通过电离氧粒子而创造出的一幅壮丽的图画。

是的，世界本来就是个奇迹，有太多的东西等待着我去探索。

一只小猫走出了自己的窝，并在这个世界上留下了自己的脚印。现在，他依然像个蹒跚学步的孩子一样好奇，但心中永记：无论他多么好奇，他学到了多少，世界上总有一些东西值得他永远好奇下去。

## ◎ 4. 一双手的命运

有很多学生，在兴趣的引导下，做了很多相关的活动，在主文书里，自然会想到写这些活动。毕竟，在 Common 申请系统里，活动列表里给申请者阐述每个活动的字数限制是 150 个英文字符，大约二十个单词，这就限制了对一些重要活动的阐述。

文书可写虚，可写实，如果你有实实在在的内容可以写，不妨写实。说实话，有些写虚的文书，是迫不得已，因为没有城堡可以写，就只能写写城堡周围的青山绿水和蔚蓝天空。

比如，有学生在主文书里写自己一直以来对物理学的兴趣，写他这些年来做过哪些有关物理的活动或者实验，参加过哪些比赛。一些围绕专业兴趣的有分量的活动，当然可以写。但有一个问题，这样的写法，很容易把主文书写成了一篇活动列表的详细陈述版。我这些年，看过了太多的主文书，很多完全是各种活动和例子的堆砌，汤汤水水的，让人看得身心疲惫。我的建议是，你可以用一个很特别的主题把这些活动串起来，让人感觉这些活动都是在同一个主题下展开的。

但是，如何构思一个新颖独特的主题，非常考验写作者和文书创意老师的功底。你不妨闭上眼睛，运用你的发散性思维，好好将一将你在某个兴趣下的活动，看看它们可以分别归类到哪一个高大上的主题里。

下面这篇文书，作者本来是要写她喜欢生物化学，喜欢做实验的故事，在头脑风暴后，我们决定把她做实验的故事作为主要例子，删除了其他的生物化学方面的活动以避免例子堆砌，同时，东添西补，加入了一些生动活泼的小例子，把全文变成了有关一双手的故事。读者看完文书，似乎可以看到作者的一双小手一刻不停地在那儿折腾着。

文书开头那句"漂亮的双手，可怜的命运"，吊足了读者的胃口（文书可以吊胃口，但千万别一直吊着），而且它还总领全文，概括全文，值得大家好好体会。

这里也给大家提个醒，你在描写兴趣之下的高大上活动之外，可以补充一些相关的生动活泼的小例子，适当中和这类文书的枯燥乏味感。

同时，在文书里，很自然地抒发一些有关的感慨，或者恰到好处地运用一些金句点缀，也是让这类写活动的文书与众不同的一种方式。

我还想说明一点，在你的文书里，可以适当插入点与你专业有关的名词，这样能够稍微显示一下你的专业性，但千万不要太多，否则就成了篇专业学术论文了，我想招生官对此也不会有什么兴趣的。

下面这篇文书的作者，她的标化成绩和 GPA 都还不错，但没有达到拔尖的程度，最后她 ED 被一所排名前 10 的大学的强势专业录取，我觉得这篇轻松活泼但又包含实质内容的文书应该起到了一点儿作用。

比较有意思的是，这个学生在拿到ED录取通知书后过于激动，大概因为幸福来得太突然的缘故，突发高烧不退，在家里昏睡了三天三夜。

---

修订稿：

"Pretty hands, poor fate."

My mom jokingly said that, as I seldom give my hands a rest.

When I was very little, my hands were a troublemaker. Seized with a sudden urge to create new mixtures, I would blend pepper powder with sugar or vinegar with coffee. I didn't know what I was making. I just wanted to see what would happen. That I mixed up what were before my eyes caused a headache for my parents.

Once my dad casually took a bottle of half-finished juice, ready to drink, and my mom yelled to him, "Don't drink that! She just touched it!"

My early penchant for creating surprising mixtures matured quickly into a curiosity for fragrances. I would preserve flowers, like the gardenias my grandma bought me, in order to capture their unique scent. I wanted to keep them just like my mom's perfume, though I had no idea what perfume actually is or how that is made. I tried various methods that I could think of, soaking them in water, heating them up, mixing them with actual perfume, and trying with different parts of the flowers, the stamen, and the petal.

When I entered high school, I was drawn to pottery and carpentry for the many opportunities they offered my hands. For what seemed like an eternity, I would mold clay, carve with graving tools, and paint glazes and stains. Sometimes, I would raise my head from my project and the room would be empty with only the school custodian quietly beginning to sweep the floors.

As I grew older, I learned more about science and my hands began to play a bigger role in my learning. Naturally, I was fascinated by experimenting with different substances in labs. I got to know the equipment and procedures intimately. When doing experiments, my hands became something like a magician, shuffling between different tools, speedy but steady. They were no longer getting me into trouble but making fateful discoveries.

Then I encountered an opportunity at Vancouver Science World called FSL (Future Science Leaders). There, I was given access to more advanced equipment and technologies, and a chance to use them to carry out my individual research. My brain was just as important as my hands as I distinguished between Lactobacillus bulgaricus and Streptococcus thermophilus, and added the culture I grew back into milk. I was still mixing things, just in more complex ways.

As I learned more science subjects, my hands became busier and busier, and I tried my hands in more areas of science. I participated in a cardiothoracic surgical internship at Stanford, which allowed me to see the exquisiteness of human body and the exquisiteness of a doctor's hands. When I was dressed in scrubs, holding a Metz and DeBakey, I realized that my hands could carry great responsibility, navigating between the minute differences between life and death.

My hands, if they found their way into surgery, could be noble, welcoming new lives, and rescuing others.

This summer I was invited to the Chemistry Olympiad Training Camp at UBC. In the actual university-level laboratory, I was finally able to lay my hands on those much more precise and advanced instruments that I had only seen in textbooks or videos. During the whole program, I tried my hands on various kinds of experiments, like synthesizing aspirin and spectroscopic analysis. The summer slipped away, just like the time I spent carefully molding clay.

When I think now of what my mom meant by my hands having a "poor fate," I realize that fate is only part of the story. My hands were destined to be busy. But it is their business that has enabled me to touch so many wonders of our world.

———◦◦◦———

修订稿译文：

"漂亮的双手，可怜的命运。"

我妈妈开玩笑地说，因为我很少让我的手休息。

当我很小的时候，我的手是一个麻烦制造者。有时候，我突然有一种创造新混合物的冲动，我就会把胡椒粉和糖或者醋和咖啡混合在一起。我并不知道我在做什么，我只是想看看会发生什么。总之，我总是能把眼前的东西弄得乱七八糟的，这让我父母很头疼。

有一次，爸爸随便拿起一瓶喝了一半的果汁准备喝，妈妈对他喊道："别喝那个！她刚碰过那果汁！"

我总是喜欢创造令人惊讶的混合物，这导致我自然就对香水产生了好奇心。我会保存一些花，比如奶奶给我买的栀子花，以便捕捉它们独特的香味。我想把它们保存起来，就像我妈妈保存她的香水一样，尽管我不知道香水到底是什么，也不知道它是如何制作的。我尝试了我能想到的各种不同的方法，把它们泡在水里，加热，和真正的香水混合，还尝试了用花的不同部位，比如雄蕊和花瓣，来制作香水。

当我进入高中时，我被陶艺和木工所吸引，因为它们给了我的手很多展现的机会。在似乎是永恒的时间里，我塑造粘土，用雕刻工具雕刻，涂上釉和颜料。有时，我从手头的工作中抬起头来，发现房间里空无一人，只有学校管理员在安静地打扫地板。

随着年龄的增长，我对科学有了更多的了解，我的双手开始在我的学习中发挥更大的作用。自然地，我对在实验室里试验不同的物质很着迷。我开始熟悉实验设备和程序。做实验的时候，我的手变得像魔术师的手一样，在不同的工具之间来回移动，速度快而稳定。它们不再给我惹麻烦，而是开始了命中注定的发现。

后来我在温哥华科学世界遇到了一个机会，叫做FSL (Future Science Leaders)。在那里，我获得了更先进的设备和技术，并有机会运用它们进行我的个人研究。当我区分保加利亚乳杆菌和嗜热链球菌，并把我培养的培养基重新加入到牛奶中的时候，我的大脑和我的双手一样重要。这样，我可以用更复杂的方式混合东西。

随着我学习更多的理科科目，我的手变得越来越忙，我也开始在更多的科学领域进行探索尝试。我参加了斯坦福大学心胸外科的实习，看到了人体的精致和医生灵巧的双手。当我穿着手术服，拿着Metz和DeBakey手术用具时，我意识到我的双手可以承担巨大的责任，因为它们是在生死之间的细微差别中穿梭。

我想，如果有一天我的手真的能进入手术室，它们将会是高贵的，因为它们将迎接崭新的生命，或是拯救他人的性命。

今年夏天，我应邀参加了UBC的化学奥林匹克训练营。在真正的具有大学水平的实验室里，我终于能够接触到那些以前只在课本或视频里见过的更精确、更先进的仪器。在整个项目中，我尝试了各种各样的实验，比如合成阿司匹林和光谱分析。这个不经意间在训练营溜走的夏天，就像我曾潜心花在制作陶土上的时光。

现在，当我想起妈妈说我的手"命运悲惨"时，我意识到命运只是故事的一部分。我的手注定是忙碌的，但正是它们的忙碌，让我接触到了这世界上许许多多的奇迹。

## 5. 十八年的人生和人生里的两条路

关于主文书写作，我一直提倡一个主题一竿子插到底，但有的时候，又不得不对不同的故事进行糅合。

写下面这篇文书的学生，我在和他做头脑风暴的时候，让我印象最深刻的是两件事情：一是他从小身体不是很好，经常去医院，另外就是他八年如一日，每个周末坐火车穿越几百公里，去上海的一位钢琴名师家里学习钢琴。据他父母说，八年下来，抽屉里攒了近一千张火车票。

虽然他也做过一些高大上的活动，但我们还是决定把这两件事情加以糅合来叙述。

最后我们定下来的主题就是他在十八年的人生中所走的两条路。

在文书的定稿里，作者小时候去医院看病这件事情转化成了人生中最初的一条路，一条悲壮的路，而大一点儿后去上海学习钢琴，则是另外一条收获满满而又略显悲壮的路。

大家发现没有，道路在这里变成了一个道具，把他看病和学钢琴这两件事情巧妙地连接到了一起，又因为道路的象征意义，很容易让人联想到他的人生。

整篇文书，从头到尾没有任何提到有关作者本人性格特点的文字，但他的许多宝贵品质在字里行间若隐若现。

有时候，一篇文书并不需要那种起总结作用的概述性句子。只要故事讲得好，在故事的背后，读者自然会发现你的光亮。

为了烘托作者经历的悲壮之美，文书的语言文字相对飘逸一点儿，哪怕是描写看病时的场景，或是描写火车窗外的风景。

甚至，老师家的那条小狗，如何日渐衰老，也算是一种意境的渲染。

也提醒大家注意体会一下，在文书里，看病和学钢琴这两件事情是如何过渡的。很多同学喜欢在文书里举多个例子，但例子和例子之间总是过渡得很突兀，让读者如同坐在一辆行走在崎岖山路的吉普车上，上下颠簸，左摇右晃。

那样的阅读体验，自然谈不上美妙。

最后，我想说的是，文书无定论，你可以以幽默取胜，以感情动人，以思想的深度让人印象深刻，或是以饱满的细节让人过目不忘。

这一篇，算是于娓娓道来中，见真情实感。

修订稿：

My life is mysteriously connected with two roads. They were separated. But finally they merged into a single one, stretching far away into the horizon of my life.

One road was strewn with pebbles, with little bumps and puddles, which led to the hospital near my home. Every school day after classes, I had to take this road to the hospital to have a regular IV drip. I was 6 years old, and was suffering from a disease that doctors couldn't diagnose. I just felt weak, unable to run and play like my classmates did, so I was told to have IV almost every day. I could hear my friends frolicking on the school playground. But I had to pass them with a glimpse of envy, went home first, and then hit on the road to the hospital.

It was only 10 minutes' walk, but it was sometimes the longest distance I had to cover. My mom rode a bicycle, and I would sit on the backseat, throwing my arms around her waist. Sometimes my parents couldn't juggle it with their work, so I went there by myself. I am their son, but I never wanted to be their burden, to be nobody's burden, indeed.

It lasted for almost one year, and my right and left arms were getting purple, dotted with syringe needle scars. At last, there seemed to have no room for new needles, and the nurses would sometimes make a mess on my arms. It ached so much, but I swallowed back my tears. I knew well that my tears would only bring guilt to the nurses. Mom sometimes was with me, and I would make faces to her, smiling. I didn't want her to see me suffering, though the pain on arms was stinging.

To fight against the pain and sometimes boredom, I listened to classical piano pieces on my MP3 player. But I didn't expect that it ignited my passion in music, especially piano.

I walked the road for 3 years, and then I was getting better. I didn't need to take that road, but my road of music ensued immediately.

This time, the road stretched 600 kilometers to Shanghai (where my piano teacher was based) from my home city.

For 8 years, I didn't quit one lesson, in whatever situation. Every Saturday we rose up early, hurrying up to catch the first train to Shanghai. And after 90 minutes of piano lesson, we took the afternoon train, arriving at home with the sun going home for a sleep too.

It is a railway road that I can't be familiar with more. Looking out of the window, I saw people sowing seed in spring, and I saw the same people reaping harvest in autumn. I saw trees sprouting, and I saw snowflakes whirling down from downcast sky. And in the 8 years, I saw my teacher's pet dog getting slow and senile, with tearful eyes usually focused on me.

And the 8 years witnessed me growing up from a kid to a teenager, physically strong, and mentally enriching.

And all this is owed to the two roads, which always hold a unique position in my heart. I experienced bitter on the road, but I also reaped sweet.

Once when I was in bad health, my mom said to me, "To me and your dad, it is already the greatest blessing to wake up every morning with you around."

I understand their concern. But I have been living up to my own standard. And I always hold it true that what counts most for me is not the years in my life, but the life in my years.

And I made it.

---

 修定稿译文：

我的生活与两条道路神秘地联系在一起。它们一开始彼此独立，但最终合二为一，延伸到我生命中遥远的地平线。

有一条路上布满鹅卵石，坑坑洼洼，那是从我家到医院的路。每天放学后，我都要走这条路去医院打点滴。那时我6岁，身患一种疾病，医生们无法确诊这到底是什么病。每天，我都觉得很虚弱，不能像我的同学那样跑步和玩耍，而且每天都要去医院打点滴。我能听到我的朋友在学校操场上嬉闹，但我不得不带着羡慕的目光经过他们，先回家，然后前往去医院的路上。

虽然这段路步行只需10分钟，但有时是我必须走过的最远的距离。有时妈妈骑自行车送我去，我坐在后座，双臂环抱着她的腰。有时我的父母因为工作送不了我，我得自己去那里。虽然我是他们的儿子，但我从来不想成为他们的负担，我也不想成为任何人的负担。

这种情况持续了将近一年，我的左臂和右臂都变紫了，布满了注射器针头留下的疤痕。最后，胳膊上似乎没有地方扎针了，所以护士有时会把我的胳膊弄得一团糟。疼痛难忍，但我还是忍住了眼泪。我很清楚我的眼泪只会让护士感到内疚。妈妈有时陪着我，我会对她做鬼脸，微笑。我不想让她看到我受苦，尽管我的胳膊刺痛得厉害。

在医院里，为了对抗痛苦和时不时的无聊，我会用mp3播放器听古典钢琴曲。一开始我并没有想到，它点燃了我对音乐的热情，尤其是钢琴。

我在这条路上走了3年，然后我身体变得越来越好。慢慢地，我不再需要走这条路了，紧随而来的是我的音乐之路。

这一次，这条路绵延600公里，从我的家乡延伸到上海，到我的钢琴老师的家里。

8年来，不论在任何情况下，我都没有放弃过一次上课的机会。每个星期六，我们都起得很早，匆匆搭乘赶去上海的第一趟火车。90分钟的钢琴课后，我们乘坐下午的火车返程，当我们到家的时候，太阳也回家睡觉去了。

这是一条我熟悉得不能再熟悉的铁路。望向窗外，我看到人们在春天播种，我也看到同样的人们在秋天收获。我看见树木发芽，也看见雪花从低垂的天空中旋转而下。

我也看到我老师的爱犬在这8年里慢慢变老，它总是泪眼汪汪地盯着我。

这8年也见证了我从一个孩子成长为一个十几岁的少年，身体强壮，精神丰富。

而这一切都归功于这两条路，它们在我心中始终占有独特的地位。我在路上经历了苦，但也收获了甜。

在我身体特别不好的时候，妈妈有一次对我说："对我和你爸爸来说，每天早上醒来能看到你在我们身边，就是我们最幸福的事情了。"

我理解他们的担忧，但我一直按自己的标准在生活。我始终认为，对我来说，最重要的不是生命中有多少岁月，而是岁月中有多少是生活。

我做到了。

## 6. 说吧，就像明天会变成哑巴

润色一篇学生的文书，其中的一个目标是要保证文书的可读性。

招生官每天辛辛苦苦要看那么多文书，难免会身心俱疲，甚至出现审美疲劳，要是在千篇一律的文书中能看到一篇让他有兴趣读下去的，无疑会大大增加他对这个申请者的好感。

我一直强调，润色文书，不是说要一味地把学生的文字改得多么地优美，有时候，那些流于表面的东西只会让招生官倒胃口。同时也因为，过于华丽的语言和过分优雅的表达，很容易让招生官起疑心，怀疑这篇文书并不是出自一个拥有中文背景的申请者之手。反过来，如果文书内容生动有趣，即使文笔稚嫩，也会被招生官青眼相加的。

这篇学生的初稿和我的最终定稿，大家可以对照看，讲的其实是同样的内容，但在可读性方面差异很大。因为这篇主文书，大学没有任何事先通知，突然要求面试该学生，想要了解并证实一下他是不是文书中所说的那样爱说话。好在这个学生确实就是个话匣子，最终以1300多分的SAT成绩进入美国排名20出头的文理学院。

另外，我不得不再次提醒大家，主文书写作千万不要全文就三大段，段落太长，信息太多，很容易让人阅读的时候产生视觉疲劳。大家可以看下面这篇文书的初稿，学生总共就写了四段，每一段都密密麻麻的。但在定稿里，我采用大量分段的方式，起码让文书的视觉效果好了很多。

这方面，大家不妨看看当年明月的《明朝那些事儿》，枯燥的历史，在作者的笔下变得清新活泼起来，可读性很强，个中原因，我想和作者大量分段的写作方式分不开。

写作，是每一个人一生中都要学习的一门功课，不管大家以后从事什么样的工作，在年轻时多积累点写作功底，总是没有错的。会写的人，才思敏捷，妙笔生花，能把一堆牛粪写得国色天香；不会写的，冥思苦想，词不达意，景德镇的陶瓷杯都能活生生地写成了一堆碎瓦。

对于润色这篇原稿，如果只是改改语法和遣词造句，那半个小时就足够了，但我从拿到原稿到最终的定稿，花了好几个小时。同样是修改文书，润色者花费的时间和经历不一样，最后呈现的效果也会有天壤之别。

当然，一个优秀的文书润色老师，绝不会仅仅满足于修改一点儿语法错误，矫正几个不地道的表达，他拿过原稿仔细阅读后，应该躺下来，闭上眼，在心里为这篇文书重新打个腹稿，虽然，这个腹稿，也是建立在原作的基础上。

所以我常说，润色文书，对文书来说，是一次再加工的过程，一个彻底打碎再重新组合的过程，对我来说，也是一个让我从一脸无奈、抓耳挠腮到最后对定稿爱不释手，对自己满心喜悦的过程。

———◦◦◦———

学生原稿：

Speaking of personal skills and properties, the one which I am very proud of, is how excel I was at communication and talking. In my mind, communication is the link to connect every individual in our lives, and the method which we utilized to organize our words, is a kind of craft.

When I was a child, talking has become one of my hobbies and habits, in another word, I am a real Siri and talking machine. I am never afraid of communicating with strangers, even speaking with them is a kind of joy for me. My father is a businessman, in this way, there were plenty of foreign customers who would do some cooperation with my father, so the commercial dinner is indispensable. According to this situation, my father usually took me to the dinner together to broaden my scope. At the first time, my father is concerned that maybe I would be embarrassed to have meal with people whom I can't communicate fluently with. Actually, I was not. When I saw Paul, the great British man with the full beard, I gave him a friendly hug and then hooked on his neck all the time. At that moment, I was just 5 years old. In addition, I often try to talk with Paul with my poor and shabby English to share my interesting story with him and try my best to understand his words. As a result, I made a new friend who has the 40 years old difference on age with me, and earned 3 onion rings as the gift for myself.

Today, I have become a senior high school student, and I am still good at communication with an out-going character. Communication for me now is not just to have the conversation with others or make other people listen to me, but this has elevated to a new altitude that I need to lead other people to enjoy the communication with me, which is just like what I thought in my childhood that it's a kind of pity for myself if I can't chat with somebody when I meet him.

In this way, the work for me should focus on the method and words which I use to talk. For this reason, when I have the conversation with my peers or leaders, I usually considered that what they really want to express, or what content they want to listen to. After an interval of time's observation, I concluded that the humorous and relaxing style is the most favorable way of talking for the listeners. According to this circumstance, I changed my direct way of talking and turned to the way of humor, which will make my listeners to be much more enjoyable and they would define me to be the friendly and kind one. For example, when I first stepped into the international department, there were few students whom I was familiar with. To break the silence, I try to chat with my deskmates and group members about some news, with some funny words and jokes in an appropriate way. Finally, the speech from me has become the most popular one in our department, and there are plenty of students who always love to listen to me. For one time, when I told a joke to some girls, they laughed so hard. Consequently, our director said jokingly that I will rob all the girlfriends from other boys.

Another example is about my favorite American debate competition. Actually, in our team, I am not always the competitor but sometimes the tutor and the teacher. At the beginning of each year, there will be a lot of freshmen who joined our club and urged to take part in the competition. In this way I usually taught these guys about my own experience and some skills which are very useful in the competition, and I need to read a lot of books to enrich my background knowledge; also need to practice my critical thinking. When I express my opinions, I should organize my language first, and express the key point clearly. I teach my debate team members the different weakness of the teams from different schools — who lacks evidence, whose proof has no link between the evidence and the claim, and so on. In the guiding process, I usually played some video materials, such as the record of my own competition, and analyze the weaknesses and advantages which are in the competition that they should use for the reference or try their best to avoid in the match. Actually, the most tough duration is the explanation about some academic terms of some strategies to the team members, because of their lack of experience, so that sometimes my partner and I need to do the imitative competition to show them about the details which I can't express verbally.

I am fully convinced that this property will make me to be more popular and easygoing to other people, and the art of talking is a kind of treasure for me in the future which I will never abandon and helps me a lot. (854 words)

---

修订稿:

I love talking with others. This is my personal label. And thus, my world is devoid of silence, and devoid of strangers.

I am connected with the world by talking. Even when I am doing homework, I always murmur out something. I exclaimed more often than not, like "Oh, is there any better method to solve this math problem?", or "yeah, this word rings a bell in my head."

My friends call me a Siri, and they said it. Actually, I have been a blah blah boy. My mother said that I cried louder than other babies when I was born. She thought that was a sign that I would be a talking machine when I grew up. And my mom also said it.

Even when I was a toddler, I was never afraid of talking with others, actually babbling with others. My dad is a businessman who has many customers from different countries, and he would bring me to many business dinners. And I was never timid in those formal occasions, always having something to share with his customers.

It was when I was only 5 years old that I first met Paul, one of my dad's customers from Britain. I liked him instantly, or to be exact, I was fascinated by his thick and long beard. So, I began to bombard him with my bed stories, punctuated by Chinese and body language, as my English vocabulary was limited. I didn't know if he understood my story, but anyway, he was amused by my innocence. And thanks to my dad's help, I talked with Paul for several hours. He was almost 40 years older than me, but we have been keeping a long term friendship. Later I knew he is a very serious guy who doesn't talk too much, but my talking was contagious.

However, when I was home that day, my dad smacked on his head, saying "oh, gosh, I forgot to talk with Paul about the price offer." And Paul forgot, too.

When I was in high school, I tried to elevate my talking to a higher level. I mean I began to explore the methods and techniques of talking. I subscribed several periodicals on oration, and even began to mimic those inspiring speeches by famous people. I mimicked their tones, their rise and fall of voice, their hand gestures, and even their facial expression, like when I shall smile and when I shall put a straight face to look serious.

My talking ability sent me to our school debate team, and the debating experience offers me a new insight into talking.

Debate is about persuasion. To persuade others, you have to take a side, and use evidence to support you and to refute your opponent. This means you have to collect as much related information as possible. In this sense, talking is about reading. The more you read, the more persuasively you talk.

To not make a debate into a wrangle, you have to sometimes think in your opponent's perspective. First understand him, and then try to find his flaw. In the process, to coax him into your trap step by step. So, in this way, talking is not about what you want to say, but about what others are willing to listen.

So, talking is easy, but being good at talking needs a solid foundation of encyclopedia knowledge. Thanks to my talking, I have been expanding my knowledge in various fields.

Some people make a living by pen, some by hands. For me, I will make a living by mouth. So, let me continue to talk. I know you may be irritated by my never-stop talking, but I bet you will miss me if I am not around, chit-chatting around your ears.

———— ❧ ————

*修定稿译文：*

我喜欢和别人聊天。这是我的个人标签。因此，我的世界没有沉默，也没有陌生人。

我通过交谈与世界联系在一起。即使在做作业的时候，我也总是嘟哝着些什么。我常常感叹，"哦，解这道数学题还有更好的方法吗？"或者"是的，这个单词看上去有点面熟啊"。

我的朋友们叫我Siri，他们可说对了。事实上，我一直都是个喋喋不休的男孩。我妈妈说，我出生时哭得比其他孩子更大声些，她认为这是我长大后会成为一个话痨的征兆。她说的一点儿没错。

甚至当我还是个蹒跚学步的孩子时，我也从不害怕和别人说话，实际上是和别人咿呀学语。我爸爸是一个商人，他有很多来自不同国家的客户，他经常会带我去参加各种商务晚宴。在那些正式场合，我从不胆怯，我总是有一些东西与他的客户分享。

我第一次见到保罗是在我5岁的时候，他是我父亲的英国客户之一。我当时立刻就喜欢上了他，确切地说，我被他那又长又密的胡子迷住了。我开始用我的睡前故事"轰炸"他，但由于我的英语词汇量有限，中间不得不穿插着中文和肢体语言。我不知道他是否理解我的故事，但无论如何，他被我的天真逗乐了。多亏了我爸爸的帮助，我和保罗聊了几个小时。他比我大了快40岁，但我们一直保持着长久的友谊。后来我才知道他是一个非常严肃的人，不怎么说话，但我的讲话是有感染力的。

然而，那天当我们回家时，我爸爸拍了拍他的头，说："哦，天哪，我忘了和保罗谈价格的事。"保罗也忘了。

我在高中的时候，试图把自己的口才提升到一个更高的水平。我开始探索说话的方法和技巧。我订了几本关于演讲的期刊，甚至开始模仿名人鼓舞人心的演讲。我模仿他们的声调，他们起伏的音调，他们的手势，甚至他们的面部表情，比如什么时候该微笑，什么时候该板着脸装深沉。

我的演讲能力让我得以进入学校的辩论队，辩论的经历让我对演讲有了新的认识。

辩论是关于说服。要说服别人，你必须站在某一方，用证据来支持自己并反驳对手。这意味着你必须收集尽可能多的相关信息。从这个意义上说，辩论就是阅读。读得越多，你就越有说服力。

为了不让辩论变成争吵，你必须有时站在对手的角度思考问题。先了解他，再找到他的缺陷。在这个过程中，要一步一步地把他诱入你的陷阱。所以，在这种情况下，交谈的重点不是你想说什么，而是别人愿意听什么。

所以说，说话容易，但要做到能言善辩需要具备坚实的百科知识基础。由于我爱说话，我一直在扩展我在各个领域的知识。

有些人靠笔谋生，有些人靠手谋生。对我来说，我将靠嘴谋生。就让我继续讲下去吧。我知道你可能会因为我不停地说话而生气，但我打赌，如果我真不在你身边，不在你耳边叽叽咕咕，我想你会想念我的。

## ⟳ 7. 一盘饺子里的人生

这篇文书的作者是一个非常普通的学生，SAT 只有 1300 分出头，在学校的成绩中游偏下，还曾经一度沉湎于游戏。

像这样的普通学生，也是大部分美本申请者的一个缩影。

没有参加过什么大赛，也没有做过什么活动。

在为文书头脑风暴的过程中，他流露出的对食物的痴迷让我印象很深刻。

于是，我们决定干脆就写他是个吃货的故事吧。

只要你有个持之以恒的兴趣爱好，不管它是否高大上，都可能成为你文书的素材。

也不要小瞧那些你自己都看不上的兴趣爱好，说不定，正是它们，定义了你。那么，你为什么不能在主文书里尽情展示呢？

大学招生官成天面对着一堆硬件严重雷同的申请者，偶尔出现一个有趣的灵魂，会让他们眼前一亮的。

我所指的灵魂有趣，不是说你非要痴迷苏格拉底、费尔巴哈，也不是要你出口成章，或张口就是半个盛唐，而是可以就像下面这篇文书一样，专心包好每一个饺子，也是灵魂有趣的一个表现。

那些高高在上的有趣灵魂固然让人高山景仰，但这样充满烟火气的有趣灵魂照样让人欢喜不已，有如清风扑面。

另外，对食物感兴趣这件事情，我们在具体写作的时候，可以专注某一种食物进行精细描写，千万不要泛泛而谈。

就像这篇文书，我相信招生官看完之后满脑子都是饺子，而不是一个笼统的美食概念。

这是好事，毕竟一种具象的食物要比一个抽象的概念更加让人印象深刻。

另外，作者写到自己凭借对吃的执着，最后当上了学校烘焙俱乐部的主席。这样的写法，其实有点落入俗套，但紧接着，妈妈的一句玩笑话，调侃他是通过吃当上了领导，又把文书从俗套中解救出来了。

文书写作，在无法避免俗套的时候，可以考虑用不落俗套的句子将文书重新拉回清新活泼的方向。

My obsession with food started from a common afternoon when I was back home from school and headed into the kitchen, where my grandma was cooking as usual. I casually asked her if I could help her with something, and she motioned me to help her with cutting a block of Tofu.

Holding the kitchen knife for the first time in my life, I cut Tofu, just into ugly, irregular strips. And after that, I scrambled it with celery in the wok — the first time I acted as a cook. But later on, when I enjoyed my dish with mixed feelings, my family gave me a big thumb up, and encouraged by it, I lost myself in cooking.

At that time, I was amazed by a TV program called A Bite of China. Seeing those tempting foods, I had an urge to try them with my own hands.

I started with making dumplings. I bought meat and celery from the market, and followed the recipe I found at home. Hours passed and I was exhausted, but the finished product was actually a mixture of paste starch and meat stuffing.

I was a little discouraged, as being good at making dumplings is a basic of becoming an excellent chef.

Fortunately, I'm not easy to give up. And I learned to make dumplings again and again. In fact, our kitchen became my lab, where I finally produced a dish of dumplings that amazed my family. My grandma even joked that I would take her place in making dumplings for our family.

But I didn't stop there. I kept on improving my dumpling. For example, instead of buying processed meat from market, I chopped raw meat myself, which definitely improved the taste of dumplings. I researched on the ratio of meat and vegetables while making stuffing. Once I even used a syringe to inject the soup-stock into the stuffing to see whether it could help improve the flavor.

Until one day, I thought I had little room to improve the flavor of dumpling, but my obsession with food lead me to baking.

Initially, it was a disaster, just as with my first experiment with dumpling. But with experience accumulated from making dumplings, I soon knew the trick. And finally, my first success was a pie, perfect both in flavor and shape. Later on, I brought my pies of different kinds to school to share with my classmates, and their enjoyment prompted me to achieve perfection in pie-making.

When I became a high school student, I joined the Baking Club, though many members are females. It was a rewarding choice, as the time I spent in the baking club every Monday afternoon was the happiest for me. After one school year, I became the president of the club. When my parents knew that, they joked that I became the president just by eating.

And they were right. After being through these years of experimenting with food, I am already a professor, a scientist, of cooking.

And the obsession with cooking has turned me from a careless person into a perfectionist. From the basic taste of a dish to its look and even the color of plate chosen for dishing up, I sought for perfection in every way.

Sometimes I wonder what's the meaning of all this. Perhaps I have answered myself with every time I set out the dishes on the table. The dishes are something that line up my past memories, those valuable experiences that marked my growth as a person.

So, every time I turn on the gas cooker, my expectation ignites the flame; every time I turn off the gas cooker, my satisfaction dissolves with the condiments. And in every plate I set up on the table, there lies every single piece of my life, of my past, of my future.

———— ❦ ————

修订稿译文：

我对食物的痴迷始于一个普通的下午。那一天放学后，我回到家，走进厨房，我的奶奶像往常一样在做饭。我漫不经心地问她我能不能帮她做点儿什么，她示意我帮她切一块豆腐。

我平生第一次拿着菜刀，把豆腐切成又丑又不规则的条状。然后，我在锅里把芹菜和那些丑得不成形的豆腐放在一起炒。总之，这是我第一次当了一回厨师。但后来，当我怀着复杂的心情享受这道菜的时候，我的家人给了我一个大拇指，受此鼓励，我对烹饪的迷恋一发不可收拾。

那时，我被一个叫《舌尖上的中国》的电视节目深深震撼到了。看到那些诱人的食物，我有一种冲动，想亲自动手做一道菜。

那就从包饺子开始吧。我从市场上买了肉和芹菜，按照我在家里找到的食谱做。几个小时过去了，我筋疲力尽，但最后的成品实际上就是糊状淀粉和肉馅的混合物。

　　我有点气馁，因为擅长包饺子是成为一名优秀厨师的基础。

　　幸运的是，我不轻易放弃。一次又一次，我尝试着包饺子。事实上，我们家的厨房成了我的实验室，在那里我终于做出了一盘让我的家人惊叹不已的饺子。我奶奶甚至开玩笑说，我会代替她成为我们家那个包饺子的人。

　　但我并没有就此止步。我不断地改进我做的饺子。例如，我没有从市场上买加工过的肉，而是自己切生肉，这无疑改善了饺子的味道。我在做馅料的时候研究了肉和蔬菜的比例。有一次，我甚至用注射器把汤料注射到馅料里，看看是否有助于改善味道。

　　直到有一天，我觉得改善饺子的味道已经没有发挥的空间了，而我对食物的痴迷让我开始烘焙。

　　起初，这是一场灾难，就像我第一次做饺子实验一样。但有了做饺子的经验积累，我很快就知道了诀窍。最后，我的第一个成品是一个蛋糕派，味道和形状都很完美。后来，我把我做的各种派带到学校和同学们分享，他们的喜爱让我在派的制作上做到了完美。

　　当我进入高中后，我加入了烘焙俱乐部，尽管这个俱乐部的很多成员是女生。这是一个很有意义的选择，因为我每周一下午在烘焙俱乐部度过的时光是我最快乐的时光。一学年后，我成为俱乐部的主席。当我的父母知道后，他们开玩笑地说我是靠吃当上了领导。

　　他们是对的。经过这些年对食物的实验，我已经是烹饪方面的教授、科学家了。

对烹饪的痴迷让我从一个粗心大意的人变成了一个完美主义者。从一道菜的基本味道到它的外观，甚至盛菜用的盘子的颜色，我都仔细考量，力求完美。

当然，有时我也会想，这一切的意义又何在？也许，当我每次把盘子摆上桌子的时候，我心中已经有了答案：这些菜勾起了我过去的记忆，那些标志着我成长的宝贵经历。

每一次，打开煤气灶，我的期望点燃了火焰；每一次，关掉煤气灶，我的满足感都会随着调料融化。我放在桌上的每一个盘子里，都藏着我的生活，藏着我的过去，和我的未来。

## ⑥ 8. 一个理工男和他的键盘人生

申请美本的中国学生中，典型的理工男比较多。很多家长问过我，理工男的主文书该怎么写？

我的回答是，理工男的主文书，该怎么写就怎么写，不要在写作之前给自己设置个身份限制。在写文书方面，没有人规定，理工男应该怎么写，文科女又必须要怎么写。

很多学生写主文书，喜欢在开头用一段对话或是一个场景，来引入要探讨的主题。比如，某个同学的文书是写他对钢琴的热爱，他可能会在开头来一段场景描写，在一个音乐大厅，人头攒动，自己在钢琴前就坐，甚至，还少不了大段的心理描写。

但是，我们要思考一个问题，这个场景和后文的哪些地方存在呼应，如果没有呼应，为什么要设置这样一个孤零零的场景来开头？或者，直接开门见山地说自己爱好钢琴，这有什么不妥吗？

在实践中，我发现这种对话体和场景式的开头很多同学都掌握不好，在很多时候反而是个败笔。比如，对话和场景部分和文书要探讨的主题有些牵强，或是和下文过渡得非常突兀，或就是纯粹的一个孤零零的场景，一段可以独立成文的对话，使得整个开头从整体架构上来看是可有可无的。

在这种情况下，我建议不要用对话或场景式的开头。对申请文书来讲，直奔主题也许是个更优的选择。文书一开始就点明你要讲什么，这对招生官来讲，无疑减少了他们的阅读负担。毕竟他们的时间有限，没有心思跟着你绕来绕去。

特别对于理工男来说，这么写也是和他们的身份吻合的。

当然，申请一些对写作有一定要求的专业，可以在开头部分不落窠臼一点，以突出自己的写作才能和创意，但也要记住不要过分创新。毕竟，一篇几百字的文书，你首先要确保核心内容的表达，别因为注重形式而牺牲了内容。

这篇文书的作者就是个非常普通的男孩，偏理工科，但在理工科上也没有多么突出的成就，相关的科目成绩也不算优异，标化成绩更是一般。所以，他的文书最后就谈了自己这么多年对钢琴和电脑的一些认识，以及它们对自己的影响。

文书想要传达给读者的信息是作者是一个热爱思考的理工男，他会弹钢琴，还带有点儿浪漫情怀，更重要的是，他观察到电脑和钢琴虽然看似不同，但核心都一样：都是逻辑和想象、理性和感性的综合体。这种感悟又对他自己产生了积极的影响。

文字平铺直叙，用词普普通通，没有任何花花绕绕，也符合一个 SAT 成绩很一般的理工男的特点。

说实话，这篇文书我个人觉得还是有点枯燥，但总体来看它是一篇好文书。

大家可能要问，如果表格系统里展示的是一个理工男的身份，但是主文书写得很飘逸，这会有什么不妥吗？我觉得也没有什么不妥的。文书符合理工男的特点没有问题，但是适当展示一下自己文理兼备的实力也是非常可取的。

甚至，一个报考计算机专业的学生，在主文书里展示他对文学的热爱，对舞台表演的痴狂，也不违和，因为没有人规定，学理工的人喜欢文学就是不务正业。法布尔的《昆虫记》，你说是科学著作，还是哲学或者文学著作呢？

最后说明下，这篇文书在提交的时候加了个标题：A Life of Keyboard（键盘人生）。这个标题既概括了文书的主题内容，又在钢琴和电脑之间架起了一座桥梁，让它们从不同的方向在此相遇，合二为一。

———— ∞ ————

*修订稿*：

**I grew up with two favorites — piano and computer.**

**They are two totally different things, but a blend that is perfectly fit in me. In my eyes, computer is a platform that I use to explore the world, to charter the unknown land and to wade through the vast oceans of knowledge. And piano for me is a wonderland of notes, of fantasy, and of imagination that flows freely from piano keyboard.**

**In my observation, music of piano is not only about emotion, but about a**

combination of both logic and imagination. In my initial piano learning, I found there is a fixed pattern and discipline between all the keys of the piano: majors and minors can be presented to express different feelings depending on playing the sequence and order of keys. So, I had to obey strict but various correlations of notes to construct different chords. In a word, every logical match and pattern will produce a unique melody, and thus arouses a unique feeling. Talented composers put their imagination into a melody, but without breaking the basic rules of music. On the contrary, they sublime the rules to a level on the basis of mastering them skillfully. F. F. Chopin let his imagination flow wildly out of the piano keys, but he still used obedience in tempo in case that a composer's whims ruin a piece of music. Thus, by playing piano, I honed my logic ability while in the same time, I injected my true feeling of music into the keys.

Computer for me is about logic, but it is also about emotion and imagination. In fact, computer is the product of human's wisdom and imagination, with hardware and software in constant optimizing. In order to build this Skyscraper of Computing, the bottom is constructed by a huge pool of data of logic, but the top is presented as fabulous clouds of creation such as 3-D printer, cloud computation and those cutting-edge technologies. My curiosity about computer world was aroused when I was browsing the Internet, which harbors the infinite cluster of creativity, as any intelligent individual can invent software that may probably shock the world. I gradually formed the idea that except for those beyond imagination, nothing is impossible on computer. And in the same degree, what catch my eyes are not only the underlying mechanism and system without a vividly colored and emotionally-appealing design, but also the organic combination of the abstract and logical aspects of the world. In this sense, computer is a perfect combination of both art and engineering, logic and emotion.

Years of life with piano and computer make me understand them and even the life itself in a profound and comprehensive way. In a sense, computer and piano, logic and emotion, arts and science, the two ever intertwined dimensions, together shaped my both rational and emotional personality. I came to realize that our life is in essence about logic and emotion, with logic making life more stable and fulfilling, and with emotion making life more vivid and colorful.

And that is a life that I am living and will be living, a life of keyboard, keyboard that beckons a future of limitless possibilities, just with its click, click, and click.

<hr />

修定稿译文：

我从小就有两个最爱——钢琴和电脑。

它们是两种完全不同的东西，但在我身上合二为一了。在我看来，电脑是一个平台，我用它来探索世界，探索未知的大地，涉水通过浩瀚的知识海洋。而钢琴对我来说，是一个充满音符、幻想和想象的仙境，优美的旋律从钢琴键盘上自由流淌出来。

在我的观察中，钢琴演奏的音乐不仅仅是一种情感的表达，更是一种逻辑和想象的结合。在我最初的钢琴学习中，我发现钢琴的所有琴键之间都有一个固定的模式和规律：大调和小调都可以根据弹奏琴键的顺序来表现不同的感受。所以，我必须严格遵守音符的各种关联，来构建不同的和弦。总之，每一个符合逻辑的搭配和模式都会产生一种独特的旋律，从而唤起一种独特的感觉。有才华的作曲家把他们的想象力融入到旋律中，但又不打破音乐的基本规则。相反，他们在熟练掌握规则的基础上，把规则升华到一个高度。肖邦让他的想象力在钢琴的琴键上疯狂地驰骋，但他仍然严格遵从节奏的需要，以防止他的一时兴起毁掉了整首曲子。因此，通过弹钢琴，我锻炼了我的逻辑能力，同时也把我对音乐的真实感受注入到琴键上。

对我来说，电脑关乎逻辑，但它也关乎情感和想象力。事实上，计算机是人类智慧和想象力的产物，硬件和软件一直在不断优化。这个"计算摩天大楼"，底层是由巨大的逻辑数据池构建而成，而顶层则呈现为3D打印机、云计算等尖端技术创造的神话般的云。我对计算机世界的好奇是在我浏览互联网的时候产生的。互联网蕴藏着无限的创造力，任何一个聪明的人都可以发明出震撼世界的软件。我逐渐形成了这样的想法，在电脑上，只有想象不到的，没有什么是不可能的。同样地，吸引我眼球的不仅是潜在的机制和系统（它们似乎没有生动的色彩和激发情感的设计），还有抽象和逻辑的有机结合。从这个意义上来说，计算机是艺术与工程、逻辑与情感的完美结合。

多年来离不开钢琴和电脑的生活让我对它们乃至生活本身有了深刻而全面的了解。从某种意义上来看，计算机与钢琴，逻辑与情感，艺术与科学，这两组曾经交织在一起的维度，共同塑造了我理性与感性并存的个性。我开始意识到，我们的生活本质上是关于逻辑和情感的，逻辑让生活更加稳定和充实，而情感让生活更加生动和丰富。

这就是我现在和将来的人生，一种键盘人生，这样的键盘，召唤着无限可能的未来。

咔嗒，咔嗒，咔嗒。


## ⑥ 9. 镜头里的新闻道德

我一直不主张学生参加太多杂乱无序的活动，说实话，要是让我来规划这一块儿，我肯定很少规划你要去参加什么活动，而更多地是规划你该怎么减少活动。

在我所接触的学生中，很多人不是参加的活动太少，而是太多了。我曾遇到一个学生，需要在他 30 多个活动中挑选出 10 个放到 Common 系统申请表格的 activity list（活动列表）那一栏。其实，就是那 10 栏，我也不主张你填得满满当当的。

标化成绩和 GPA 不尽如人意的，还是要先花点儿时间在提高成绩上面。当然，如果你是学霸，在成绩方面没有问题，那当然要多去参加一些活动，比如，去印度盖房子，去印度尼西亚保护海龟，去四川卧龙保护大熊猫，或是各种专业的科研活动，这些我都是很鼓励的。反正，你闲着也是闲着。

主文书里可以写活动，当然能不写活动尽量不要写，毕竟一些大学的补充文书也要求写活动。一所大学就那几篇文书，最好别题材重复了。实在要重复，也尽量要从不同的角度去写同样的事情。

如果非要在主文书写活动，到底该怎么写？

尽量不要写那种一次性的活动，在主文书里，大学还是想看到你某一个活动的全貌，活动的时间跨度尽量要长一些。

你可以在文书里写一个持续性的活动，但千万不要写成流水账。更不要在一个主文书里罗列不同的活动，每一个活动蜻蜓点水般地一带而过，这样招生官是不会对你有什么印象的。

下面这篇主文书，大家可以借鉴一下，当然我的意思不是说你要在主文书里写活动就得按照这一篇来写。写作无定论，不要用那么多条条框框束缚自己。

活动无大小，但思考有深浅。

作者在这篇文书里主要写自己摄影这个爱好，以及与此相关的活动。在大多数人看来，摄影是个很普通的爱好，但重点是作者挑出了一个具体的事例，体现了自己的纠结和思考。我是觉得，在文书里展示你的深度思考，应该是个屡试不爽、万无一失的写作技巧。

好了，直接看我润色后的文书。这个学生是在中文的背景下长大的，SAT 没有上 1500 分，但最后进入了排名 20 左右的综合性大学，一所全美顶尖的传媒学院。这个学生的补充文书，也是从另外一个角度来展现自己对传媒的热爱和思考，角度也很新颖独特。

全文语言朴实，一点也不飘逸，但客观理性，也算是展现了一个新闻人的理智和冷静。其实，文字的风格到底要飘逸还是冷静，有时也要依据内容的需要来定。

当然，因为字数限制的问题，这篇文书个别地方的起承转合稍显突兀。

最后，提醒各位，不论你选择哪家机构，你的每一篇文书都必须要有个自己写的初稿，有了初稿，再请机构帮你润色，而润色的幅度有大有小，通常这都是大学能接受的，甚至是鼓励的，但你若连初稿都没有，全凭机构代笔，那将存在很多潜在的风险，后患无穷。

修订稿：

When I was 11, I got my first Nikon camera, and since then, I would bring it with me to birthday parities, family travels and school events to record those beautiful moments. Sometimes I brought it with me wandering around the streets, in hopes of finding something that deserved my camera.

Gradually, I began posting my works on social media, and I received some positive feedback, which prompted me to click the shutters more frequently. Usually before I posted my works, I gave them a final touch to make them more perfect, by use of some related APPs.

But in this process, I sometimes felt lost: what exactly is the edge of aesthetics and realness? Which is more important: to keep the originality of the photo or just to exaggerate it to seek more exposure and acclaim? It is really a dilemma that once haunted my mind.

After entering high school, I joined the school TV station as a photojournalist, which means I needed to think twice before I published a photo. With accumulated experience in photojournalism, reporting, and editing, I became the editor-in-chief. In fulfilling my duty, one decision I made about school sports meeting brought back that dilemma question and refreshed my perspective and attitude towards photojournalism.

The last competition of the school sports meeting was the 100 meters running race and I was holding my camera patiently for a beautiful shot. With the gun shooting, the competitors set out like lightning, and I kept on clicking shutters.

Suddenly, I saw it from my lens that one competitor slipped and fell hard onto the ground, which was recorded in my camera.

I instinctively ran to him to offer help, but honestly, in the very back of mind, I was writing a captioned story: he fell, he was hurt, but he finally picked up his feet and ran to the finishing line, just for class honor.

But he told me that the truth was that it was just his shoelaces loosened, and he was just fine.

After that, I showed my team the photo, and some of them suggested that we should use this photo to make a cover story with a theme on sports spirits, things like that. The competitor was falling down in the photo, and our readers would see the photo, but would never know the truth behind it.

I knew it would make good news, but realness was lost. I finally refused their suggestion, and decided not to use the photo in any form. In fact, that dilemma question was popping up in my mind again in that time, and for the first time, I seemed to have an idea about the answer: not to twist the truth in any form.

We humans have filters in our eyes, but camera never cheat, and photos should be always loyal to the truth. It is the bottom-line of a journalist, and any manipulating of the truth may incur the question of moral standard.

Just as intentionally darkening the skin color of O. J. Simpson on the magazine, if I had published that photo and added a touching caption, I was also erasing the truth in order to seek exposure, and the truth would be lost among the fanfare. And for this, The Blade editor added a good footnote, "What's wrong with changing the content of a photograph that is published in a newspaper? The answer is simple: It is dishonest."

All throughout these years with my camera, I gradually become mature and think critically. The camera doesn't change, but I grew up. My camera records the world, but it also teaches me how to look at the world, with eyes not blurred by what they see. But most importantly, it teaches me a good lesson: the final touchstone of a photo is the moral that is involved in it.

———◦∞◦———

*修订稿译文：*

11岁的时候，我收到了我的第一部尼康相机，从那以后，我会带着它去参加生日聚会、家庭旅行和学校活动，记录下那些美好的时刻。有时我也会带着它在街上闲逛，希望能找到一些值得我用相机拍摄的东西。

渐渐地，我开始在社交媒体上发布我的作品，并收到一些积极的反馈，这促使我更频繁地按下快门。通常在我的作品发布之前，我会使用一些相关的应用程序对作品进行最后的润色，使之更加完美。

但在这个过程中，我有时会感到迷茫：美学和真实的边界到底是什么？保持照片的真实性，和为了获得更多的曝光和赞誉而将照片夸大其词，哪一个更重要？这曾是一个萦绕在我心头的两难困境。

进入高中后，我加入学校电视台，成为了一名摄影记者，这意味着我在发表照片之前需要三思。在摄影、报道和编辑方面积累了丰富的经验后，我成为了总编。在履行职责的过程中，我做出的一个关于学校运动会的决定，让我重新想起了那个进退两难的问题，并刷新了我对摄影新闻的看法和态度。

校运会的最后一场比赛是100米短跑，我耐心地拿着相机，想拍一张动人的照片。随着发令枪声的响起，参赛者们像闪电一样出发了，而我则不停地按下快门。

突然，我从镜头里看到一个选手滑倒了，重重地摔在地上，我的相机把这一幕记录了下来。

我本能地跑过去帮助他，但说实话，在我的脑海中，我正在写一篇标题故事：他摔倒了，他受伤了，但他最终站起来了，为了班级荣誉向终点跑去。

但他告诉我，事实是他的鞋带松了，他并没有受伤。

之后，我给我的团队看了这张照片，他们中的一些人建议我们应该用这张照片来做一个封面故事，主题是弘扬体育精神之类的。我们的读者看到照片，只会看到照片中的选手摔倒了，但永远不会知道背后的真相。

我知道这会是个很好的新闻卖点，但这样会扭曲这张照片的真实性。

我最终拒绝了他们的建议，并决定不以任何形式使用这张照片。事实上，那个进退两难的问题在我的脑海中再次出现，我似乎第一次有了答案：不要以任何形式扭曲事实。

我们人类的眼睛里有滤镜，但相机从不欺骗，照片应该永远忠于真相。这是摄影记者的底线，任何篡改事实的行为都可能引发道德标准的问题。

如果我发表了那张照片，再给它加上一个感人的标题，我就是在抹杀真相，以寻求曝光率，就像故意在杂志上把O.J.辛普森的肤色调暗一样，在喧闹之中，真相消失了。对于这一点，《刀锋》的编辑给出了一个很好的解释，"改变报纸上刊登的照片的内容有什么错？答案很简单：这是不诚实的行为。"

这些年来，我的相机一直伴我左右，我逐渐变得成熟，也会批判性地思考问题。镜头没变，但我长大了。我的相机记录着这个世界，但它也教会了我如何去看这个世界，不要被所看到的东西蒙蔽双眼。更为重要的是，它给我上了一堂很受益的课：

一张照片好与坏的最终标准是它所包含的伦理道德。


## ⟳ 10. 一个模仿树桩的少年

一个中学生，在学习之外，总会有几个能长期坚持下来的小爱好，并且还能小有成就。

如果是这样，为什么不在文书里写这些充满情趣的小爱好呢？

如果你喜欢打电脑游戏，就写你打游戏的故事，要是细节丰富，照样也能吸引人。

当然，我记得我有一个学生写他如何戒掉游戏的故事，全文以"Game is over"（游戏结束）结尾，中间写了很多让人忍俊不住的心理活动，读来让人感同身受。

至少，他给招生官展示的是一个有着很多人性弱点的人呀。

下面这篇文书的作者，写的是自己喜欢模仿的故事。在找到我之前，他曾写过一稿，我看了开头还真是很喜欢，但越看到后面越难受，一篇本来可以写得让人印象深刻的文书，最后为了追求刻意的深度，变成了自己各种优点的展示，外加一个口号式的总结，字里行间充斥着刻意展示的浓重痕迹。

最重要的是，他的初稿前后完全不一致。招生官一开始看文书，觉得他是在写模仿这件事情，但读到后面，他却只字不提模仿了，大谈特谈他在其他方面的成就。

这种前后不一致，是文书写作的大忌，会让读者有种被欺骗的感觉。

经过头脑风暴后，我们决定全文从头到尾就讲模仿这一件事情，然后紧紧围绕这个话题，一步一步展开叙述。当然，最后的定稿里，马丁·路德·金和汉密尔顿的出现，也是为了突出作者在模仿这件事情上的进步。随着年龄的增长，他不再局限于模仿小鸡小鸭，不再只关注浮出水面的冰山，而开始关注模仿的冰山背后那些在海底深藏不露的庞然大物。

甚至，这篇讲模仿的文书，我们可以不提到马丁·路德·金和汉密尔顿，也不提到他模仿的内容越来越高级，他可以从头到尾就讲他这些年怎么研究模仿一条小蛇的爬行姿势，到最后能模仿得惟妙惟肖，这照样会是一篇妙趣横生的文书。

不要认为这样的文书没有深度，就对它嗤之以鼻，且不说没有谁规定文书必须要有深度，谁又能说没有深度的文书就不是好文书呢？我有时看那些冷得不能再冷的笑话，也会笑得前仰后合。那些冷笑话虽然没有什么深度，但能让我开怀大笑啊。

再说了，你一个十几岁的孩子，又能深到哪里去？

我想提醒各位的是，关于文书写作，对于一些类似于"你必须要怎样"之类的建议，就算它们有些许道理，但还是希望你在接受这些建议之前，先在脑子里打个问号。

———❧———

学生原稿:

When I was a child, I would look into the huge floor mirror in my room, trying to make weird faces. Sometimes when I was in the mood, I would twist my eyebrow and sip my lip tight to try to imitate the weeping scene of Anne Hathaway in Modern Love, but the best I could do was grumbling and giving out some "puppy like" sounds. I liked to cut newspaper into stripes, roll it up, and clamped it between my fingers, imagining that I was the godfather, enjoying a cigar and making someone "an offer he cannot refuse."

Imitation became habitual for me; expressing my feelings and thoughts in a chic, and often exaggerated, style is entertaining to me and others. My favorite stunt is to switch accent when talking to my friends. My transition from babbling Shanghai accent to emphatic Peking accent will surprise most of them.

After I did theater in high school, I realized that my talent for imitation mean more than a quirky face value, but something deeper and more personal. When trying to play Alexander Hamilton in a musical play, I found for the first time that my imitation skill did not work well, as it was impossible to duplicate every move and subtle facial expression of Lin-Manuel Miranda as Hamilton in the original play. Noticing that I was frustrated at that moment, my theater teacher came to me, "Just go with your feelings, do whatever feels natural. Remember, imitation is not copy, you should add something of your own to it." Amazingly, his words penetrated me as I have never considered imitation as an instinctive process! When acknowledging and making an emotional discovery of myself, I surely fitted into Alexander Hamilton, and there were no exceptions when I played as the fox in the Little Prince and many other characters in performances of mine.

On theater stage, my imitation skills of adapting into characters and stories serves the script, serves the play, and serves the audiences. And by osmosis, it eventually serves myself. When I learn to find my similarities with many apparently distinctive characters, I find the best of myself and my adaptability to become the person that I crave for. In real life, my flexibility enables me to adapt into various roles in student clubs, classes, and personal life, allowing me to excel on many occasions.

In my school's debating club, I have three roles. On the debating court, I am an enthusiastic speaker who feverishly throw arguments and sharply detect and refutes my opponents' logical fallacies. In front of my club members, I am a leader who give useful tips on debating techniques on weekly meetings and jokes around strange opponents I debated against. The club instructor sees me as an earnest partner who always comes up with ingenious ideas on the arrangement of school-wide debating tournaments.

I am a meticulous camera man and editor when shooting a documentary about an iron lock maker and a paper-cutting artist, because only through proper camera languages can I tell the beautiful stories of near-disappearing artisans in Shanghai. Meanwhile, I would become a haphazard painter when I land my fingers from the lens cap on my painting brushes. Saturated with whims, I would invite the lady in my hand to a tango where the vividly colored brush strokes are our dancing steps.

With respect to academic, adaptability means leading the class discussions on how is that Ander Wiggin is a Mary Sue while working on a paper explaining the conflict of John Lockes and Thomas Hobbes in their ideas towards the legitimacy of government half an hour later.

Many of my schoolmates cannot imagine in their wildest dreams that I am the winner of the outstanding student award, as they usually see me as the "guy hiding the whiteboard eraser." Indeed, in my social and personal life, I am a whimsical and lively person who brings a relaxed atmosphere to anyone around me. I hate to be so serious and mature.

My adaptability helps me to cope with many aspects and roles I'm in; I am a confident speaker, a responsible and warm leader, an interesting and whimsical person, a creative artist, and most important of all, a distinctive individual. Each of my roles I fit into embraces me with a fresh new opportunity of meeting new people, collecting amazing experiences, and a chance of proving that I am a person with countless possibilities.

———❦———

修订稿：

One thing once perplexed my mom.

She would hear kittens meowing and puppies grunting in my room, though we never kept pets. Confused, she would peer into my room, only to see me chewing on a pencil, seeming to be studying hard. It left her to doubt that it was her hallucination.

Eventually, she discovered that her son was a fan and expert in imitation.

Thereafter, whenever I was doing my trick again, she'd abruptly push open the door, came in with a raised hand, wanting to give me a knock on the head. But her hand would stop in the air, glaring at me wryly:

"That was a good one."

When she couldn't help letting out a laugh, I gave out an untimely neigh of a horse.

I thought imitation was carved into my DNA, and there was nothing I could not mimic. Except once when I tried to wiggle my body like a grass snake. As I was fat then, the best I could do was to imitate snakes walking straight.

But that didn't discourage me from mimicking a chick kept in a cage in food market, or a tree stump downstairs on the side walk.

Once in high school, I never did a stupid thing like mimicking a tree stump, and a random event sparked my interest in imitating famous orators. And thus Dr. Martin Luther King came into my world.

I studied MLK's speech recordings, and started to mimic his booming voice, vocal variety, and iconic "open palm" gesture. But soon I felt unnatural: my moves were robotic, my voices shriveled, and my emotions impassive.

So, I looked up more background information about MLK. I learned about the discrimination he suffered during that time, and gradually I could almost feel his confusion, his bewilderment, his struggle, and finally, his resistance.

As I savored his life stories, I felt more like him. It is not the simple duplication of MLK's actions or way of speaking, but a unique process of spiritual resonance, a process of living through his passion and his life.

This inspiring experience revealed to me the essence of imitation: the key to imitation is not about the resemblance of posture, voice or tone, but a grasp of his soul, his spirit, his substance hidden beneath.

This aha moment thrilled me a lot, and bearing this in mind, I was encouraged to try more roles.

Later in my school's musical play Hamilton, I became Alexander Hamilton. After taking the role, I began by indulging myself into reading his biographies, discovering how he became one of the great founding fathers of America while starting off in a penniless family. All throughout his arduous journey, his burning desire to succeed looms large beneath his words, actions, and gestures.

To play Hamilton, without this desire burning inside, all seeming likeness leads to nowhere.

That performance day on the stage, I felt my finger tingling and heart flaming, and every single move, eye-contact, and spoken line of mine seemed to germinate from this desire, this burning desire of Hamilton.

Once off stage, I took off my silk shirt and green buttoned waistcoat. Now without costume and with no glossy grey wig or huge forehead, I am still Alexander Hamilton, for the experiences, emotions, and spiritual resonance would not fade in me.

All throughout these years of imitation, I experience different lives by imitating different people, thus making my single life taking on different forms in plural form. In imitating a tree stump, a breeze, or a snowflake swirling down to the ground, I also taste the life of non-human existence.

And all these allow me to realize that how blessed I am to live as a small, small being in this big, big world, to live in my unique way, as my true self.

修订稿译文：

有一件事曾经让我妈妈感到困惑不已。

那就是，她经常会听到我的房间里传来小狗小猫的叫声，但我们家从来没有养过宠物。她困惑地窥视我的房间，却发现房间里只有我在啃着铅笔，摆出一副努力学习的样子。这让她一度怀疑这一切只是她的幻觉。

最终，她发现这都是因为她的儿子是一个模仿爱好者和专家。

此后，每当我再要我的把戏时，她就会突然推开门，举着一只手进来，想要敲我的头。但她的手会停在半空，无可奈何地瞪着我说：

"别说，你学得还真像。"

当她实在忍不住大笑时，我发出了不合时宜的马嘶声。

我自认为模仿已经刻在我的DNA里，没有什么是我不能模仿的，除了有一次我想模仿一条扭动身体的蛇。因为我小时候太胖了，我模仿出来的小蛇，只会沿直线爬行。

但这并没有阻止我模仿菜市场里关在笼子中的小鸡，或者楼下人行道上的树桩。

但是上了高中后，我再也没有做过像模仿树桩这样的蠢事。后来，一个偶然的事件激发了我模仿著名演说家的兴趣。就这样，马丁·路德·金走进了我的世界。

我研究了马丁·路德·金的演讲录音，开始模仿他洪亮的声音、多变的嗓音和标志性的"张开手掌"的手势。但很快我就感到不自然：我的动作呆板，我的声音嘶哑，我的情感冷漠。

我查了更多关于马丁·路德·金的背景资料。我了解到他在那段时间里受到的歧视，渐渐地，我几乎可以感觉到他的担忧，他的困惑，他的挣扎，以及他最终的反抗。

当我体会到他的人生故事后，我觉得我模仿他的演讲更神似了。这不是对马丁·路德·金行为或说话方式的简单复制，而是一种独特的精神共鸣过程，一种重新温顾他的激情和生活的过程。

这一鼓舞人心的经历向我揭示了模仿的本质：模仿的关键不是姿势、声音或语调的相似性，而是对隐藏在其中的灵魂、精神和实质的把握。

这样茅塞顿开的时刻让我兴奋不已，并因此去尝试模仿更多的角色。

后来在学校的音乐剧《汉密尔顿》中，我成了亚历山大·汉密尔顿。接受这个角色后，我开始沉迷于阅读他的传记，了解他是如何从一个一文不名的家庭起家，成为美国最伟大的开国元勋之一。在他的整个艰苦的旅程中，他对成功的强烈渴望在他的语言、行动和姿态下显得尤为突出。

扮演汉密尔顿，如果内心没有燃烧的渴望，所有看似相似的东西都将毫无意义。

在舞台上表演的那一天，我感到我的手指在刺痛，我的心在燃烧，我的每一个动作，每一次眼神交流，以及我说的每一句话，似乎都源于这个渴望，这个汉密尔顿式的熊熊燃烧的渴望。

一下舞台，我就脱下我的丝绸衬衫和绿色的纽扣马甲。现在，没有了服装，没有了光亮的灰色假发，也没有了巨大的额头，但我似乎仍然是亚历山大·汉密尔顿，因为我的经历、情感和精神共鸣不会就此在我心中消失。

这些年来，因为模仿不同的人，我经历了他们不同的人生，我的人生也因此从单数变成了具有无数种可能的复数形式。甚至，因为模仿一个树桩，一阵清风，一朵雪花落地的模样，我体验到了那些非人类的存在。

在我体验它们姿态万千的存在的同时，它们又反过来提醒我，我作为一个人，作为我自己，以我独特的方式生活在这大千世界，又是何其有幸。

## ⟳ 11. 在虚构的世界，用一支笔去热爱生活

在别人的眼中，她不是超一流的学霸，为了考托福和 SAT，她也是吭哧吭哧地一步一步往前爬。

但她的身上有种不服输的劲儿，心里似乎装了个小宇宙，随时可以爆发。

最终，她以托福 100 出头和 SAT 1400 多分的成绩录取了一所美国排名十几的文理学院。在给她的录取信里，该学院招生办主任给她亲笔写了几句话，说她在申请文书中展现的对写作和艺术的激情给他们留下了深刻的印象。

她虽然不是学霸，但很有特点。比如，你和她聊天，她不经意间说出来的一些话，就能把你逗乐了。这可能和她经常写小说有关，她有敏锐的观察力，总是能用简单的几句话就把人性中最好玩的部分讲出来给你听，而且讲得很透彻，很到位。

有好几次，我被她逗得眼泪都笑出来了。能让我开怀大笑，真不是一件容易的事。

而且，她是个情感特别丰富的人。在讨论文书创意的过程中，她在讲到一些社会的不公平现象时会抑制不住地流眼泪。

但最后，我们还是决定写她身上另外一个显著的特点：痴迷于写小说和剧本。

毕竟，这是个比较小众的特点。

她不愧是搞小说创作的，Common 主文书第一稿发给我的时候，洋洋洒洒，写的比要求的字数多出一两倍。就这她说是怕我累着，还没有发挥写呢。这一点和我很像，坐在电脑前的时候，打字的速度，永远跟不上脑子里思想与灵感飞奔的速度。本来是要写个几百字的，一不留神就写出了几千字。

在主文书里，她写她在现实中手足无措的时候，是怎么通过写小说找到了心灵的慰藉和重新面对现实的力量。同样，在给 Colgate（科尔盖特大学）的补充文书里，她也是从另外一个侧面写到自己创作小说的故事。

因为她爱写小说，所以这篇主文书也是以小说体展开的。这篇文书，并不符合我一贯提倡的直奔主题的写法，但因为内容的需要，这样写也是合适的。就像你报考创意写作类的专业，你的文书里起码要让你的写作才能有所展示。

但是我要提醒大家，这篇文书的写作方式不值得模仿，毕竟有点儿七弯八绕，让人读起来比较费脑子。

最后我想说的是，小说是虚构的，但它又带有真实的影子。它贴近生活，却又和生活保持着若即若离的距离。它是现实生活中康庄大道边上的一条乡间小路，在这条路上，我们可以看到炊烟袅袅，杨柳依依，也可以看到田地里饱满的庄稼和幸福的农夫。

因此，我希望大家有时间可以拿起笔来，把自己生活中的故事写进小说，构建一个属于自己的虚幻的世界。

正如这篇主文书最后说的一样，这个虚幻的世界，就是你在现实的汪洋中寻找的诺亚方舟。它在大海上起起伏伏，但再大的滔天巨浪，都不会将它淹没。

修订稿：

My throat was dry as I listened to the teacher's endless preaching. I swallowed, keeping my eyes glued to the crooked lines on my paper, and trying to blink my eyes free of the moistness inside. I was a hollow being, I thought, and I tried not to let the little pools of water in my eyes spill over. Yet squeezing my eyes shut, I felt a light of anger ignite.

Clenching and then unclenching my pen, I tried to draw something on my book, anything to placate my beating heart.

"You must do your homework before you play..." the teacher's face was red with fury, white flecks of saliva spewing out.

My hand trembled as a peck of ink landed softly onto the barred whiteness. I raised my eyes fearfully and found my classmates hunched over in their seats, trembling. And then I saw a drop of my tears sliding down the cheek.

Plink.

The teacher was still raging, slamming the test papers onto the floor, white sheets of snow landing harshly to the ground, fluttering. My classmates scurried like frightened mice to the scattered pile, hands trembling but reaching for the papers.

… …

There were always these situations that frightened me, and put me in a hopeless abyss. And it was also in these situations that my pen became my weapon, fending me off any danger and consoling me in a panic.

And this time, with each dash of ink, a scattered figure of a girl emerged, misty and hazy. But nevertheless it was a girl, a small delicate girl with rosy cheeks and sparkling eyes that seemed to be able to shine through all.

Her smile seemed to bring a glow of warmth into my wearied mind. I traced the edges of her frame over and over again, etching deep into the paper as delight gently plucked at my heartstrings.

My hand now moved smoothly, each stroke's direction like an autumn breeze, enveloping me, bringing me off my feet, like scattered leaves twirling.

I delighted at how her eyes were like twinkling fireflies, shining through the darkness, radiant. Once my eyes shone too, but they were dimmed by tensions from all my tests and studies.

And one day, with pen in my hand, I began to display a whole picture of "she," and this time, I put her in the fantasy world, thus my first novel.

"Once upon a time she was merely someone, as sensitive as a glass ball about to shatter. She yielded to parents and teachers, tolerated with their listless preaching and flat dull opinions. Yet one day she decided to stop trembling and claimed her status as an equal and independent being. She held her head high and questioned all the things she once feared. Instead of keeping silent, she objected with a fearlessness which contrasted her appearance."

Little by little, my first novel unfurled.

It was the rebirth of her. She is a fictional girl, but she bears my character. And

I love her.

Ever since I found this outlet of my emotions, I have written several novels. After several novels, editors invited me and I had my novels published online.

And all these would have been impossible if I had not drawn her that day.

She is still there, keeping her head high. In a world where no one can change things at once, it is the best posture, a posture to embolden me to move forward, in the journey of life, be it bitter or sweet.

And thanks to her, I have a retreat which I can resort to, whatever difficulties I might encounter in life. In that retreat, I get soothed, comforted, and recovered.

It is a fantasy girl, but it gives me courage and hope to carry on in a reality world.

And she is my Noah's Arc in a rough sea of reality, ups and downs to the surging waves, but never swallowed by the high tides.

———◦◦◦———

修订稿译文：

听着老师没完没了的说教，我的喉咙发干。我咽了一下口水，紧紧盯着纸上歪歪扭扭的线条，使劲眨着眼睛，试图不让眼眶湿润。那一刻，我想，我是一个空心人，使劲全力不让眼睛里的泪水溢出来。然而，我闭上眼睛，感到一股怒火点燃了。

我握紧我的笔，然后松开，我试着在我的书上画些什么，不管是什么，只要能安抚我狂跳的心。

"在你们玩之前，必须做完家庭作业……"老师气得满脸通红，唾沫星子乱飞。

我的手颤抖着，墨水轻轻地滴在有横线的白纸上。我惊恐地抬眼一看，发现同学们都弓着背坐在座位上，浑身发抖。然后我看到我的一滴眼泪从脸颊上滑落下来。

啪嗒。

老师还在生气，把试卷摔在地板上，它们像雪花般飘动，然后坠落在地。同学们像受惊的老鼠一样匆匆跑向散落的试卷，手颤抖着，但依然伸出去拿试卷。

……

总是有这样的情况使我害怕，把我置于绝望的深渊。也正是在这种情况下，我的笔渐渐成为了我的武器，帮助我避开任何危险，并安慰惊恐不定的我。

这一次，随着每一滴墨水洒在纸上，一个雾蒙蒙的少女的身影慢慢出现。但依稀可辨的是这是一个少女，一个娇小柔弱的少女，有着红润的脸颊，她闪亮的眼睛，似乎能够穿透一切。

她的微笑似乎给我疲惫的心灵带来了一丝温暖。她的形象深深地印在纸上，我一遍又一遍地抚摸着她的边缘，喜悦轻轻地拨动着我的心弦。

我的手在平稳地移动着，每一划的方向都像秋风，包围着我，带着我飘离地面，像散落的树叶般旋转。

我很高兴看到她的眼睛像闪烁的萤火虫，在黑暗中闪耀，光芒四射。

曾经，我的眼睛也很明亮，但由于考试和学习的紧张，我的眼睛变得黯淡无光了。

有一天，我手里拿着笔，试图展示一幅"她"的全图，这一次，我把她放在了幻想的世界里，这是我的第一部小说。

"曾几何时，她只是一个普通人，就像一个即将破碎的玻璃球一样敏感。她屈服于父母和老师，容忍他们令人昏昏欲睡的说教和枯燥乏味的观点。然而有一天，她决定停止颤抖，并宣告自己是一个平等和独立的人。她高昂着头，质疑她曾经害怕的一切。她不但没有保持沉默，反而以无畏的态度表示反对，这样的无畏，和她的外表全不相符。"

渐渐地，我的第一部小说初现雏形了。

这是她的重生。她是一个虚构的女孩，但她具有我的性格。我爱她。

自从我的情绪找到了这样的发泄口，我已经写了好几本小说。在这之后，有编辑邀请我撰稿，我的小说也在网上发表了。

而如果那天我没有画她，这一切都是不可能的。

她还在那儿，昂着头。在一个没有人可以立刻改变的世界里，这是最好的姿态，一种鼓励我在人生的旅途中继续前进的姿态，无论这样的旅途是苦是甜。

多亏了她，无论我在生活中遇到什么困难，我都有了退路可以求助。在这样的退路中，我得到了安慰、安抚和治愈。

她是一个虚构的女孩，但给了我勇气和希望，我带着它们，在现实的世界继续行走。

在波涛汹涌的现实的大海上，她就是我的诺亚方舟，她随着滔天巨浪起伏，却从未被海水吞没。

## 12. 一只在雪地里狂奔的"卷毛狗"

对于一个永远不会停止追求的人来讲，在擅长的领域里不断突破自己，大概是一种本能。

我每年做申请文书创意，会面对不同的学生，遇见不同的故事，在他们平淡的叙述中寻找那些让人为之动容的素材，并把它们在文书中以独具匠心的方式呈现出来，这是一件让我乐此不疲的事情。

因为在这个过程中，我也一直在寻找突破。

只是时间久了，对于到底写什么样的故事，我的口味慢慢变得和别人不一样了。

给下面这篇文书的主角小 T 做文书申请的时候，按老规矩，我专门约了她们全家人到办公室进行头脑风暴。小 T 的父母都是文科类的高材生，父亲是复旦大学学国际政治的，母亲原来是一家省级电视台的节目导演，所以，关于小 T 的大学申请，她父母花了不少心血，提供了许多素材。

我一直耐心地听着，试图从他们一家三口的东拉西扯中找到令人心动的故事，但我失望了，他们讲的那些故事都太高大上了，而且很多孩子都有类似的经历。

直到某一刻，他们无意中提到的一个小故事让我眼前一亮。他们说小 T 的头发在 12 岁那年突然变卷了，她为此很苦恼，上网查找了很多相关的知识。

显然，小 T 的父母并不认为这个故事有什么特别的意义。他们认为这个故事似乎太"小"了点，不能把小 T 更高尚的品质反映出来，但我坚持认为这个故事值得进行深度挖掘，并决定就写她这几年一直琢磨怎么把头发弄直的故事。

我又要重复说一句，艺术来源于生活，但高于生活。顺着这个主题，我们开始了故事的编写，因为这是小 T 的亲身经历，所以很快，故事的脉络就清晰起来了。

而这只"卷毛狗"的故事，就此成形。

比较有意思的是，小 T 一家后来还是给我发来了另外一个主题的文书，我匆匆看了下就否决了那个故事。那篇文书的大概内容是：某年某月某一天，大雪纷飞，天昏地暗，小 T 在兼职结束后坐公交车回家，半路上公交车抛锚了，她下车后开始了激烈的思想斗争，到底是自己走回去还是打电话让妈妈过来接呢（此处省略 500 字）？她最后决定自己走回去。文中用了大段文字描写她艰难的行走（似乎大脑里还时不时地出现董存瑞叔叔、刘胡兰阿姨的光辉形象），在长途跋涉后终于到家，并得到妈妈心疼的拥抱。在叙述完整件事情后，她大发感慨，觉得从此以后没有任何困难能阻挡她前进的步伐。

可能她和家人觉得这个故事更能反映她战胜困难的决心，但在我看来并非如此。首先，雪夜里独自回家还真不能反映你战胜困难的决心，毕竟这件事很普通，很多同学都碰到过。第二，从时间跨度上看，这个发生在一个晚上的故事显然没有"卷毛狗"的故事更能体现她的坚持和恒心，招生官应该更关心申请人在一定时期内的行为和思想。第三，文书里描写的她过于正面，形象过于光辉，远远不如"卷毛狗"的故事亲切自然。

这里我想说明下，小 T 之所以要写那个雪夜的故事，还是因为她作为亲身经历者，被自己在那个雪夜深一脚浅一脚的样子感动了。但是，要注意的是，个体的感动和集体的感动还是很不一样的。个体的感动，如果没有很好地呈现，没有那些激发集体共鸣的元素，很难打动他人。想一想，一个失恋的人在一把鼻涕一把泪地讲述自己的故事的时候，旁观者里有多少人能真正地感同身受。

失恋者的眼泪是真的，旁观者的漠然也是真的。

感谢那个时候 Common 系统的宽宏大量，没有对文书进行 650 字的限制，可以让申请者天马行空，而不用担心字数超限。

我曾想过，要是这篇文书限定在 650 字内，可能呈现出来的效果没有现在这么好，因为，那意味着必须在下面这个版本的基础上再删除 360 个字，大家可以想象一下，无论从哪里删掉 360 个字，这篇文书读起来都完全不是那么回事了。

所以，现在的 Common 主文书有严格的字数要求，确实限制了写作者的发挥余地，很多必要的铺垫和细节都无法呈现了。但优秀的写作者和文书润色者，总是能在现有的条条框框下，找到一个可以让阳光照耀进来的缝隙。

小 T 后来先后就读于纽约大学斯特恩商学院和伯克利哈斯商学院，最后进了宾大沃顿商学院，现在定居美国。我和她的父母一直保持联系，上一次见面吃饭时，我还问他们：你们家的"卷毛狗"现在怎么样啦？

时间模糊了我们很多的时光，但十几年来，在我清晰的记忆里，一直有那么一只"卷毛狗"，在一个万籁俱寂的夜晚，在温哥华冰冷的雪地里，一路狂奔。

修订稿：

In a room packed with girls, you may easily pick me up.

My peers would tease me: "Hey, you poodle. Your hair looks more curled up recently."

"Yeah, but…" I stumbled with a reply, with a wry smile hanging over the corners of my mouth.

Before twelve, my hair was straight and thick, one attribute that I had always felt proud of. But after twelve, my hair was gradually turning wavy and puffy, until it looked like mushroom clouds shrouding my head.

I would look at the stranger in the mirror. She kept making faces at me and asking me the same question: Hey, how come you lost your once straight hair?

The same question haunted my mind for several years. And my mom would hear my sighs, each heavier than the last one.

How come I lost my straight hair?

Mom told me that it was perhaps I did not eat enough vegetables.

"Vegetables contain good nutrition to your hair," she would offer her advice, waving a bunch of cauliflowers before my eyes. I sensed her concern in her feigned voice of lightheartedness. Who would marry a girl with a nickname of "poodle"?

Mom was always an expert and she seemed to be omniscient, actually almighty in the eyes of a thirteen-year-old girl. What's more, she had been keen in garnering those health tips.

So, for the next two months, I miraculously became a devoted vegetarian. I ate celery, cabbage, cauliflower and broccoli, whatever you name it. I ate them cooked or raw. I ate them in whole bunch or in juice. And I still ate them when my mouth was actually watering for fried chicken wings and shredded sour pork.

The torture lasted for two months with my hair still curled up proudly in the end, loudly scoffing at my futile efforts.

I looked at my mother with confusing looks. And this time, I heard mom's sighs, each heavier than the last one.

So, it should have nothing to do with nutrition.

The possibility was ruled out. But the search for the answer continued.

I rummaged through memory, trying to obtain a clue about what on earth had contributed to my curly hair.

One day, an incident popped up in my mind. I remembered that my hair began to get curly after twelve. In that year, I was bitten on the thigh by my pet dog. Dad panicked as he was concerned that I might get rabies. He took me to a hospital and I got an extremely painful immunization shot—the serum shot. The rather complex shot was administered in ten intervals. After I finally completed it, I fell sick due to Urticaria. Strange enough, my hair began to have wavy outlines.

The two events should be related！

I wowed at my new discovery, and began to further straighten things out. But my excitement was dampened after I perused almost every piece of related information on the internet. The serum is a misnomer because the shot is actually an allergy extract that mainly contains antigens from equines. After the antigens become antibodies, they will disappear if not exposed to any stimulation. All in all, the shot has nothing to do with my hair getting curled.

The two possibilities were ruled out, leaving me more confused. I began to doubt that some substance in my body must have altered when I was twelve, but I just did not know what was changed.

Bearing that speculation in mind, I began researching on the Internet again. Surprisingly, I came across a website that gathered Internet users who all have natural curly hair. I posted my question on that site. Days after, replies flooded my post. Almost all repliers claimed that their hair changed in their late childhood. I was overwhelmed with surprise. I did not know I have so many comrades-in-arms!

After I found my military base, I did not feel lonely anymore. We were discussing just about everything that has to do with natural curliness. I made friends with many interesting people. One of them told me that she always wanted to go to a medical school, because she wanted to invent pills that can change the outline of our hair.

Then a particular reply grabbed my attention. The author speculated that my genes might undergo a mutation in my childhood. How could I have overlooked that possibility!

But how can our genes suddenly "mutated" when we turned twelve? I posted my doubt on different sites and received loads of responses, some even from science professionals. They all stated that the possibility for a gene to alter is slim and the process should take generations. So my genes couldn't have altered.

Still I was determined that I should have natural curly hair in my genes. However, no one could answer me why these genes were suddenly activated in late childhood.

…… ……

In the past several years, my journey to explore the reason never stopped. Every time I ruled out one possibility, I knew I was one step closer to the final answer. Or perhaps, the definite answer may still remain elusive at best, but I have learned to take a detached attitude.

The process matters more than the final result.

The journey was a time when I expanded my scope of knowledge in a specific area. The journey was a time when I made friends with those who share the same experience as mine. The journey was a time when I learned to accept imperfections in life.

So, who cares about the final answer?

Last year, I came across a quote by Francis Bacon: There is no excellent beauty that hath not some strangeness in the proportion.

I was awakened.

I looked into the mirror, realizing for the first time that there is nothing bad about being a "poodle".

Except that the other day, when I was brushing my tangled hair, I snapped mom's favorite brush made from a buffalo horn.

Snap!

———◦⚬◦———

 修订稿译文：

在一个坐满女孩子的房间，你可以轻易地认出我。

我的小伙伴们总是和我打趣道：嗨，你这只卷毛狗，你最近的头发好像又卷了些啦。

"是的哦，可是……"我结结巴巴地回答着，嘴角挂着一丝苦笑。

我12岁前，头发可是又直又密的，我也为此很是骄傲。但自12岁以后，我的头发不知不觉就变得蓬松卷曲了，就像是蘑菇云罩着我的头。

有时，我会盯着镜子里的那个"陌生人"，她对我做着鬼脸，问着同样的问题：嗨，你曾经那满头的直发呢？

这样的问题，在我的心头萦绕了好几年。妈妈总是听到我的叹息，一声比一声沉重。

是啊，我怎么就弄丢了我的满头直发了呢？

妈妈对我讲，也许是因为我吃的蔬菜太少了。

她拿着一把花椰菜，在我的眼前晃着建议说：蔬菜里的营养对你的头发是有好处的。我能感到她故作轻松的语气里的担心：谁会愿意娶一个绰号叫"卷毛狗"的女孩呢？

妈妈总是家里的专家角色，她似乎是无所不知的，其实对一个13岁的女孩子来讲，她就是无所不能的。更何况，她一直都热衷于积累健康小知识呢。

所以，接下来的两个月，我奇迹般地变成了一个虔诚的素食主义者。我开始吃芹菜、白菜、花椰菜和西兰花等各式各样的蔬菜。有时生吃，有时熟吃，有时直接吃，有时榨成汁吃。甚至，当我想吃炸鸡翅和咕咾肉想到流口水的时候，我依然在吃这些蔬菜。

这样的折磨持续了两个月，但我的头发依然骄傲地卷曲着，肆无忌惮地嘲弄着我的徒劳无功。

我满脸疑惑地看着妈妈。这一次，我听到了妈妈的叹息，一声比一声沉重。

但不管怎么说，卷发应该和营养没有什么关系。

和营养有关的可能性就此排除，但我寻找真相的步伐没有停止。

我在我的记忆里搜索，努力想找到让我头发变得卷曲的线索。

突然有一天，我脑子里想到了一件事情。我的头发是12岁之后开始变卷的，而12岁那年，我记得我被宠物狗咬过一次。当时爸爸还非常紧张，因为他担心我会得狂犬病。他把我带到医院打了疫苗，前前后后一共打了10次，而且打完后，我得了荨麻疹。更为奇怪的是，我的头发似乎从此就变得有点儿卷了。

这两件事情应该有所关联！

我为这个发现感到兴奋不已，并打算继续深入，试图弄清原委。但很快，兴奋没了，因为我仔细研究了网上的很多相关信息，发现打疫苗用的免疫血清其实是从马科动物身上提取的一种抗原物质，这种抗原物质变成抗体后，如果没有另外的刺激，就在人体内消失了。总之，打疫苗和我的头发变卷是毫无关联的。

打疫苗的可能性也排除了，我就更加糊涂了。我开始怀疑我身体内的某种物质在我12岁那年发生了改变，但我真的不知道到底是什么发生了改变啊。

带着这样的怀疑，我又开始在网上搜索信息了。可我没有想到，我居然发现了一个自然卷发者的网站。我在这个网站上贴出了我的困惑，几天后，我的邮箱里堆满了回复。几乎所有的人都声称，他们的头发是在少年时期突然就变卷了。这太让我惊奇了：我没有想到我居然有这么多同类。

自从有了这个志同道合者的基地，我似乎不再那么孤单了。在这个网站上，我们讨论着各种各样关于自然卷的事情。其中有个人告诉我她以后想学医，因为她想发明一种药，可以任意改变头发的形状。

有一天，有个人的回复吸引了我的注意，他问是否是因为我的基因发生了突变。我突然想起，是啊，我怎么没有想到这个可能呢？

但是我们的基因怎么会在12岁的时候发生突变呢？我把这个疑问贴在很多网站上，同样也收到了一堆回复，有的回复者甚至是专业人士。他们都认为，基因突变的可能性几乎没有，基因的改变需要经过很多代的时间。所以，我不可能在12岁那年就基因突变了。

但我依然相信我天生是有卷发基因的，只是没有人能告诉我这个卷发基因为什么突然在我12岁那年启动了。

……

这些年来，我从未停止寻找卷发的真正原因。每一次，当我排除掉一种可能时，我知道我离真相就更近了一步。也许，真相永远无法找到，但我也慢慢变得超然。

过程比结果也许更加重要。

这个探索的过程，也是我扩大知识面的过程，是我结交志同道合的朋友的过程，也是我渐渐接受生命中那些残缺的过程。

所以，结果又有什么重要的呢？

去年，我无意中读到了培根的一句话：世上没有完美，大美之物，必有奇异之处。

我突然就醒悟了。

我再次照了下镜子，生平第一次意识到，做一只"卷毛狗"也没有什么不好的。

除了前几天，我用妈妈最爱的牛角梳子梳理我错综复杂的卷发时，梳子一下就折断了。

啪！

**图书在版编目（CIP）数据**

美本申请主文书写作之鉴 / 张一冰著. —上海：
上海译文出版社，2022.7（2024.10重印）
ISBN 978–7–5327–9082–1
I. ①美… II. ①张… III. ①留学教育—申请—写作
—美国 IV. ①G649.712

中国版本图书馆CIP数据核字（2022）第082486号

**美本申请主文书写作之鉴**
Writing an Excellent College Application Essay
张一冰　著

责任编辑/欧阳欣　　装帧设计/胡枫　　版式设计/徐诗琦

上海译文出版社有限公司出版、发行
网址：www.yiwen.com.cn
201101　上海市闵行区号景路159弄B座
上海市崇明县裕安印刷厂印刷

开本720×1020　1/16　印张18.5　插页2　字数154,000
2022年7月第1版　2024年10月第6次印刷

ISBN　978–7–5327–9082–1
定价：75.00元